UM ESCÂNDALO BEM BRITÂNICO

JOHN PRESTON

UM ESCÂNDALO BEM BRITÂNICO

SEXO, MENTIRAS E UMA TRAMA DE ASSASSINATO NO PARLAMENTO INGLÊS

TRADUÇÃO: RODRIGO SEABRA

VESTÍGIO

Copyright © 2016 John Preston

Título original: *A Very English Scandal: Sex, Lies, and a Murder Plot at the Heart of the Establishment*

Todos os direitos reservados pela Editora Vestígio. Nenhuma parte desta publicação poderá ser reproduzida, seja por meios mecânicos, eletrônicos, seja via cópia xerográfica, sem a autorização prévia da Editora.

EDITOR RESPONSÁVEL
Arnaud Vin

EDITOR ASSISTENTE
Eduardo Soares

ASSISTENTE EDITORIAL
Pedro Pinheiro

PREPARAÇÃO
Eduardo Soares

REVISÃO
Júlia Sousa
Mariana Faria

CAPA
Diogo Droschi
(sobre imagem de Sony Pictures)

DIAGRAMAÇÃO
Larissa Carvalho Mazzoni

Dados Internacionais de Catalogação na Publicação (CIP)
Câmara Brasileira do Livro, SP, Brasil

Preston, John
    Um escândalo bem britânico : sexo, mentiras e uma trama de assassinato no parlamento inglês / John Preston ; tradução Rodrigo Seabra. -- 1. ed. -- São Paulo : Vestígio, 2020.

    Título original: A Very English Scandal : Sex, Lies and a Murder Plot at the Heart of the Establishment

    ISBN 978-85-8286-446-3

    1. Escândalos - Inglaterra - História - Século XX 2. Grã-Bretanha - Política e governo - 1964-1979 3. Julgamentos (conspiração) - Inglaterra - Londres 4. Políticos - Grã-Bretanha - Biografia 5. Thorpe, Jeremy, 1929-2014 - Comportamento sexual 6. Thorpe, Jeremy, 1929-2014 - Julgamentos, litígios, etc. I. Título.

18-14258   CDD-364.1523092

Índices para catálogo sistemático:

1. Políticos : Assassinatos : Escândalos sexuais : Biografia 364.1523092

A **VESTÍGIO** É UMA EDITORA DO **GRUPO AUTÊNTICA**

São Paulo
Av. Paulista, 2.073,
Conjunto Nacional, Horsa I
23º andar . Conj. 2310-2312.
Cerqueira César . 01311-940
São Paulo . SP
Tel.: (55 11) 3034 4468

Belo Horizonte
Rua Carlos Turner, 420
Silveira . 31140-520
Belo Horizonte . MG
Tel.: (55 31) 3465 4500

www.grupoautentica.com.br

Para Milly e Joseph

"Sr. Holmes, eram as pegadas de um cão gigantesco!"
– Arthur Conan Doyle, *O cão dos Baskerville*

SUMÁRIO

> **PARTE UM**

1. Um jantar na Câmara dos Comuns — 13
2. O cartão-postal — 22
3. O olho de Urse — 29
4. Coelhinhos — 35
5. O Sr. Bessell vai a Dublin — 51
6. A criatura — 58
7. Esse assunto vil — 66
8. Bessell tira outro coelho da cartola — 75
9. As bênçãos da vida em família — 81
10. Dois juramentos — 85
11. Desdobramentos inesperados — 90
12. Uma ocasião alegre e festiva — 102
13. Atirando em um cachorro doente — 111

> **PARTE DOIS**

14. A Solução Definitiva — 121
15. Fadado à destruição — 126
16. De volta à escuridão — 132
17. O preço de um título vitalício — 138
18. De mal a pior — 147
19. O grande pântano — 154
20. Uma morte imprevista — 161
21. Um plano simples — 180
22. As coisas desmoronam — 194
23. Bessellisado — 205
24. O homem do Canadá — 215
25. Morte na charneca — 223

▶ PARTE TRÊS
26. *Vive les trois mousquetaires!* — 229
27. Uma confusão dos diabos — 236
28. Malditas mentiras — 251
29. Judas — 256
30. Frio como gelo em Minehead — 265
31. Esperando nos bastidores — 273
32. Abertura e preparativos — 284

▶ PARTE QUATRO
33. Feito em pedacinhos — 295
34. O maior espetáculo da Terra — 311
35. O julgamento de Cantley — 322
36. Cumprimentos constrangedores — 335

Agradecimentos — 347

PARTE UM

1

UM JANTAR NA CÂMARA DOS COMUNS

Em uma noite de fevereiro de 1965, um homem com uma predileção especial por ternos de *mohair*, um rosto estranhamente vincado e uma vaga semelhança com Humphrey Bogart entrou no salão de jantar destinado apenas aos membros da Câmara dos Comuns. Seu nome era Peter Bessell, um parlamentar do Partido Liberal pela cidade de Bodmin, na Cornualha. Bessell vinha atuando como parlamentar havia apenas seis meses, e por isso ainda ficava meio maravilhado com aquele lugar. Como tinha poucos amigos ali, já havia se acostumado a fazer suas refeições sozinho. Entretanto, naquela noite, ouviu uma voz vinda de trás que perguntava se ele gostaria de companhia para jantar.

A voz pertencia a outro parlamentar do Partido Liberal, Jeremy Thorpe. Muito embora fosse oito anos mais novo que Bessell, Thorpe já vinha ocupando um lugar no Parlamento desde 1959. Aos 36 anos de idade, era uma estrela em ascensão em seu partido, largamente considerado como forte candidato a próximo líder dos Liberais. Mesmo que alguns dos parlamentares mais velhos o considerassem um pouco imprudente e exaltado, ninguém duvidava de seu apelo junto aos eleitores. Também bastante vivaz e até bonitão de um jeito meio cadavérico, Thorpe tinha uma quantidade aparentemente inesgotável de charme, já utilizado com muito sucesso no eleitorado de Devon do Norte.

Com suas extensas charnecas e seus vales profundos, aquela região pode ter ficado famosa pelas belas paisagens, mas sua população costumava ter empregos de baixa renda, fosse em trabalhos na terra ou na indústria pesqueira. Thorpe não podia estar mais longe desse perfil: era um ex-aluno do Colégio Eton com um gosto bastante refinado em roupas – apreciava particularmente um sobretudo de lã de caxemira com colarinho de veludo e, em um viés mais excêntrico, um chapéu-coco marrom. Mesmo assim, não demorou nada para que ele conquistasse os eleitores de sua região.

Thorpe era carismático e simpático. Tinha também uma habilidade extraordinária de se lembrar dos nomes das pessoas e de fazer parecer que os problemas delas fossem muito especiais para ele. Sempre com os braços abertos e um sorriso enorme, se encurvava nos abraços com os eleitores como se a mera visão de cada pessoa ali fosse uma realização de um sonho. Poucos conseguiam resistir. Adoravam até mesmo quando ele, um brilhante imitador desde a infância, fazia graça com o sotaque carregado da região.

Na eleição de 1959, foi eleito com uma margem apertada de apenas 362 votos a mais. Já em 1964, esse número tinha subido para 5.136. Como recompensa por seu sucesso, Thorpe tinha sido nomeado porta-voz de seu partido no Secretariado da Commonwealth, a comunidade de nações britânicas. Ele e Bessell tinham se encontrado pela primeira vez dez anos antes nas eleições suplementares de Torquay, nas quais Bessell tinha concorrido e perdido. Ainda que eles não se conhecessem direito, Bessell tinha se convencido desde o primeiro instante de que os dois tinham algum tipo de ligação. Fisicamente, eram quase da mesma altura, ambos com cabelos escuros e feições sérias, meio fechadas. Politicamente suas concepções coincidiam em muito também. Mas o que mais chamava a atenção aos olhos de Bessell eram as semelhanças nas personalidades de ambos: "Éramos os dois inflexíveis, ficávamos ofendidos por pouca coisa, capazes de muita arrogância e ambos irremediavelmente sentimentais".

E eles tinham algo mais em comum, algo que logo ficaria bem aparente: cada um a seu modo, ambos eram extremamente oportunistas. Bessell tinha largado a escola aos 16 anos para se tornar pastor protestante sem formação clerical. Depois de abrir um pequeno negócio de alfaiataria na cidade de Paignton, em Devon, acabou indo parar na política e no Partido Liberal, em parte por razões ideológicas, mas, talvez mais provavelmente, por um desejo de apimentar ainda mais sua já caótica vida amorosa.

Bessell não parecia um conquistador convencional. Certa vez, comparou seu próprio rosto a "um piso mal revestido", e os ternos de *mohair* de que tanto gostava faziam com que ele brilhasse levemente todas as vezes em que se punha ao lado de alguma lâmpada elétrica. Esse efeito ainda era complementado pela voz extraordinariamente rascante, que o fazia soar como um frequentador de bares sujos em algum melodrama da era eduardiana. Ainda assim, fazia um sucesso considerável entre as mulheres. Logo depois da morte de sua primeira esposa, por tuberculose, Bessell se casou de novo. Junto da segunda mulher, Pauline, teve dois filhos, um menino e uma menina, mas o casamento e a paternidade nada fizeram para diminuir seu apetite de mulherengo. Por mais caótica que fosse a vida amorosa de Bessell, ela não era páreo para a confusão de sua vida profissional. Ao longo dos anos, tinha se envolvido em um sem-número de esquemas furados, convencido de que o levariam à fortuna, incluindo uma negociação de máquinas de vender bebidas quentes e uma cadeia de motéis que ele pretendia abrir por toda a Inglaterra. Mas a fortuna de Bessell teimava em não se materializar. Em vez disso, a maioria de seus negócios acabava fracassando terrivelmente, sempre deixando um rastro de dívidas.

De acordo com o relato de Bessell sobre o que aconteceu logo após aquele encontro, os dois homens se sentaram à longa mesa reservada para os parlamentares Liberais. Naquela noite, o lugar estava quase deserto, e não havia ninguém por perto que pudesse bisbilhotar o que os dois estavam conversando. O salão de jantar não era exatamente um lugar onde as pessoas se reuniam para fofocar. Tudo nele – o teto dividido em placas rebaixadas de madeira, o brasão real sobre a porta, os sisudos retratos vitorianos nas paredes – parecia especialmente projetado para conferir um ar solene. Condizendo com o ambiente que os cercava, os dois começaram uma conversa um tanto convencional. Falaram sobre o partido e em especial sobre o líder de então, Jo Grimond. Liderança do Partido Liberal nos últimos oito anos, Grimond tinha sido o principal responsável pela restituição da importância do partido. Em 1964, os Liberais tinham conseguido mais de três milhões de votos, um aumento de 5% desde a eleição geral anterior.

As eleições de 1964 foram vencidas pelo Partido Trabalhista, liderado por Harold Wilson. Com seu visual pálido e seu sotaque monótono de Yorkshire, Wilson não parecia nem soava como um fervoroso visionário. Mas a Inglaterra, segundo ele declarava, estava à beira de uma nova era de prosperidade, na qual os privilégios econômicos e a pobreza seriam abolidos. E não apenas isso: "Os britânicos tomarão novamente a dianteira entre os povos com a melhor noção de um objetivo comum para todo o país".

Mas essa utopia tão atraente parecia na verdade estar muito distante. Depois de conquistar uma maioria com apenas quatro cadeiras e com a economia afundando, os Trabalhistas se viram em uma constante luta para se agarrar ao poder. Para sua sorte, os Conservadores tinham acabado de eleger um novo líder, o nada carismático e nem um pouco atraente Edward Heath. Como terceiro maior partido, os Liberais ficaram em uma posição ideal para tomar aqueles eleitores desiludidos de ambos os lados. Havia até quem acreditasse que, pela primeira vez em mais de cinquenta anos, o poder estava finalmente ao alcance deles.

Jo Grimond tinha apenas 51 anos, mas, desde a eleição para a Câmara dos Comuns, circulavam rumores de que ele estaria próximo da aposentadoria. Ainda que Bessell pensasse que Thorpe pudesse ser um substituto ideal, ficava surpreso e até um pouco chocado com os rumores sobre a vida pessoal do colega. Na posição de único outro parlamentar do sudoeste inglês, Bessell imaginava que poderia ser inquirido dali a algum tempo a respeito de Thorpe, na iminência de uma troca de lideranças. Sob tais circunstâncias, seria prudente ele se municiar com o máximo de informações possível. Pelo menos era assim que ele vinha racionalizando a coisa para si mesmo. Mas, como de costume, Bessell tinha outros motivos bem menos nobres à espreita. Como colecionador inveterado de "disse-me-disse", estava curioso mesmo era para saber se os tais rumores tinham algum fundo de verdade.

Na tentativa de levar Thorpe a falar de sexo, Bessell começou a comentar a respeito de sua secretária, Diana Stainton. Claramente desinteressado pela mudança de assunto, Thorpe perguntou se ela era boa.

"Ah, sim", Bessell respondeu. "Especialmente na cama."

Thorpe olhou bem para ele por intermináveis segundos e então desatou a rir. Disse a Bessell que o tinha imaginado como um homem muito feliz no casamento. Bessell confirmou que seu casamento era mesmo muito feliz, mas que aquilo era outra coisa.

"Acredito que você possa considerar como um hobby", disse. "Algumas pessoas colecionam selos ou jogam golfe ou criam cavalos. Eu gosto de transar."

Àquele ponto, Bessell já tinha conquistado toda a atenção de Thorpe. Mas também sabia que Thorpe se entediava facilmente. Se quisesse atrair uma conversa mais indiscreta, teria de planejar com cuidado seu próximo passo.

"Mas é claro que quando eu era jovem", Bessell continuou, "era tudo mais difícil. Anos atrás, as boas moças não iam para a cama com a gente se não se casassem antes".

"E o que você fazia então?", Thorpe perguntou.

"Ah, bem", Bessell disse pensativo. "Naquela época eu ainda tinha tendências homossexuais."

Só que não havia verdade alguma naquilo. Bessell nunca tinha sido nada além de um inveterado heterossexual; estava apenas jogando uma isca para ver que resposta teria do colega. Bessell não poderia ter sido mais apelativo, mas Thorpe ficara extasiado. Chegando para a frente, perguntou: "Tinha mesmo? Me conta mais sobre isso".

Um pouco tomado de surpresa, Bessell tagarelou alguma coisa sobre um caso homossexual certa vez em um clube noturno em Viena. Quando terminou, Thorpe não disse nada logo de princípio. Em vez disso, fez sinal para o garçom.

"Peter, a situação pede uma bebida. O que você vai querer?"

Bessell disse que queria vinho do porto.

"Nada mais apropriado", Thorpe respondeu. "Quero o mesmo."

Enquanto esperavam por suas bebidas, Bessell decidiu usar sua momentânea vantagem para apertar mais um pouco o colega.

"E quanto a você?", perguntou. "Estou certo de que não vive como um monge trapista."

Thorpe pareceu um pouco tenso, e, por um momento, Bessell se perguntou se não teria dado um passo maior que as pernas.

"Quando estava em Oxford, tive tendências homossexuais", Thorpe foi admitindo com cuidado. "Mas é claro que isso já faz muito tempo."

Foram interrompidos pelo garçom trazendo as bebidas. Depois de erguerem as taças um para o outro, Bessell disse: "Acho que pessoas como nós nunca perdem esse traço, não é?".

Fez-se nova pausa, e então o rosto de Thorpe se desdobrou em um sorriso. "Peter", ele disse em um meio-sussurro, "somos só um casal de bichas velhas... Me diga aqui", continuou, enquanto ambos bebericavam seus portos, "como você classificaria essa sua fase? 50/50?

"Não", Bessell disse sem demora. "Diria mais como 80/20."

"E você quer dizer 80% ou 20% gay?", Thorpe quis saber.

Bessell nunca tinha ouvido a palavra *gay* antes e por isso levou um segundo ou dois para entender bem o que Thorpe queria dizer.

"Eu quis dizer 80% para as mulheres", respondeu.

"Sério? É o contrário para mim", Thorpe disse. "Sou 80% gay."

Naquele momento, Bessell já sentia que ele e Thorpe tinham ainda mais em comum do que ele teria imaginado em qualquer momento anterior. Como ele depois se lembraria em traços grandiosos tão característicos, "assim como acontecia com Jeremy, minhas extraordinárias energias mentais e físicas se combinavam em um desejo de conquista em diversas áreas". Ou, para dizer de outro modo, quando confrontados com a menor possibilidade de tentação sexual, ambos se viam incapazes de resistir.

Thorpe continuou a conversa falando de como seria desastroso se seus eleitores algum dia soubessem de sua homossexualidade. Além de isso significar o fim imediato de sua carreira política, a revelação ainda poderia levá-lo à cadeia, uma vez que a homossexualidade ainda era considerada crime em 1965.

"Mas nos viramos bem até agora", disse. "Ninguém na Câmara sabe a meu respeito."

"E alguém ligaria?", Bessell perguntou.

"Ah, com certeza", Thorpe respondeu pesaroso. "Nenhum de nós dois poderia ser líder do partido se alguém descobrisse."

Naquele momento, o salão já estava fechando e Thorpe então pediu a conta.

"Muito bem dito", Bessell disse. "Então, devemos cuidar para que ninguém jamais descubra."

"Você tem razão", Thorpe disse em um súbito arroubo passional. "E, em nome de Jesus Cristo, Peter, vamos cuidar para que eles nunca descubram."

Quatro semanas depois, Bessell estava de manhã em seu escritório na Rua Clarges quando o telefone tocou. Era Thorpe. Queria saber se poderiam almoçar juntos. Bessell percebeu que Thorpe parecia mais tenso e menos vivaz que de costume. Claramente, alguma coisa estava errada.

Por sugestão de Thorpe, eles foram ao Ritz. Também aquilo pareceu estranho a Bessell, já que ambos eram membros do Clube Nacional Liberal, que era bem mais perto da Câmara dos Comuns, mas ele não disse nada. Na hora em que Bessell chegou, Thorpe andava impaciente de um lado para o outro pelo lobby. Depois de saudá-lo de maneira formal, foram os dois até o salão de jantar, onde conseguiram uma mesa com vista para o Parque Green.

As flores da primavera começavam a desabrochar, e Bessell, que se vangloriava de ter um bom olho para a beleza em todas as suas formas, pensou que, naquele dia, o parque estava particularmente lindo. No entanto, a bela vista era certamente a coisa mais distante dos pensamentos de Thorpe. Apenas passando os olhos pelo cardápio, pediu um bife ao molho tártaro. Assim que o garçom se afastou, Thorpe tirou uma carta do bolso interno do paletó e a entregou a Bessell.

"Leia", disse.

Bessell notou que o envelope estava endereçado à mãe de Thorpe, Ursula, moradora de Oxted, em Surrey. A carta estava escrita em um bloco de notas azul. Ainda que fosse bem comprida – dezessete páginas – e que a escrita à mão estivesse difícil de decifrar, Bessell logo entendeu do que se tratava em linhas gerais. O remetente começava se desculpando por perturbar a Sra. Thorpe, mas também lembrava-lhe que já tinha sido um hóspede daquela casa. E então fez a alegação de que ele e Thorpe eram amantes.

"Pelos últimos cinco anos, como a senhora provavelmente já sabe, Jeremy e eu vimos mantendo um relacionamento 'homossexual'. Aprofundar-me nos detalhes disso seria um desserviço a todos nós. Quando estive em Stonewalls [casa da mãe de Thorpe], aquela foi a primeira vez que o vi, muito embora ele tenha dito à senhora algo sobre um programa de TV e Malta. Essa parte não foi verdade. O que permanece de fato é que, por ocasião de meu primeiro encontro com Jeremy naquele dia, eu trouxe ao mundo esse mal que jaz latente em todo homem."

Segundo o homem alegava, Thorpe prometera cuidar dele. Mas o caso tinha terminado e a promessa tinha sido descumprida. Todas as tentativas posteriores de contato com Thorpe tinham falhado. O tal homem agora morava em Dublin e precisava de ajuda. Em especial, queria que Thorpe devolvesse a ele seu cartão de seguridade social, sem o qual, segundo o que estava escrito, o homem não conseguiria arrumar um emprego. Mas, para ajudá-lo a passar o sufoco, ele perguntava se a Sra. Thorpe não poderia fazer a gentileza de lhe emprestar trinta libras.

"Odeio pedir porque sei que é um assunto delicado, e sei o quanto a senhora e seu filho são próximos. Na verdade, é por isso mesmo que escrevo agora à senhora. Jeremy não me deve nada, e talvez até eu deva muito a ele, ainda que sinta que estejamos quites. Mas agora, em vez de procurar algum amigo de ocasião, venho apelar aos bons sentimentos dele como homem de bem para que me ajude neste momento de necessidade. Prometo pagar de volta cada centavo assim que me recuperar – e acredite-me quando digo isso."

E ele terminava a carta com um pedido de desculpas e implorando: "A senhora consegue entender minha situação, Sra. Thorpe? Sinto muitíssimo. Por favor, acredite quando lhe digo que estou desesperado por qualquer ajuda".

A carta estava assinada por Norman Lianche Josiffe.

Bessell ergueu os olhos novamente e viu Thorpe encarando-o nervosamente.

"Isso é verdade?", Bessell perguntou.

Thorpe assentiu positivamente em movimentos lentos.

"E o que sua mãe achou disso?"

"Ela não acreditou", Thorpe respondeu.

Foi então que Thorpe puxou uma segunda carta. Essa era bem mais curta, com apenas duas páginas. Explicou que era um rascunho da carta que ele pediria a seu assessor para enviar a Josiffe. Nela, Thorpe negava com veemência qualquer envolvimento sexual entre os dois e ameaçava entrar com um processo por difamação caso Josiffe viesse a repetir suas alegações: "Nosso cliente nega de maneira cabal as alegações danosas e sem base que o senhor fez contra ele e nos autoriza a avisá-lo de que ele não hesitará em registrar uma queixa, seja em tribunais ingleses ou irlandeses, para a abertura de um processo por difamação se vier a perceber qualquer traço de evidência de que o senhor tenha repetido sua alegação inteiramente viciosa e mentirosa".

Havia ainda mais, e tudo no mesmo tom. Bessell leu a carta e o aconselhou veementemente a não enviá-la.

20

"Mas por que não?", Thorpe quis saber.

"Já se esqueceu de Oscar Wilde?", Bessell perguntou.

Para a surpresa de Bessell, Thorpe parecia nem ter ideia do que ele falava. Bessell teve de lembrá-lo de que Wilde tivera sua reputação destruída por um processo de difamação, em 1895, contra o Marquês de Queensberry, que alegara que Wilde seria um "sondomita" (*sic*).

"Então o que diabos eu vou fazer?", Thorpe exclamou.

Bessell disse a ele que não poderia aconselhá-lo de outra maneira até que conhecesse melhor todos os detalhes do caso. Thorpe ficou pensativo por um instante, e então avisou que se tratava de uma longa história. Tudo bem, disse Bessell, já que ele não tinha nada para fazer naquela tarde.

Bessell não tinha como saber, é claro, mas aquela decisão arruinaria sua vida.

2
O CARTÃO-POSTAL

Tudo tinha começado com outra carta, segundo Thorpe foi explicando – ou melhor, com um cartão-postal. Na tarde de sexta-feira, 26 de fevereiro de 1960, o Palácio de Buckingham divulgou nota oficial dizendo que a Rainha tinha dado sua permissão para o noivado de sua irmã mais nova, a Princesa Margaret, com Antony Armstrong-Jones.

Foi uma novidade que gerou grande entusiasmo. Tal como Thorpe, Armstrong-Jones era um ex-aluno do Colégio Eton, apenas um ano mais novo. Mas, ao passo que seu histórico era então bastante convencional, em outros aspectos Armstrong-Jones era bem diferente de qualquer outro consorte real. De reputação duvidosa, boêmio e incrivelmente convencido, tinha se tornado um fotógrafo de sucesso, apesar de ter sido reprovado em sua prova final na faculdade de Arquitetura de Cambridge.

O histórico de fracassos românticos da princesa também deu à notícia uma dose extra de interesse. Quatro anos antes, ela tinha sido forçada a romper seu romance com um oficial altamente condecorado da Força Aérea Britânica, o Capitão Peter Townsend, porque ele era divorciado. Mas agora parecia que ela finalmente tinha encontrado a felicidade. Além da habitual cobertura da imprensa sobre o noivado, havia também um bocado de artigos a respeito das implicações sociais daquele evento. Muitos comentaristas previram, com alto grau de confiabilidade, que aquele era o começo de uma nova era, que seria mais igualitária e menos cerceada por pompas e tradições.

Quando Thorpe leu a notícia, estava na Câmara dos Comuns. De imediato, correu para enviar um cartão para seu amigo, o honorável Brecht Van de Vater.

"Que pena", Thorpe escreveu. "Eu meio que esperava me casar com uma e seduzir o outro."

No dia seguinte, o cartão chegou ao Esquilos, como era chamado o sítio onde Van de Vater morava na vila de Kingham, em Cotswold. Com seus ternos de tweed, suas gravatas com padronagens, sua Land Rover, seus cavalos e seus cinco cocker spaniels ingleses, Van de Vater dava toda a impressão de ser um típico cavalheiro inglês de boa estirpe. Só que, na verdade, tudo nele era uma fachada bem construída. Não era apenas seu título que era inventado; até seu nome era falso. O sujeito tinha nascido apenas Norman Vater, filho de um mineiro galês. Menos ainda era de boa estirpe – longe disso. Os vizinhos não imaginavam, mas ele era um falido de nome sujo na praça.

Van de Vater não morava sozinho no Esquilos. Dois meses antes, tinha admitido um assistente, um jovem chamado Norman Josiffe. Muito embora Josiffe não recebesse qualquer compensação financeira – era visto como um "estudante a trabalho" –, pelo menos ali ele tinha alojamento gratuito. Van de Vater também se responsabilizava por pagar a seguridade social do jovem. Assim como Van de Vater, Josiffe tinha seus segredos. Nunca soubera quem era seu pai. Depois da morte do primeiro marido, sua mãe, Ena, tinha saído em um cruzeiro ao redor do mundo com tudo pago pelo antigo empregador do marido, como forma respeitosa de compensação pelos anos de serviço. Quando chegou de viagem, estava grávida. Dois anos depois de dar à luz Norman, ela se casou com Albert Josiffe, um contador que era o melhor amigo do marido falecido. Para deixar tudo nos conformes, o filho recebeu o sobrenome do novo marido.

Com quase nada de base familiar, Norman Josiffe cresceu com uma noção muito frágil de sua própria identidade. Muito carente de afeto em sua própria casa, encontrou essa qualidade nos animais – e nos cavalos em particular. Foi justamente a primeira coisa que trouxe problemas ao rapaz. Logo que fez quinze anos, Josiffe pediu à mãe para lhe comprar um pônei. Ela se recusou, mas ele conseguiu um de graça na Blue Cross, uma entidade de proteção aos animais. Quando a mãe igualmente se recusou a dar dinheiro para alimentar o bicho, Josiffe roubou comida e uma sela.

Em 23 de abril de 1956, aos 16 anos, foi levado ao tribunal juvenil de Bromley, em Kent, e posto em liberdade condicional. Com a intenção de fomentar o interesse de Josiffe por cavalos, seu oficial da condicional o incentivou a se tornar aluno da Escola de Equitação Westerham, perto de Oxted, em Surrey. Lá, ele viria a se diplomar como instrutor de montaria e, logo que deixou a escola, recebeu uma proposta de emprego de Brecht Van de Vater.

Naquela época, Josiffe já tinha 19 anos. Com seus fartos cabelos pretos, olhos escuros e lábios grossos, tinha se tornado um rapaz muito bonito, com uma mistura notável de traços angelicais e soturnos. Do ponto de vista sexual, tinha tido algumas aventuras heterossexuais na escola de equitação, mas ainda era virgem. Na casa de Van de Vater, as tarefas do rapaz consistiam principalmente em limpar os estábulos e exercitar os quatro cavalos que o patrão mantinha. Mas não demorou nada até ele perceber que teria de exercer outras funções, digamos, mais fora do usual.

Quando o cartão chegou, Van de Vater o mostrou com orgulho a Josiffe e explicou que vinha de um amigo muito importante. Mostrou também diversas cartas recebidas do mesmo amigo, alegando então, de forma misteriosa, que aquelas eram suas "apólices de seguro". Ainda que Josiffe não tenha tido permissão de ler nenhuma das cartas, notou que o papel era timbrado com o selo da Câmara dos Comuns.

Alguns dias depois, Van de Vater disse a Josiffe que o tal amigo viria não só para uma visita, mas para ficar uns dias. Antes de ele chegar, Van de Vater quis tomar um bom banho e pediu a Josiffe que o acompanhasse ao banheiro. Josiffe ficou surpreso ao perceber que o lugar estava iluminado somente por velas. Van de Vater então tirou seu roupão e entrou na banheira. Josiffe ficou ainda mais surpreso ao receber do patrão um frasco de creme de barbear e uma lâmina, junto a um pedido para depilar as costas de Van de Vater. Mesmo achando que a tarefa era muito fora de suas atribuições, mas sem querer dizer nada em contrário, Josiffe espalhou a espuma e se pôs a passar a lâmina.

Naquela noite, ele foi dormir antes que o visitante de Van de Vater chegasse. Na manhã seguinte, se levantou, tomou seu café e, como sempre fazia, foi ao estábulo para limpar a sujeira dos cavalos. Lá fora do sítio, viu o carro do visitante estacionado, um Sunbeam Rapier. Por volta das 9 horas da manhã, um homem alto de sobretudo preto com colarinho de pele *astrakhan* apareceu e se apresentou. Seu nome, ele disse, era Jeremy Thorpe.

Josiffe se lembrava vagamente de que Thorpe era um parlamentar dos Liberais, mas, fora isso, não sabia mais nada sobre ele. Os dois começaram a conversar. O que mais chamou a atenção de Josiffe era como Thorpe era charmoso e atencioso. "Tudo o que me passou pela cabeça foi 'que cara bacana!'" Muito embora logo tenha ficado óbvio que Thorpe não entendia nada de cavalos, continuou insistindo que os adorava.

Thorpe, por sua vez, ficou ainda mais encantado por Josiffe. Como anos depois diria a Peter Bessell, "ali estava ele, debruçado sobre a porta da baia; era simplesmente divino".

Os dois conversaram sobre cavalos por muitos minutos, ainda que de certa maneira formal, e então Thorpe fez uma pausa. "Isso que eu vou te dizer pode parecer meio estranho no momento", ele disse, "mas, se você vier a ter qualquer problema com Van, quero que entre em contato comigo."

Então, deu a Josiffe seu cartão. Também nele havia o emblema da Câmara dos Comuns, como Josiffe logo percebeu, e um número particular de Thorpe. Depois que Josiffe guardou o cartão na carteira, os dois se despediram. Muito impressionado, ainda que confuso pelas palavras, Josiffe só ficou observando enquanto Thorpe voltava para dentro da casa.

Naquela noite, antes de dormir, Josiffe tirou o cartão de Thorpe da carteira e ficou olhando. Pensou mais uma vez no quanto Thorpe lhe parecera charmoso, e também se perguntou o que será que ele quis dizer com aquela história de "problemas com o Van". Não teve de esperar muito para descobrir do que se tratava.

Coisa de dois meses depois, Josiffe e Van de Vater foram ao torneio equestre de Tidworth, em Wiltshire. Durante o evento, Josiffe estava escovando um cavalo chamado Harbour Light quando o bicho se assustou com um barulho alto e saiu em disparada. Van de Vater no mesmo instante se enfureceu. Na frente dos muitos amigos ali em volta, começou a desancar Josiffe por sua incompetência, proferindo aos berros que ele fosse "se foder". Ninguém jamais tinha falado com Josiffe daquele jeito, de modo que ele ficou profundamente chateado – tanto até que resolveu deixar o evento logo em seguida.

Conseguiu uma carona até Salisbury e depois pegou um trem em Oxfordshire. Tinha ficado fora apenas dois dias, mas, quando voltou ao Esquilos, ficou surpreso ao perceber que uma quantidade enorme de cartas tinha sido entregue naquele curto intervalo de tempo – tantas, que ele teve dificuldade para abrir a porta da frente da casa. Mas ele ainda teria um choque maior pela frente. Perplexo, viu que a maior parte das cartas estava endereçada a ele próprio. Ao abri-las, Josiffe percebeu que todas continham recibos de coisas que Van de Vater tinha comprado em seu nome à prestação. Entre os itens, havia uma Land Rover e um reboque para transporte de cavalos.

Sem saber o que fazer, Josiffe atravessou correndo o campo que o separava da casa de uma mulher chamada Sra. Barton, de quem ele ficara amigo. A compreensiva senhora disse a ele que voltasse ao Esquilos, juntasse tudo o que possuía e que também pegasse todas as contas a vencer. Ainda o instruiu para que ele deixasse um bilhete para Van de Vater, informando para onde tinha fugido, e depois voltasse à casa dela. Josiffe assim fez, retornando ao sítio e juntando todos os seus pertences. Pegou em seguida todas as contas em seu nome e deixou o bilhete explicando o que tinha feito.

Então, logo que estava para sair da casa, parou e pensou. No calor do momento, decidiu carregar consigo outras coisas: as tais cartas que Jeremy Thorpe enviara a Van de Vater. Desde que conhecera Thorpe, Josiffe teve a estranha sensação de que ele tinha tudo para ser seu salvador em algum momento de necessidade. Não havia nada de racional naquele gesto; pesou apenas o fato de que Thorpe tinha sido uma das poucas pessoas gentis na vida de Josiffe. Em seus devaneios, Josiffe chegou até mesmo a fantasiar que, quando Thorpe escrevia "Caro Norman" naquelas cartas, estaria se referindo a ele, e não a Van de Vater, o verdadeiro destinatário.

Josiffe se lembrou de como Van de Vater se vangloriava sobre as cartas serem sua apólice de seguro, e então pensou que poderia assim recompensar Thorpe por sua afabilidade ao tomá-las de volta, no caso de que houvesse naqueles escritos algo que pudesse causar incômodo ao parlamentar. Josiffe sabia que o patrão mantinha as cartas em uma gaveta na sala. Havia umas trinta ao todo, incluindo o tal cartão-postal no qual Thorpe dizia que gostaria de se casar com a Princesa Margaret e seduzir Antony Armstrong-Jones. Então, saiu da casa, fechou bem a porta e se dirigiu à propriedade da Sra. Barton.

Dois dias depois, Van de Vater voltou de Tidworth. Assim que encontrou o bilhete de Josiffe, correu esbaforido à casa da Sra. Barton. Foi então que transcorreu uma cena um tanto desagradável. A Sra. Barton acusou Van de

Vater de um comportamento vergonhoso, enquanto o próprio Van de Vater, tempestuoso como de costume, mais uma vez acusou Josiffe de incompetência. Estava claro que Josiffe já não tinha mais como morar no Esquilos. Mudou-se para a casa da Sra. Barton por um tempo. Nas semanas que se seguiram, o estado mental de Josiffe, que já não era exatamente saudável, começou a se deteriorar. Pouco tempo depois de conseguir mudar-se para seu próprio lugar, lá estava ele tendo um novo colapso nervoso – que ele acreditava ter sido causado pelo choque de descobrir que Van de Vater tinha feito dívidas em seu nome.

Josiffe começou a contar às pessoas que estava tendo um caso com Jeremy Thorpe, muito embora, até aquele momento, os dois só tivessem se encontrado uma única vez. Em certa ocasião, a polícia foi chamada até uma casa onde ele estava morando na vila de Church Enstone. No local, encontraram Josiffe agindo de forma desencontrada. Um dos policiais que atenderam a ocorrência, chamado Frederick Appleton, contou anos depois que "na casa, encontramos uma criatura patética sentada ao pé da escada, chorando e murmurando coisas estranhas e espantosas. Pelo que conseguimos entender, ele estava muito desapontado com algum homem que morava naquela casa, o qual ele tinha surpreendido em companhia de uma mulher. Daí concluímos que ele tinha tido algum relacionamento homossexual com o tal homem. Josiffe continuou falando por todo o tempo em que estivemos lá, balbuciando de maneira patética. Ficava mencionando um certo Jeremy, dizendo que contaria isso para Jeremy e aquilo para Jeremy, até que um de nós perguntou: 'Mas quem é esse Jeremy?' E ele respondeu: 'Jeremy Thorpe'".

Josiffe foi levado de ambulância até uma clínica psiquiátrica nova nos arredores de Oxford, chamada Clínica Ashurst (afiliada ao Hospital Littlemore), onde foi colocado em um tratamento com sedativos e antidepressivos. Depois de algumas semanas, ele mesmo se deu alta e foi morar em um apartamento em Oxford com dois outros pacientes. Não demorou nada até que fosse readmitido na mesma clínica. Em outubro de 1961, o médico encarregado do lugar, Dr. Anthony Willems, o chamou em seu consultório e disse a Josiffe que não havia mais nada que eles pudessem fazer por ele ali naquele lugar.

O Dr. Willems perguntou também se ele tinha algum lugar para onde ir. De princípio, Josiffe ficou confuso. Pensou que não podia mais incomodar a Sra. Barton e que não tinha nenhum amigo próximo. Então, de súbito, lembrou-se de Jeremy Thorpe. Explicou ao médico que Thorpe certa vez tinha se oferecido para ajudá-lo caso ele se visse em apuros. O médico considerou uma excelente ideia e prontamente deu alta ao paciente – mas não sem antes receitar mais remédios e recomendar que era importantíssimo continuar tomando-os da maneira prescrita.

De Oxford, Josiffe voltou a Cotswolds para pegar sua mala – onde estavam as cartas que tinha furtado de Van de Vater – e sua cachorrinha, uma jack russell chamada Tish. Então, em 8 de novembro de 1961, com todos os seus pertences em uma só mão e a cadelinha na outra, Norman Josiffe, atordoado como nunca, pegou um trem para Londres.

3

O OLHO DE URSE

Logo depois das 2 horas da tarde, Josiffe e Tish chegaram à Câmara dos Comuns. Ele disse ao guarda na porta que estava ali para ver Jeremy Thorpe, e assim, como todos os visitantes da Câmara, foi instado a preencher um formulário verde com todas as informações sobre quem era e o que fora fazer ali. Foi então que se deparou com um obstáculo imprevisto. O guarda disse que os únicos cães que podiam entrar no Palácio de Westminster eram os cocker spaniels do Rei Charles II – consequência de um decreto expedido pelo rei coisa de trezentos anos antes.

Josiffe ficou sem saber o que fazer com Tish. Lembrou-se de que, quando estava a caminho da Câmara dos Comuns, tinha passado por Whitehall e lá havia uma sede da União Britânica pela Abolição da Dissecação de Animais. Chegou à conclusão de que Tish não correria nenhum perigo por lá, então voltou e perguntou se poderia deixá-la com eles só por umas duas horas. O pessoal da União não poderia ter sido mais prestativo. Quando voltou à Câmara, Josiffe foi conduzido até o salão St. Stephen, onde deveria aguardar um pouco. Era a primeira vez que ele entrava no Palácio de Westminster, e por isso ficou olhando fascinado para todos os rostos familiares que iam passando. Dez minutos depois, Thorpe chegou caminhando animado com seus pés chatos nos ladrilhos do salão.

Qualquer medo que Josiffe tivesse de não ser reconhecido instantaneamente se dissipou.

"Norman!", exclamou Thorpe com satisfação, já de braços abertos.

Sentaram-se lado a lado, e Thorpe então perguntou como estavam as coisas. Josiffe começou a explicar todos os seus infortúnios, mas nem conseguiu ir muito longe, pois Thorpe decidiu que seria melhor se dirigirem a um escritório mais privado próximo dali. Josiffe o seguiu por uma escadaria que subia e outra que descia, depois por muitos corredores, e então Thorpe finalmente mostrou onde ficava a sala de entrevistas – como parlamentar júnior, ele ainda não tinha escritório próprio.

Chegando lá, serviu uma xícara de chá a Josiffe e ficou ouvindo com atenção o relato do rapaz. À menção de Van de Vater, Thorpe apenas murmurou "Mas é um tolo...", e ficou o resto do tempo em silêncio. Quando Josiffe terminou de falar, Thorpe quis saber onde o rapaz se hospedaria.

Josiffe admitiu que não tinha onde morar.

"Será que haveria algum lugar onde ficar?"

Josiffe balançou a cabeça negativamente.

Thorpe explicou que tinha de viajar a Malta no dia seguinte para entrevistar o primeiro-ministro anterior, Dom Mintoff. Mas Josiffe poderia passar a noite na casa da mãe de Thorpe, em Surrey. À parte a comodidade do arranjo, ambos ainda poderiam conversar, no caminho, sobre todos aqueles problemas pelos quais o rapaz vinha passando. Pelo que Josiffe pôde entender naquele momento, todas as suas orações tinham sido atendidas. Então, se lembrou de Tish. Contou a Thorpe sobre a cadela e sobre a proibição de entrar com ela no palácio. Thorpe recomendou que ele não se preocupasse, pois ele iria resolver tudo. Jogando todas as suas toneladas de charme sobre o guarda da porta, Thorpe perguntou se eles talvez não pudessem tornar Tish uma "cocker spaniel do rei honorária" somente por um dia.

O guarda se derreteu todo sob aquele poder de persuasão. Depois de pegar Tish com os defensores dos animais, Josiffe retornou à Câmara, onde Thorpe já o esperava em seu carro novo – tinha trocado seu Sunbeam Rapier por uma Rover preta. No caminho até Surrey, pararam em uma casa no sul de Londres onde moravam dois amigos de Thorpe, ambos homens. Lá, Thorpe pediu a um dos dois que sempre tomasse conta de Josiffe caso o rapaz algum dia precisasse de ajuda. Mais do que nunca, Josiffe se sentiu amparado por amigos. Depois dos traumas sofridos nos últimos meses, finalmente sentia que tinha encontrado gente que se importava com ele. Ficou tão aliviado que se esqueceu totalmente do plano de devolver a Thorpe as cartas de Van de Vater.

Logo depois das 7 horas da noite, chegaram em Oxted. Mas, antes que fossem à casa da mãe de Thorpe, o parlamentar encostou o carro na beira da estrada e parou. Disse que, pensando bem, seria melhor que Josiffe fingisse ser o câmera que o acompanharia na viagem a Malta. Mais ainda: ele nem deveria dar seu nome verdadeiro. Em vez disso – Thorpe simplesmente tirou um nome do nada – ele se chamaria Peter Freeman. Naquele ponto, a combinação dos remédios psiquiátricos com todo o cansaço do dia já tinha deixado Josiffe abatido o suficiente. Presumindo que Thorpe teria boas razões para aquele artifício, mas sem se importar com quais seriam, Josiffe apenas concordou. Seguiram por mais uns duzentos metros e chegaram ao seu destino. Stonewalls era austera, uma casa de pedra do fim do período vitoriano, construída em um morro nos arredores da parte central da vila.

Como se a casa não fosse intimidadora o suficiente, a mãe de Thorpe se provou ainda mais. Bastião do braço local do Partido Conservador, Ursula Thorpe tinha a reputação de ser uma mulher formidável. Usava um monóculo, fumava charutos e vinha de uma longa linhagem de mulheres duronas. Sua mãe, Lady Norton-Griffiths, uma vez cruzou os Andes no lombo de uma mula. O pai de Thorpe – ex-parlamentar dos Conservadores – morreu quando o filho tinha 15 anos. Muito embora Ursula Thorpe tivesse também duas filhas, sempre despejara uma quantidade desproporcional de atenção sobre seu garoto. Mesmo que não compartilhasse das mesmas convicções políticas que ele, era determinada a fazer qualquer coisa para fomentar a sua carreira política.

Assim que Josiffe foi apresentado, a Sra. Thorpe o pediu para assinar o livro de visitas. Olhando horrorizado para o livro aberto na mesa no salão de entrada, Josiffe tentava desesperadamente se lembrar do nome que Thorpe o tinha aconselhado a usar. Depois de perguntar discretamente, assinou como Peter Freeman. Então, com mais um cochicho, quis saber que endereço deveria colocar.

"Escreva apenas 'Colchester'", Thorpe cochichou de volta.

A casa era tão soturna por dentro quanto por fora. Não demorou muito para que os três se sentassem para jantar. Muito embora a refeição fosse apenas ovos quentes, foi servida com muita cerimônia em uma mesa na sala de visitas que tinha sido posta com toalha e guardanapos de pano.

Durante a refeição, Josiffe estava com tanto medo de a Sra. Thorpe fazer alguma pergunta técnica sobre o ofício de *cameraman* que mal conseguiu comer. Mas não precisava ter se preocupado: ela estava interessada apenas em conversar com o filho. Enquanto lidava com seu ovo quente, Josiffe percebeu que Thorpe era bem menos extrovertido quando na presença da mãe. Até passou pela mente do rapaz que ele poderia ter certo medo dela.

Assim que terminou, Josiffe perguntou se estaria tudo bem se ele apenas se retirasse para seu quarto. A Sra. Thorpe respondeu que tudo bem, claro, e assim foi preparar a cama do convidado. Era pouco mais de 9 horas da noite. Josiffe pôs seu pijama, escovou os dentes – havia uma bacia no quarto – e tomou mais alguns comprimidos que o Dr. Willems lhe dera. Então, se deitou na cama com Tish.

Não passou muito tempo até que veio uma batida na porta. Era Thorpe. Disse que, caso Josiffe quisesse ler alguma coisa, ele vinha trazendo um livro, um romance chamado *O quarto de Giovanni*, escrito pelo americano James Baldwin. Depois de dar boa noite, Thorpe fechou a porta. Josiffe estava com sono demais para ler qualquer coisa. Mesmo assim, deu uma passada de olhos no livro e ficou surpreso ao ver que se tratava de um caso de amor entre dois homens. Enquanto estava deitado, podia ouvir Thorpe e sua mãe conversando no andar de baixo. Estava particularmente intrigado pelo fato de Thorpe chamar a mãe por um apelido de seu primeiro nome – "Urse" – e nunca de "mãe" ou "mamãe".

Ouviu Thorpe se despedir dela – "Boa noite, Urse" – e depois o som dos passos quando ela subiu as escadas em direção ao seu quarto, bem ao lado do de Josiffe. Depois de apagar a luz, Josiffe se acomodou para tentar dormir. Quando estava quase adormecido, veio outra batida na porta, mais suave nesta segunda vez.

E mais uma vez foi Thorpe quem entrou. Agora, estava de pijama e com um robe. De princípio, sentou-se ao pé da cama. "Você está parecendo um coelhinho assustado", disse a Josiffe. Chegando para a frente, deu-lhe um abraço e ainda acrescentou "Coitadinho do coelhinho".

Muito para seu constrangimento, Josiffe começou a chorar.

Thorpe então saiu e voltou com uma toalha e um tubo de vaselina. Pousou a toalha sobre a coberta, deitou-se na cama ao lado de Josiffe, e então começou a passar vaselina no pênis. Em seguida, disse a Josiffe que se virasse e começou a penetrá-lo. Josiffe sentia muita dor – "Era como ser partido ao meio; achei que ele estava me matando". Mas sabia que não podia gritar porque a Sra. Thorpe estava na cama bem ali no quarto ao lado. Só para se assegurar de que o rapaz soubesse disso, Thorpe apontou para a parede e sussurrou no ouvido do rapaz: "É o quarto da mamãe". Para Thorpe, que se refestelava na aprovação da mãe e se ressentia da presença dominante dela, saber que ela estava ali a poucos metros de distância deve ter conferido à situação perigosa um frisson extra.

Para não gritar, Josiffe mordeu o travesseiro. Depois do que pareceu uma eternidade, Thorpe se afastou e começou a se limpar. Então, deu um tapinha na coxa de Josiffe e se retirou. Na manhã seguinte, quando acordou, Josiffe descobriu que a calça do pijama estava manchada de sangue, assim como suas coxas. Depois de se lavar tão bem quanto podia na bacia, se vestiu e foi levar Tish ao jardim. Atrás da casa havia alguns pátios pelos quais Josiffe ficou indo e voltando enquanto o sol nascia. "Por algum motivo, doía ainda mais quando eu não me movimentava, então fiquei andando. Durante aquele tempo todo, só fiquei pensando 'o que vou fazer?'"

No fim, voltou ao seu quarto, sentou-se na cama e se pôs a esperar. Às 8 horas, Thorpe bateu na porta e perguntou como ele preferia seus ovos no café da manhã. Ao descer, Josiffe encontrou Thorpe e sua mãe na cozinha. Thorpe estava lendo o jornal enquanto a mãe estava apenas sentada, impassível de trás de seu monóculo. Ao se sentar também e ver pela frente mais um ovo cozido, Josiffe não conseguia parar de pensar que estava para cair no choro mais uma vez. Percebendo algo claramente errado, Thorpe tomou o café bem depressa e disse à mãe que eles precisavam partir logo.

"Peter ainda precisa fazer um monte de coisas antes de irmos a Malta", ele disse.

Por um instante, Josiffe não teve a menor ideia a respeito de quem Thorpe estava falando, até que se lembrou de que ele mesmo era o tal "Peter". Já na soleira da porta, a Sra. Thorpe dirigiu a Josiffe um olhar continuado e disse "Meu caro, espero vê-lo novamente em breve". Estendeu a mão. Quando a tomou, Josiffe teve uma sensação desconcertante de que, mesmo que ela talvez não soubesse o que tinha acontecido horas antes, talvez não fosse ficar também muito surpresa se descobrisse.

Na maior parte da viagem de volta, nenhum dos dois falou uma palavra. Ao se aproximar de Londres, Thorpe disse a Josiffe que precisava pegar sua secretária, Jennifer King, e dar carona a ela até a Câmara dos Comuns. Advertiu que Josiffe não deveria dizer nada a ninguém a respeito do que tinha acontecido. Ambos conversariam sobre aquilo mais tarde e decidiriam o que fazer. Depois que deixaram King na Câmara, os dois se dirigiram ao restaurante Lyons' Corner House no lado sul da Ponte de Westminster.

Enquanto tomavam um café, Thorpe tirou sua carteira e entregou uma nota de dez libras a Josiffe, dizendo que o rapaz deveria arrumar algum lugar onde morar. Deu instruções sobre como chegar à Praça Sloane de metrô e encontrar uma banca de jornal que ficava em frente à loja de departamentos Peter Jones. Na vitrine da banca havia uma seção de classificados com quartos para alugar. Josiffe deveria escolher um lugar, adiantar um aluguel e então avisar a Thorpe onde estaria. Ainda que estivesse de partida para Malta naquela noite, Thorpe disse que queria vê-lo mais tarde.

Josiffe fez conforme instruído e encontrou uma casa em Draycott Place, no bairro de Chelsea, que era de propriedade de uma certa Sra. Flood. Como prometera, Thorpe apareceu logo depois do almoço. Mais uma vez, os dois fizeram sexo – sem penetração, dessa vez –, e então Thorpe foi pegar seu voo, dizendo que voltaria em duas semanas. Deixou Josiffe se sentindo ainda mais confuso do que antes. Muito embora Thorpe tivesse sido o salvador do rapaz, aquela salvação tinha vindo com um preço muito maior que ele poderia ter imaginado.

No entanto, por mais confuso que estivesse, ainda havia uma coisa da qual tinha muita certeza. Ele já não guardava qualquer intenção de entregar a Thorpe as cartas que o parlamentar tinha escrito para Brecht Van de Vater. Se, em certo momento, elas tinham sido a apólice de seguro daquele homem, no futuro seriam o mesmo para Josiffe.

4
COELHINHOS

Duas semanas depois, quando Thorpe voltou de Malta, foi direto a Draycott Place. Nas semanas que se seguiram, sua vida com Josiffe caiu em uma espécie de padrão irregular. Às vezes, Thorpe aparecia apenas para sexo. Às vezes, Josiffe ia vê-lo discursar na Câmara dos Comuns e eles jantavam juntos no clube Reform. Às vezes Josiffe fazia a viagem inversa e ia dormir no apartamento de Thorpe em Marsham Court, em Westminster – muito embora não gostasse muito de fazer isso, já que teria de dormir em um catre de acampamento.

E às vezes, ainda, Thorpe apenas tocava a campainha em Draycott Place e dizia a Josiffe para descer. Ambos seguiam de carro até um lugar isolado perto da ponte Battersea. Depois, Thorpe corria para a Câmara e Josiffe voltava para casa a pé. Àquela altura, uma coisa já tinha ficado clara para Josiffe, algo que ele não sabia bem como encarar: ele tinha se tornado um amante financeiramente dependente. Thorpe insistira para que Josiffe jogasse fora todas as suas roupas e fizesse um novo guarda-roupa. Mandou-o ir aos alfaiates da Gieves, na Rua Old Bond, para comprar um terno, e também ao seu costureiro de camisas, na Rua Jermyn. Em parte, Josiffe adorava toda essa atenção. Ficava aliviado também por ter mais segurança em sua vida. Mas outra parte dele se ressentia de estar sempre à disposição de Thorpe.

E havia ainda o sexo. Criado como católico apostólico romano, Josiffe sabia muito bem que sua igreja considerava a homossexualidade um pecado. Em certo momento, até foi ao confessionário da Catedral de Westminster e disse ao padre que vinha dormindo com um homem, mas sem dizer quem. A vergonha de Josiffe se aprofundou ainda mais quando o padre se recusou a absolvê-lo a não ser que ele prometesse nunca mais fazer aquilo outra vez.

À medida que o tempo foi passando, Josiffe começou a sentir que Thorpe o tinha infectado com o que ele chamava de "vírus da homossexualidade" – e que, se ele nunca tivesse encontrado aquele homem, teria levado a vida heterossexual convencional que a Igreja aprovaria. Mas ele já não conseguia se afastar daquilo. Adorava o glamour, o dinheiro e, mesmo tudo isso à parte, não conseguia pensar em outro lugar para onde pudesse ir. Em diversas ocasiões, Josiffe acompanhou Thorpe até seu curral eleitoral em Devon do Norte. No Natal de 1961, Thorpe arrumou para que Josiffe passasse as festas com seus amigos Jimmy e Mary Collier. Jimmy Collier era o potencial candidato dos Liberais em Tiverton. Para sossegar quaisquer preocupações que os Colliers viessem a ter a respeito de sua vida afetiva, Thorpe disse a eles que o pai de Josiffe tinha morrido pouco tempo antes em um acidente aéreo.

Enquanto Josiffe estava hospedado lá, ele e os Colliers se encontraram com Thorpe e sua mãe para almoçar no Hotel Broomhill, em Barnstaple. Depois do almoço, Ursula e os Colliers sugeriram que todos fossem passear a pé. Thorpe, no entanto, disse que Norman deveria provar algumas camisas no andar de cima – e o levou para seu quarto. Se alguém teve alguma ideia errada a respeito disso, ninguém falou nada.

Então, em janeiro de 1962, uma antiga paciente da Clínica Ashurst chamada Jane R apareceu em Londres. Quando ela e Josiffe estavam internados no hospital, ficaram amigos. Por sugestão dela, ambos tinham se dado alta e alugado uma casa na estrada Polstead, no norte de Oxford, junto de outro paciente do Littlemore chamado Ian B. Foi uma aventura desastrosa logo de começo. Ainda na primeira noite, Ian tentou seduzir Josiffe. Ao correr pelas escadas abaixo para contar a Jane o que tinha acontecido, encontrou-a de joelhos com a cabeça enfiada no forno. Depois de puxá-la pelos pés, ele teve de quebrar as janelas com uma cadeira para deixar escapar o gás.

Ao sair de seu quarto em Draycott Place certa manhã, Josiffe ficou perplexo de ver Jane R andando na direção dele e usando apenas um vestido longo. Tinha certeza de que jamais dera a ela seu endereço, mas ela claramente o tinha perseguido e estava bastante determinada em seduzi-lo.

Depois daquela experiência em Polstead, Josiffe concluiu que não seria uma boa ideia e rechaçou as tentativas dela. Dois dias depois, Jane foi à polícia e fez uma queixa de que ele teria roubado o casaco de pele dela. Quando a polícia procurou Josiffe para interrogá-lo, Thorpe insistiu que, como "guardião" de Josiffe, ele deveria estar presente.

O depoimento foi marcado para as 4h15 da tarde de 8 de fevereiro de 1962, no escritório de Thorpe em Westminster. Ao chegar cedo demais depois de não conseguir dormir a noite toda, preocupado com seu futuro, Josiffe disse a Thorpe que estava pensando que seria melhor se eles deixassem de se ver. Confrontado com aquela novidade que não gostou nada de ouvir, Thorpe fez o que sempre fazia: ignorou. Em vez de dar atenção, tentou beijar Josiffe e enfiar a mão nas calças do rapaz.

Quando a polícia chegou, os dois rapidamente se distanciaram. Um dos detetives, o policial Raymond Whitmore-Smith, escreveu em seu relatório que "era bastante óbvio que Josiffe tinha uma personalidade um tanto fraca e vivia em condições mentais frágeis, completamente sob o domínio do Sr. Thorpe, que estava lá como conselheiro dele. No tempo em que Josiffe estava escrevendo seu depoimento, o Sr. Thorpe teve de deixar o recinto para ir a uma reunião da Câmara dos Comuns; durante sua ausência, Josiffe ficou visivelmente mais relaxado e falante".

Assim que a polícia descobriu que tanto Josiffe quanto Jane tinham histórico de problemas mentais, decidiu não se aprofundar no caso. Depois disso, Thorpe achou mais prudente que Josiffe desaparecesse por um tempo e o mandou ficar com os Colliers outra vez. De lá, Josiffe mandou uma carta a Thorpe com uma resposta a um anúncio que ele tinha enviado à revista *Country Life* algumas semanas antes. O anúncio dizia o seguinte: "Ex-aluno de escola pública, 21 anos, procura família e trabalho em fazenda. Habilidoso com cavalos. Já esteve na competição de Badminton. Procura qualquer trabalho de fazenda mediante apenas salário".

Josiffe também escreveu sobre suas expectativas de ir para a França estudar adestramento. Era um traço fora do usual, ele demonstrar tal otimismo com relação a seu futuro. Sentia que as coisas pareciam mais promissoras.

Em 13 de fevereiro de 1962, cinco dias depois do interrogatório policial, Thorpe escreveu de volta em papel timbrado da Câmara dos Comuns:

Meu caro Norman,

Como minha correspondência geralmente chega na Câmara, o fato de a sua ter chegado a mim sozinha em minha mesa do café da manhã no Reform foi um prazer enorme.

Nem tenho como lhe dizer o quanto fico feliz por você finalmente estar se acertando e descobrindo que sua vida pode lhe oferecer algo de bom.

É uma notícia maravilhosa, e você deve sempre se lembrar de que, não importa o que aconteça, Jimmy, Mary e eu estamos te apoiando. A próxima coisa a fazer é resolver seus problemas financeiros [...] A parte mais importante disso tudo é que você – junto de Tish – agora é um membro valoroso dessa família e está fazendo um bom trabalho que realmente aprecia. Vivas!! Em face disso, certamente não haverá mais nada de clínica alguma.

Em tempo: coelhinhos podem ir à França (e irão).

Afetuosamente,
Jeremy
Saudades de você.

Essa carta um dia voltaria para assombrar a vida de Thorpe. Muito embora não fosse prova conclusiva de que ele e Josiffe fossem amantes, estava entremeada de termos indubitavelmente afetuosos. Além disso, Thorpe tinha datado a correspondência com fevereiro de 1961, em vez de 1962 – um erro potencialmente catastrófico. No começo de fevereiro de 1961, Josiffe ainda tinha 20 anos. Muito embora a homossexualidade fosse proibida a qualquer pessoa de qualquer idade, alguém abaixo de 21 anos ainda era considerado menor. Thorpe, portanto, poderia ser julgado não apenas por sua homossexualidade como por algo ainda mais sério: estupro de menor.

Nesse meio tempo, havia um problema ainda mais imediato. Josiffe tinha deixado seu cartão de seguridade com Brecht Van de Vater. Dadas as circunstâncias de sua partida, não poderia simplesmente pedi-lo de volta. Porém, sem o cartão, ele não conseguia trabalhar. Uma vez mais, Thorpe interveio. Em março de 1962, telefonou para o Ministério de Seguridade

Social e perguntou se poderiam fazer uma nova via. No mês seguinte, um novo cartão chegou, com o número ZT7115160.

O que Thorpe não podia prever é que o novo cartão vinha com um alto preço a ser pago. Pelo que constava dos registros do ministério, Thorpe era agora o empregador de Josiffe – e, como tal, deveria pagar as contribuições semanais de seguridade do rapaz. O breve otimismo que Josiffe sentira pouco antes já estava indo pelo ralo. Nos meses seguintes, ele apenas vagou de um lado para o outro sem rumo, como que envolto em uma névoa de confusão, trabalhando como pesquisador do Partido Liberal em Devon do Norte e mais um pouco em alguns haras de cavalos de corrida. Durante todo esse tempo, seu estado de saúde mental só foi piorando.

Então, outra tragédia: sua cadela Tish teve de ser sacrificada depois de atacar algumas galinhas de propriedade do médico de Josiffe. Em profundo luto, Josiffe escreveu para Thorpe mais uma vez, dizendo a ele tudo o que acontecera e perguntando se Thorpe poderia enviar uma foto de Tish que havia tirado tempos antes.

Em 30 de setembro de 1962, Thorpe respondeu:

Meu caro Norman,

É certamente uma notícia terrível essa que me trazes sobre a Tish, e entendo o impacto que isso deve ter tido em você. Tem todas as minhas condolências.

Devo dizer que não estarei em casa por algum tempo e, portanto, não tenho como enviar-lhe a foto (estou em Devon). E tenho um péssimo pressentimento de que devo tê-la colado em um álbum de retratos, o que tornaria muito difícil arrancá-la.

No entanto... espero que todo o resto esteja transcorrendo bem.

Ao seu dispor,
Jeremy

Poucos dias depois, Josiffe tentou se matar cortando os pulsos e tomando uma overdose de calmantes. Em seu estado mental tão deprimido, estava rapidamente transformando Thorpe na causa de todas as suas desgraças – uma combinação de amante sem coração e pai ausente. Ainda assim, continuaram a se encontrar, ainda que a frequência das discussões viesse aumentando. Depois de uma briga particularmente feia, na noite de 18 de dezembro de 1962, Josiffe saiu do apartamento de Thorpe batendo a porta. Depois de vagar pelas ruas por horas, chegou, por capricho, ao Hotel Easton, em Victoria. Por incrível coincidência, Mary Collier – esposa do Liberal de Devon que tinha acolhido Josiffe no ano anterior – estava trabalhando na recepção para ajudar a cunhada, que era a dona do lugar. Josiffe contou a ela sobre seus problemas e sobre a natureza sexual de seu relacionamento com Thorpe.

Mary Collier ficou estupefata com aquela informação – tanto que nem soube o que fazer. Josiffe também ligou para uma mulher que ele conhecera quando estava hospedado com os Colliers, chamada Caroline Barrington-Ward. Já em estado de total histeria, ele disse que ia dar um tiro em Thorpe e depois se matar. Compreensivelmente alarmada, Barrington-Ward chamou a polícia. Não demorou muito, por volta de 11 horas da noite, para que dois policiais chegassem ao Hotel Easton.

Um deles, o sargento-detetive Edward Smith, perguntou se Josiffe de fato conhecia Thorpe. Josiffe disse que certamente que sim e abriu sua maleta. Dentro estavam as cartas que ele trouxera do sítio de Brecht Van de Vater, junto a três outras que ele próprio recebera de Thorpe. Smith rapidamente deu uma olhada nelas, mas estava muito mais preocupado com a ameaça que Josiffe fizera de matar Thorpe. Ainda que Josiffe tivesse mesmo uma bala à mão – que ele fez questão de mostrar com a maior teatralidade –, não tinha arma alguma. Decidindo que não havia risco iminente de derramamento de sangue, Smith disse a Josiffe que ele deveria se apresentar à delegacia de Lucan Place, em Chelsea, no dia seguinte.

Quando apareceu na manhã seguinte, Josiffe não perdeu tempo com amenidades. "Estou aqui para contar a vocês sobre meu relacionamento homossexual com o parlamentar Jeremy Thorpe", chegou anunciando a um surpreso detetive Robert Huntley, colega de Edward Smith. E acrescentou que estava fazendo aquilo porque "tal relacionamento está me colocando em situação miserável, e temo que possa acontecer com outra pessoa". Josiffe então passou a relatar em detalhe diversos encontros sexuais com Thorpe em Marsham Court: "Ele então enfiou o pênis no meu ânus e começou a estocar até ejacular em mim. Depois, se limpou com um lenço de papel. Quero dizer aqui que não me agradava em nada fazer aquilo, não só para me livrar de qualquer acusação, mas porque eu realmente odiava fazer aquilo. Estava ligado a Jeremy porque ele me ajudou muito e, claro, eu não ia querer dizer não a ele".

Descreveu ainda outros incidentes, incluindo um acontecido no Hotel Broomhill, em Barnstaple. Ainda que Thorpe tivesse reservado dois quartos separados, Josiffe acordou e encontrou o parlamentar deitado na mesma cama que ele. "Não usou vaselina dessa vez, mas outro lubrificante que também vinha em um tubo. Não vi a cor daquela substância. Passou no pênis dele e depois o enfiou no meu ânus. Então me pediu para que eu enfiasse meu pênis no ânus dele. Não usei nenhum lubrificante, mas enfiei meu pênis, mas não ejaculei. Só me senti mal. Ele ficou com muita raiva de mim. E depois saiu do quarto."

Depois de assinar um depoimento de seis páginas, Josiffe mostrou a Huntley e Smith algumas das cartas que levava em sua maleta. Entre elas estava aquela com a data errada, do "coelhinho que pode ir à França", e também o cartão-postal. Também mostrou outra carta que dizia "Meu anjo, tudo o que quero na vida é dividir uma propriedade em Devon com você" e, em seguida, descrevia em poucos detalhes o quanto Thorpe adorava fazer sexo com ele. Antes de deixar a delegacia, Josiffe foi examinado por um médico da polícia. De forma humilhante, teve de se curvar para deixar o cirurgião enfiar uma sonda em seu ânus. O médico confirmou que Josiffe tinha praticado sexo pouco antes. Josiffe então partiu e, depois de mais uma vez vagar pelas ruas por muitas horas, acabou indo para o mais inusitado de todos os lugares: o apartamento de Thorpe.

Tudo isso deixou Huntley e Smith em um dilema. Será que deveriam investigar aquele caso mais a fundo e arriscar sofrer a fúria de uma figura pública influente como Thorpe? Ou deveriam lavar as mãos e esquecer o assunto o quanto antes? Um tanto previsivelmente, venceu a autopreservação. Apenas para se ver livre do assunto, Huntley pediu à polícia de Barnstaple, em Devon, para investigar a história de Josiffe. Fizeram algumas pesquisas *pro forma* e disseram que não encontraram nada. Huntley então enviou uma pasta contendo todo o caso – incluindo as cartas de Josiffe – para a Scotland Yard. De lá, ela foi despachada para o Departamento de Assuntos Especiais com uma cópia para o MI5, que mantinha arquivos sobre todos os membros do Parlamento. Depois de examinar todo o material, o Departamento também decidiu tomar o caminho mais fácil. O depoimento original de Josiffe e toda a correspondência foram guardados em um cofre no escritório do comissário-assistente da divisão de crimes e prontamente esquecidos.

E lá o assunto deveria ter sido esquecido – a não ser pelo fato de que não foi. Em janeiro de 1963, Josiffe conseguiu um emprego na escola de equitação Castle, em Comber, Irlanda do Norte. Fez a mala e pegou a balsa de Cairnryan para Belfast. Havia só um problema: para trabalhar, ele precisava de seu cartão de seguridade social. Ainda que Thorpe tivesse lhe enviado o cartão, o envelope nunca chegou. Como consequência, Josiffe foi mandado embora depois de apenas dois meses. Então, conseguiu um trabalho não remunerado junto a uma família que oferecia alojamento gratuito como pagamento por ele cuidar dos cavalos. Mais uma vez, ele escreveu para Thorpe pedindo que mandasse o cartão, mas outra vez não recebeu qualquer resposta. Talvez Thorpe tivesse decidido que não queria ter mais nada a ver com aquele rapaz, ou talvez estivesse focado em alguma outra coisa naquele momento.

Em junho de 1963, a Inglaterra se viu engolfada pelo maior escândalo político em quarenta anos. John Profumo, Secretário de Estado para Assuntos de Guerra do governo conservador de Harold Macmillan, teve de renunciar depois de fazer juramento solene na Câmara dos Comuns de que nunca tivera qualquer relacionamento com uma jovem prostituta chamada Christine Keeler que também vinha dormindo com o adido soviético da marinha, Eugene Ivanov. Sob crescente pressão, Profumo teve de mudar sua versão da história e admitiu que havia mentido.

A notícia causou grande sensação. Houve descrença generalizada de que um ministro de governo – e ainda mais um ex-aluno do Colégio Harrow – estivesse se relacionando com uma prostituta. Com o adicional de que ele tinha mentido descaradamente em pleno Parlamento, o sentimento geral de desgosto só fez se intensificar. Ainda que Thorpe não tivesse tido parte nenhuma naquilo, acabou por fazer uma intervenção imprudente que era típica de sua personalidade. Na Câmara, alegou ter informações privilegiadas de que dois outros ministros logo teriam de também renunciar por "razões pessoais". Seu pronunciamento imediatamente despertou uma especulação febril nos jornais, que tentavam identificar quais seriam os ministros em questão.

No entanto, três meses depois, o Master of the Rolls (juiz-relator) do caso, Lorde Denning, publicou seu relatório e não encontrou qualquer evidência de que as alegações de Thorpe fossem verdadeiras. O parlamentar foi obrigado a se desculpar: "Aceito o relatório de Lorde Denning e gostaria de me desculpar por qualquer incômodo que meu discurso possa ter causado", Thorpe declarou na Câmara. Então, em outro movimento enganador tipicamente seu, tentou virar a situação em seu favor. "O próprio fato de não terem sido encontradas evidências indica que os altos critérios considerados necessários à nossa vida pública continuam mais válidos do que muitos imaginavam possível."

Denning ainda recomendou que membros do Parlamento elaborassem dossiês uns a respeito dos outros para se assegurarem de que aquilo jamais voltasse a acontecer. Thorpe deve ter percebido muito bem o quanto ficaria vulnerável naquela nova era de paranoia e escrutínio da mídia. Considerando que Profumo foi pintado como grande vilão só por dormir com uma glamorosa jovem, Thorpe certamente seria despedaçado se seu caso com Josiffe se tornasse público. Mas, se aquela possibilidade o fez parar para pensar, não foi por muito tempo.

O governo de Macmillan se arrastou por mais um ano até que ele finalmente renunciasse sob a suspeita, depois desmentida, de que ele estivesse com câncer em estágio terminal. Nas eleições gerais de outubro de 1964, o número de votos em Thorpe aumentou quase quinze vezes, e por isso ele parecia mais irrefreável do que nunca. Mas, muito embora sua estrela continuasse a brilhar, a de Josiffe parecia cadente. No verão de 1963, ele estava competindo no Royal Dublin Show quando seu cavalo tropeçou durante um dos saltos. O animal caiu sobre Josiffe e fraturou seis vértebras do rapaz.

Josiffe voltou à Inglaterra para se recuperar e conseguiu emprego em um haras de Wolverhampton. Não durou muito tempo. Houve nova tentativa de suicídio, e então outra. Mas, mesmo em meio a tudo isso, ele continuou a se encontrar com Thorpe, passando algumas noites no tal catre em Marsham Court. Ambos também continuaram se correspondendo por cartas, uma das quais, assinada por Thorpe, continha a seguinte sentença: "Eu não queria escrever nada muito comprometedor, mas não consigo evitar dizer que te amo e que não posso esperar para te ver de novo". Até aquele momento, Thorpe não tinha a menor ideia de que Josiffe já tinha contado à polícia sobre o envolvimento dos dois.

Em uma noite de dezembro de 1964, quando estavam juntos, Josiffe mostrou a Thorpe um anúncio que vira na revista *Horse and Hound*. Um veterinário de uma cidadezinha próxima a Berna, na Suíça, estava procurando um cuidador de cavalos. Como de costume, sempre que havia alguma possibilidade de Josiffe arrumar um emprego, Thorpe entrava em ação com toda a disposição. Enviou diversos telegramas ao tal veterinário, chamado Dr. Choquard, dizendo do quanto Josiffe era bom com os animais. Uma semana depois, o Dr. Choquard respondeu, dizendo que o emprego era de Josiffe. Como Josiffe nunca tivera passaporte, Thorpe também o levou ao departamento responsável em Petty France para ajudá-lo.

Em janeiro de 1965, de posse de sua mala e trajando um terno justo e um par de sapatos brogue, Josiffe partiu da Estação Victoria. Dentro da mala estavam as cartas de Thorpe. Mais uma vez, um desastre se sucedeu. Para começar, Josiffe esqueceu a mala no trem. Depois, quando chegou à Suíça, ficou chocado ao perceber que não havia ninguém para recebê-lo na estação. Com trajes nem de longe apropriados para tal, caminhou quase 5 km debaixo de neve até a casa do Dr. Choquard.

E então, mais um choque ao chegar. Descobriu que os cavalos estavam severamente maltratados e que suas acomodações eram nada mais que um mezanino acima do estábulo. Não apenas fazia um frio horroroso como o cheiro forte de esterco subia em meio às tábuas e invadia o lugar. Para piorar, estava tudo infestado de ratos. Josiffe durou apenas uma noite naquele ambiente, e então decidiu que não poderia ficar ali. O Dr. Choquard – que, aliás, não pareceu nada incomodado de vê-lo desistir – emprestou trezentos francos para que ele comprasse a passagem de volta para a Inglaterra. Como garantia, o veterinário disse que ficaria com a mala – assim que ela aparecesse – até que o empréstimo fosse pago.

Quando chegou de volta a Londres, Josiffe tinha apenas 59 centavos no bolso e as roupas do corpo. Foi direto até Marsham Court e tocou a campainha. Thorpe, que finalmente se permitira imaginar que Josiffe daria certo em alguma coisa, não ficou nem um pouco feliz de vê-lo.

Mas aquilo não foi nada comparado ao que sentiu quando soube que a mala perdida continha as cartas. Era vital que Thorpe recuperasse aquela mala o quanto antes. Telefonou para o consulado britânico em Berna e depois, com intervalo de poucos dias, escreveu para o Departamento de Assuntos Estrangeiros exigindo alguma atitude.

Naquele meio tempo, Josiffe, percebendo que já não era bem-vindo em Marsham Court, arrumou jeito de viajar mais uma vez. Voltou à Irlanda, onde durou apenas uma semana como instrutor de montaria em um hotel nos arredores de Dublin antes de ser demitido por permitir que um amigo dormisse em seu quarto. Quase de imediato encontrou novo emprego com um casal de sobrenome Quirke, donos de uma fazenda de reprodução no condado de Wicklow.

Em 6 de março, depois que Josiffe estava lá por apenas três semanas, a Sra. Quirke escreveu uma carta a Thorpe na qual abria seu coração:

Prezado Sr. Thorpe,

Há três semanas, Norman Josiffe chegou aqui para aprender a trabalhar com nossos reprodutores. Eu pessoalmente o encontrei em Dublin e o trouxe de carro até aqui. Na primeira manhã, com meia hora, ele apareceu dizendo que estava indo embora e que eu deveria levá-lo a Dublin. Um amigo que estava conosco se ofereceu para levá-lo a Wicklow, onde ele poderia pegar um ônibus. Ainda assim, ele insistiu em pegar um táxi, mesmo Dublin estando a mais de 60 km de nós! Naquela mesma tarde, ele ligou de Dublin pedindo desculpas e dizendo que gostaria de voltar. Outro amigo o trouxe no dia seguinte, mas nem entrou para nos visitar.

Meu marido se ofereceu para dar a ele uns trocados enquanto ele ainda estava aprendendo seu ofício, três libras por semana, e ele moraria conosco como parte da família. Norman disse que nem sonharia em aceitar dinheiro algum e que era muita gentileza nossa tê-lo conosco. Encaramos como apenas um orgulho bobo da parte dele.

Fizemos tudo o que podíamos para que ele se sentisse em casa, especialmente depois que ele nos contou que era órfão. Nos disse que sua mãe era francesa e seu pai era um nobre inglês; que ele estava viajando com passaporte francês e que seu sobrenome, Josiffe, vinha da mãe; e que a mãe já tinha morrido.

Três vezes em três semanas, ele disse que estava de partida, e na última, duas noites atrás, quando estava conversando sobre um cavalo em particular com meu marido, tiveram um desentendimento a respeito da propriedade dos animais e eu o disse para olhar a resposta no guia Horses in Training. Ele olhou e viu que estava errado. Virou-se para meu marido e disse "Não vou passar a noite toda discutindo com o senhor. Logo de manhã, estou indo embora".

Francamente, ficamos chocados com essa atitude. Na manhã seguinte (ontem), o levamos a Dublin e nos despedimos de maneira amigável.

Escrevo agora para o senhor pelo fato de ele nos ter dito que o senhor é uma espécie de guardião dele, e sentimos que há algo de errado com aquele rapaz. Fizemos todo o esforço possível, especialmente quando soubemos que ele era viúvo (sic; na verdade, órfão) com tão pouca idade. Seu histórico parece estar afetando seu juízo. Ele realmente vai precisar tomar algum jeito se quiser dar certo em algum lugar. Como o senhor é o guardião dele, penso que tem o direito de saber de tudo o que aconteceu aqui. É uma pena que ele seja, ao mesmo tempo, um rapaz tão encantador e, em outro momento, alguém tão agressivo.

*Atenciosamente,
Sra. M. Quirke*

Por mais previsível que tenha sido esse desfecho, a notícia chegou perturbando Thorpe – ainda mais enquanto ele ainda estava tentando localizar a tal mala de Josiffe com as cartas. Em 11 de março, Thorpe respondeu em papel timbrado da Câmara dos Comuns:

Prezada Sra. Quirke

Agradeço deveras por sua carta do dia 6 de março. Sinto muitíssimo pelo fato de a senhora ter passado por experiência tão desagradável com Norman Josiffe.

> *Na verdade, não sou guardião do rapaz, mas apenas alguém que tentou ajudá-lo em algumas ocasiões que se provaram realmente aterrorizantes. Penso honestamente que ele tem algo como uma dupla personalidade e parece ser incapaz de se manter sozinho por longos períodos.*
>
> *Temo que não possa mais assumir responsabilidade pelas ações dele. E creio que a mãe dele esteja viva e morando em Kent.*
>
> *Atenciosamente,*
> *Jeremy Thorpe*

Thorpe estava claramente tentando se distanciar o quanto podia de Josiffe. Mas, se pensou que aquele seria o fim da história, estava bastante enganado.

Enquanto isso, Josiffe fez algo que ninguém jamais esperaria: foi para um monastério trapista. O Mount Melleray era uma abadia cisterciense na encosta das montanhas Knockmealdown, no condado de Waterford, e oferecia acomodações gratuitas para pessoas que quisessem passar um tempo em retiro. Ainda que Josiffe não soubesse, naquela época estava fisicamente bem próximo de Brecht Van de Vater. Isso porque, depois de se mudar para a Irlanda, Van de Vater voltou a atender como Norman e se tornou chefe do clube Caçadores Unidos no condado de Cork. Acabou se tornando membro da equipe irlandesa de equitação nas Olimpíadas de 1976 em Montreal.

Todos os outros hóspedes do Mount Melleray – um grupo de pessoas um tanto heterogêneo, que incluía o presidente do Conselho Irlandês dos Plantadores de Batatas – estavam lutando contra seus demônios de algum jeito. Depois de todos os infortúnios sofridos nos últimos meses, Josiffe de imediato se sentiu acolhido entre amigos. Pelas muitas semanas seguintes, experimentou uma felicidade real. Então, começou a ter um caso com outro residente, irmão de um dos monges. Os dois voltaram juntos a Dublin, mas o relacionamento logo esfriou e Josiffe mais uma vez caiu em depressão.

Uma noite, ele foi ao confessionário de uma igreja perto de Saint Stephen's Green e disse ao padre jesuíta que o atendeu que queria se matar.

O pároco – padre Michael Sweetman – arrumou para que ele se hospedasse nos alojamentos de Ballsbridge, no sul da cidade. Lá, Josiffe se sentou e refletiu a respeito de suas mazelas, e então decidiu que era hora de tomar uma atitude mais eficiente. Escreveu uma carta para Ursula Thorpe – aquela mesma carta que Jeremy Thorpe mostrou a Bessell enquanto os dois almoçavam no Ritz – contando tudo sobre seu relacionamento com o filho dela e pedindo que ela lhe emprestasse as trinta libras. Ele precisava do dinheiro, segundo explicou, para pagar o traslado de sua bagagem que ficara na França.

Como Josiffe já suspeitara, Thorpe e sua mãe tinham uma relação bastante complexa. "Ela era uma mulher de gênio forte, destemida em suas convicções, que dizia o que pensava e muitas vezes sem o tato necessário", conforme o próprio Thorpe uma vez a descreveu em um texto. Era enormemente esnobe e tinha uma confiança inabalável em sua própria importância. Thorpe se lembrava da mãe tocando uma sineta na sala de estar no primeiro andar na casa de Knightsbridge para que a empregada alimentasse o fogo com mais carvão. Isso fazia com que a empregada tivesse de subir dois lances de escada desde o porão. Quando ele, então com 5 anos, perguntou por que a mãe não fazia ela própria o serviço, ela disse que não queria sujar as mãos.

Desde o começo, os dois eram muito próximos. Ursula dava muito pouca atenção às duas filhas, Lavinia e Camilla, ao passo que despejava cuidados sobre o filho, jamais perdendo a oportunidade de elogiar qualquer coisa que ele fizesse. A relação de Thorpe com o pai, advogado e ex-parlamentar dos Conservadores, era mais convencional. "Eu adorava meu pai", ele diria depois. Mas, em casa, eram Ursula e seu monóculo que ditavam as ordens. Pianista razoável, ela encorajou Thorpe a aprender violino, uma vez que isso traria mais oportunidades para os dois ficarem mais tempo juntos. Em uma apresentação na escola, o diretor disse: "Thorpe vai tocar, e sua mãe vai acompanhá-lo".

Em certo sentido, acompanhá-lo foi o que a Sra. Thorpe fez pelo resto de sua vida. Jeremy, que nunca fora um garoto muito corpulento, acabou desenvolvendo uma tuberculose logo antes de completar 6 anos e teve de passar seis meses imobilizado, deitado em um carrinho especial de madeira. Assim que se recuperou, teve de reaprender a andar e, em sua vida adulta, sofria constantemente com dores nas costas. Durante a Segunda Guerra Mundial, o pai de Thorpe interrompeu sua carreira como advogado e se concentrou nas atividades de guerra, que pagavam bem menos. Com a queda na renda da família, Ursula se tornou ainda mais possessiva e determinada a fazer com que seu filho fosse muito bem- sucedido.

Mesmo estando doente, Thorpe não ficava recolhido às sombras. Imbuído da autoconfiança desmedida da mãe, procurava qualquer oportunidade para se colocar como centro das atenções, a tal ponto que logo ganhou a reputação de aparecido. Mas, mesmo com todo o exibicionismo inconveniente, ele não era uma criança antipática. No Colégio Eton, costumava acolher garotos mais vulneráveis sob sua guarda. De certa forma, foi isso mesmo que ele fizera com Josiffe – quanto mais traumatizada a pessoa, mais ele dava vazão a seus instintos de proteção.

A morte do pai, quando Thorpe tinha 15 anos, destruiu o espírito do garoto. Conforme ele disse depois, "nosso relacionamento era quase como o de dois irmãos, e eu tinha imenso orgulho dele". Por mais que aquilo tenha perturbado Thorpe, sua aura de autoconfiança aparente continuou inabalada. Mesmo naquele ponto da vida, uma coisa já tinha ficado bem clara a respeito de Jeremy Thorpe, algo que iria ajudá-lo enormemente em sua vida: ele tinha uma personalidade magnética. Estar em sua companhia era estar com alguém que emanava energia e, ao mesmo tempo, transparecia o tempo inteiro um ar de tranquilidade. Era uma combinação sedutora. Acima de tudo, Thorpe era pura diversão. Mesmo quando tentava ser sério, sempre havia um laivo de bom humor em seus olhos.

No entanto, nem todo mundo ficava imediatamente apaixonado por ele. Havia quem o achasse traiçoeiro e arrogante. Mas, fosse lá o que a pessoa pensasse de Thorpe, era difícil ignorá-lo. Em Oxford, ele se vestia propositalmente de um jeito que chamasse o máximo de atenção possível, com coletes cheios de brocados e até uma bengala de punho prateado. Mas ainda assim, por baixo de suas vestes espalhafatosas, Thorpe jamais deixava faltar seus princípios políticos. Poderia facilmente ter optado por seguir o exemplo dos pais e se afiliado ao Partido Conservador. Em vez disso, bandeou-se com os Liberais motivado, em parte, por ideologia, mas também por uma noção romântica de que ele estava destinado a liderar seu partido de volta ao poder, e também em parte por um desejo de sair de baixo das asas da mãe.

Quem os conhecia poderia suspeitar de que, mesmo que Thorpe se afiliasse a algum coletivo anarquista, Ursula ainda faria de tudo para ajudá-lo em sua carreira. E quanto mais velho ele ficava, mais ia se ressentindo das interferências de sua mãe. Mas a coisa mais acintosa que ele já fizera para despeitá-la foi o sexo com Norman Josiffe bem no quarto ao lado do dela. Por trinta anos, mãe e filho viram suas vidas inexoravelmente entrelaçadas, sempre um sob o jugo do outro.

A carta de Josiffe foi entregue na casa de Ursula Thorpe na manhã de 26 de março, uma sexta-feira. Chegou justo quando ela estava comendo seu habitual ovo cozido. Assim que terminou de lê-la, pegou o telefone e ligou para o filho.

5

O SR. BESSELL VAI A DUBLIN

Quando Thorpe terminou de contar a Peter Bessell a respeito de seu relacionamento com Josiffe, perguntou mais uma vez o que deveria fazer. Não estava particularmente preocupado com a reação de sua mãe – por mais que tivesse medo dela, sabia que sempre conseguiria conquistá-la. Mas agora ele finalmente tinha se dado conta do quanto Josiffe poderia ser perigoso. Lisonjeado pelo fato de que Thorpe tinha confiado nele, ansioso por fazer um favor ao homem que cada dia mais parecia ser o próximo líder do partido e incapaz de resistir à ideia de estar no centro dos acontecimentos, Bessell de imediato se ofereceu para ir a Dublin e falar diretamente com Josiffe.

Thorpe adorou a sugestão. Quando ele poderia ir? Bessell disse que precisaria consultar sua agenda, mas não conseguia pensar em nenhum impedimento em ir naquela mesma semana. Se antes Thorpe nem tinha tocado em seu bife, agora parecia subitamente faminto. Misturando azeite com vinagre sobre a salada e o ovo cru com o bife já partido, começou a devorar sua refeição. Enquanto o fazia, começou a dar instruções para Bessell sobre o que ele deveria dizer a Josiffe quando chegasse a Dublin. Avisaria que a carta para a mãe de Thorpe era uma tentativa óbvia de chantagem, e que, se ele voltasse a fazer tais alegações, seria processado por crime muito grave. Bessell, que instintivamente preferia uma abordagem mais tranquila, achou melhor manter sua opinião consigo mesmo.

Dois dias depois, foi a Dublin. Antes de partir, ligou para Thorpe para discutir de novo a melhor abordagem com Josiffe. Perguntava se deveria convidá-lo a ir ao hotel.

"Sim, deveria", Thorpe respondeu. "Você inclusive o acharia ótimo de cama."

Como sempre, Bessell ficou fascinado e perturbado pela completa falta de cuidado de Thorpe. Ele próprio gostava de pensar em si como despreocupado de tudo, mas nunca havia se deparado com tamanha negligência. E o mais estranho era ver aquilo em plena Câmara dos Comuns, um lugar onde as pessoas se preocupavam o tempo todo em se proteger a qualquer custo. O jeito de Thorpe de quem não dava a mínima e sua segurança de quem conseguiria se livrar de qualquer coisa eram algumas das características que o tornavam tão atraente, claro. Bessell, que era muito mais um assistente do que gostaria de admitir, ficou cativado. Em muitos momentos, até se perguntou como Thorpe tinha se tornado tão desinibido. Sua conclusão foi a de que isso tinha muito a ver com a sexualidade daquele homem.

Bessell não foi o primeiro a perceber que Thorpe parecia ter dois lados bem distintos em sua personalidade. O Thorpe público era todo acolhedor, charmoso, confiante de que conseguiria driblar as inibições de qualquer um. Mas o Thorpe em caráter privado era uma figura bem mais sombria e solitária, dada a subterfúgios. Bessell estava certo de que aquilo era resultado de todo o tempo em que Thorpe tivera de manter escondida sua real natureza. De certa forma, Thorpe parecia inclusive gostar de ter essa vida dupla. Vez por outra, flertava com o perigo e chegava bem perto de ser apanhado só pelo prazer da sensação. O Conservador Norman St. John-Stevas disse certa vez ao jornalista político Paul Johnson que nunca havia conhecido alguém mais viciado em correr riscos do que Thorpe. "Norman disse que Thorpe se meteria em encrenca mais cedo ou mais tarde. Que ele fazia coisas desesperadas de um jeito que ele mesmo, Norman, nunca tinha visto antes."

Pelo menos em um aspecto, os dois lados de Thorpe se encontravam. Apesar de já ter seus trinta e tantos anos, ele ainda se comportava às vezes como uma criança mimada, entrando de cabeça em todo tipo de situação como que presumindo que outra pessoa apareceria para resolver a coisa toda por ele. No passado, esse tinha sido exatamente o papel de sua mãe. Agora era a vez de Bessell. E, por mais que Bessell agora estivesse ansioso por participar, havia uma parte dele que se perguntava em que enrascada ele havia se metido.

*

Quando chegou a Dublin, Bessell procurou o Hotel Intercontinental e depois foi se encontrar com o padre Sweetman na casa dele em Milltown Park. De sua pouca experiência com padres da Igreja Católica Romana, Bessell presumiu que o padre fosse um velhinho com um ar de distanciamento do mundo, e portanto fácil de dobrar. Ficou um tanto surpreso quando quem abriu a porta foi um cidadão urbano comum, com seus quarenta e poucos anos. Sweetman o convidou a se sentar, e então Bessell mostrou a carta que Josiffe tinha enviado a Ursula Thorpe. Bessell insistiu que não havia qualquer traço de verdade naquelas alegações de que Josiffe e Thorpe tinham tido uma relação de natureza sexual, mas que claramente qualquer alegação daquele tipo contra um parlamentar – especialmente um que era solteiro – poderia causar enorme dano.

Durante toda a explicação, Sweetman ficou sentado em silêncio. Continuou da mesma forma depois que Bessell terminou. Então perguntou muito calmamente: "Por que o senhor acha que Norman escreveu esta carta se não há verdade alguma nas alegações?" Bessell de imediato admitiu que era uma boa pergunta. E era também uma pergunta que ele não estava preparado para responder. A única explicação que ele podia enxergar era a de que Josiffe provavelmente era mentalmente perturbado.

"Não", Sweetman disse calmamente, "ele não é perturbado".

Sweetman continuou contando a Bessell que Josiffe tinha ido vê-lo em situação de desespero e mostrara diversas cartas aparentemente escritas por Thorpe. Qualquer que fosse a verdade na história do rapaz, Sweetman podia ver que Josiffe precisava de ajuda. Depois de encontrar um lugar onde ele pudesse ficar, também conseguiu para ele algum dinheiro e alguns bicos como trabalho. Depois daquilo, a saúde mental de Josiffe tinha melhorado um bocado, muito embora o que Sweetman estava chamando de "processo de cura" inevitavelmente fosse levar mais tempo. O encontro terminou com o padre dando a Bessell o endereço de Josiffe e os dois concordando em manter contato.

Naquela tarde, Bessell foi até o alojamento de Josiffe em Ballsbridge. Como não havia ninguém, deixou um bilhete no verso de um de seus cartões de visita, pedindo a Josiffe que ligasse para ele a qualquer hora do dia ou da noite no Intercontinental. Bessell jantou no restaurante do hotel e depois foi aguardar em seu quarto. As horas se passaram. Lá pela meia-noite, ele decidiu que Josiffe não ligaria naquele dia e foi dormir.

O que Bessell não sabia era que Josiffe – mesmo de posse de uma gama de sedativos – considerava dormir uma tarefa quase impossível. Todas as noites, ele vagava pelas ruas de Dublin, com frequência por mais de 15 km. Às 3 horas da manhã, Josiffe voltou e encontrou o bilhete no capacho de seu alojamento. O nome no cartão não tinha qualquer significado para ele, mas ele vinha tão deprimido e confuso nos últimos meses que não sabia mais quem tinha ou não tinha conhecido. Apesar da hora adiantada, decidiu ligar assim mesmo.

Bessell foi arrancado de seu sono pelo toque do telefone. Ainda grogue, perguntou se os dois poderiam tomar café juntos às 8 horas da manhã seguinte. Josiffe concordou e desligou. Mas, na manhã seguinte, não havia nem sinal dele. Convencido de que a viagem tinha sido inútil, Bessell subiu as escadas rumo a seu quarto para arrumar as malas.

Então, o telefone tocou outra vez. Era a recepção dizendo que um certo Sr. Josiffe o esperava lá embaixo. Assim como acontecera com o padre Sweetman, também Norman Josiffe não era nada como Bessell esperava. Era alto e magro e tinha cabelos pretos um tanto rebeldes. Também parecia ter bem mais que 25 anos, em parte por causa das olheiras enormes. Josiffe estava claramente muito nervoso. Quando eles se cumprimentaram, Bessell notou que a palma da mão do rapaz estava úmida. Quanto a Josiffe, sua primeira impressão de Bessell foi a de alguém não muito confiável: "Ele parecia excessivamente gentil, mas com uma voz muito alta e falsa".

Bessell explicou que estava ali a pedido de Jeremy Thorpe, mas também que teria de pegar o voo de volta para Londres naquela mesma manhã, e então perguntou se eles poderiam ir conversando no táxi até o aeroporto. Ainda que a temperatura estivesse bem amena, Josiffe se sentou todo encolhido no banco de trás durante a viagem toda, tremendo. No caso de o motorista tentar bisbilhotar a conversa, Bessell pediu a Josiffe que se referisse a Thorpe apenas pelas iniciais. Disse a ele também que a carta para "a mãe de JT" constituía uma tentativa de chantagem, e que Josiffe seria mandado de volta para a Inglaterra para ser processado. Pior: Bessell ainda alegou que tinha um pedido de extradição em seu bolso, assinado pelo Secretário de Estado para Assuntos Internos, Sir Frank Soskice.

Assim como muita coisa dita por Bessell naqueles minutos, também aquela parte era pura mentira. A carta de Josiffe à mãe de Thorpe podia mesmo ter sido bastante insensível, mas jamais poderia ser interpretada como tentativa de chantagem; tudo o que ele pedia ali era um empréstimo de trinta libras. Além disso, Bessell não tinha nenhum pedido de extradição assinado por ninguém, até pelo simples fato de que, naquele momento, em 1965, não existia nenhum tratado de extradição entre a Inglaterra e a Irlanda.

Também as ameaças não tiveram efeito algum. Em vez de se sentir intimidado, Josiffe quis ver o tal pedido. Bessell, como era de se esperar, se recusou a mostrar. Josiffe então disse que tudo o que queria era voltar à Inglaterra. "Eu disse a ele: 'Mas isso é maravilhoso. Nunca chantageei ninguém. Adoraria voltar à Inglaterra. Pelo menos eu poderia contar ao juiz minha história. E talvez finalmente pudesse regularizar minha situação com a seguridade social'."

Não era nem um pouco o que Bessell queria ouvir. Mas ele ficou ainda mais alarmado quando Josiffe contou sobre a mala perdida – que Thorpe não tinha mencionado – contendo as muitas cartas que Thorpe tinha escrito para ele. A própria menção às cartas deixou Bessell bastante abalado, conforme Josiffe percebeu. Mas pelo menos Bessell poderia levar em consideração o fato de que Josiffe parecia genuinamente arrependido de ter escrito a carta à Sra. Thorpe, em particular com relação à possibilidade de tê-la deixado chateada. Tudo o que o rapaz queria, ele mesmo reiterou, era ter de volta seu cartão do seguro social e sua mala. Bessell prometeu fazer o possível para ajudar. Pensando rápido, ele então aconselhou Josiffe a permanecer na Irlanda por enquanto, sob a alegação de que seria mais seguro manter Thorpe e ele o mais distantes possível.

Quando o táxi chegou ao aeroporto, Bessell deu a Josiffe cinco libras e também o dinheiro para a viagem de volta a Dublin. Também deixou com ele seu endereço em Londres e recomendou que entrasse em contato se passasse por qualquer "problema urgente". E então pegou seu avião de volta a Londres. No fim das contas, Bessell pensou, tudo tinha corrido bem. É certo que houve alguns percalços imprevistos, mas, como ele diria a Thorpe ainda naquele dia, estava confiante de que Josiffe aprendera sua lição e não voltaria a causar problemas.

Thorpe ficou maravilhado. Outra bagunça enorme de sua vida tinha sido resolvida. Poucas semanas depois, deu de presente a Bessell um isqueiro folheado a ouro como agradecimento. Considerando o quanto Thorpe podia ser mesquinho, às vezes inclusive demonstrando uma relutância patológica em enfiar a mão no bolso, Bessell se sentiu profundamente tocado com o gesto.

Àquele ponto, Thorpe já tinha recebido mais boas notícias. A mala de Josiffe tinha sido localizada e recuperada no consulado britânico em Zurique. Bessell, prestativo como sempre, arranjou para que ela fosse enviada ao Reino Unido. Mas as coisas não andavam muito bem pelo seu próprio lado. Ele agora tinha uma dívida de quase meio milhão de libras. Para se manter solvente, teve de pegar um avião para Nova York para tentar conseguir outro empréstimo. Ficou longe por duas semanas. Mais para o fim de sua viagem, se encontrou com dois amigos para jantar. Eles apareceram com uma mulher que apresentaram como uma amiga, "uma moça de ascendência lituana". Mas não foi bem a linhagem da mulher que encantou Bessell, e sim "sua beleza estonteante". Dois dias depois, ele e ela estavam jantando juntos. "Como eu voltaria a Londres na manhã seguinte, passamos a noite juntos no Hotel International, no Aeroporto Kennedy."

Bessell retornou a Londres se sentindo um pouco acanhado e se perguntando se Diana Stainton, sua secretária/amante, suspeitaria de que ele tivera uma "aventura romântica". Mas acontece que Stainton vinha às voltas com sua própria história dramática. Sabendo que estaria fora quando a mala de Josiffe aparecesse, Bessell tinha pedido a ela para ligar para Thorpe assim que a encomenda chegasse na Estação Victoria. Uma noite, em junho de 1965, Stainton deixou um recado no escritório de Thorpe, dizendo que a mala já estava no setor de bagagens extraviadas da estação.

Mais tarde, naquela mesma noite, Thorpe ligou de volta. "Diana, minha querida", ele foi dizendo, "por acaso você está vestindo um *négligé* maravilhoso?"

Depois perguntou se ela poderia acompanhá-lo até a Victoria na manhã seguinte. Os dois então levariam a mala até o escritório da companhia aérea Aer Lingus, em Piccadilly, a fim de despachá-la para Dublin. Se Stainton achou estranho que Thorpe manifestasse um interesse tão intenso na mala de Josiffe, não falou nada e decidiu guardar a impressão para si mesma.

Na manhã seguinte, Thorpe a apanhou de carro, como combinado, e ambos foram até a Estação Victoria. Chegando lá, Stainton assinou o termo de retirada da bagagem enquanto um carregador levou a mala até o bagageiro do carro. Então, se puseram rumo a Piccadilly. Mas não andaram muito até que Thorpe anunciasse que eles teriam de dar uma passada em seu apartamento em Marsham Court. Quando chegaram, Thorpe pegou a mala de Josiffe no porta-malas e correu escada acima, com Stainton vindo logo atrás. Já dentro da sala, ela assistiu sem acreditar ao parlamentar jogar a mala no chão e começar a forçar as trancas. Vasculhando em meio ao conteúdo, Thorpe encontrou dois maços de cartas, ambos bem amarrados com barbante. Sem explicar o que estava fazendo, pegou os papéis e entrou no banheiro, junto com algumas camisas de Josiffe. Quando saiu, estava de mãos vazias. Depois de trancar novamente a mala, levou-a de volta para o carro.

Thorpe e Stainton chegaram ao escritório da Aer Lingus, onde ela confeccionou etiquetas endereçadas a Norman Josiffe, em Ballsbridge, e providenciou para que a bagagem fosse levada a Dublin. O custo do frete seria de pouco mais de três libras, que Thorpe relutantemente pagou. Por mais que isso lhe causasse repulsa, ele pelo menos podia se consolar com o fato de que era um dinheiro bem gasto. No entender de Thorpe, ele estava agora finalmente livre. Não havia mais qualquer evidência que o conectasse a Norman Josiffe, e, portanto, segundo ele acreditava, nada mais com que se preocupar. De seu lado, Bessell não estava muito feliz. Ficou chocado ao saber que Thorpe removera as cartas de Josiffe da mala alheia e incomodou-o o colega ter envolvido Stainton em um possível crime.

Também se perguntava como Josiffe reagiria ao saber que suas cartas tinham sumido. Considerando tudo o que já tinha acontecido, parecia improvável que ele fosse deixar barato. Na verdade, pelo que Bessell pensou, Josiffe iria conversar com o padre Sweetman, que então entraria em contato novamente com Bessell. Se isso acontecesse, ele decidiu que teria de mentir. Muito embora já tivesse feito aquilo muitas vezes pela vida afora, Bessell não gostava de mentir. Ainda era cristão o bastante para se sentir incomodado com a ideia de pecar. Além disso, havia sempre a possibilidade de alguém descobrir a verdade.

6

A CRIATURA

Como Bessell tinha previsto, Norman Josiffe não ficou nada feliz quando foi apanhar sua mala no aeroporto de Dublin. Primeiro, viu que a alça estava quebrada. Depois, quando abriu a mala, percebeu o sumiço das cartas e também de metade de suas roupas. Por um instante, ficou confuso sem saber a razão pela qual Thorpe teria ficado com suas camisas. Então se lembrou de que elas tinham sido lavadas em nome do apartamento de Thorpe, e portanto agora teriam uma etiqueta de Marsham Court.

Quando o padre Sweetman escreveu a Bessell perguntando se a mala poderia ter sido arrombada no trajeto entre a Suíça e Dublin, Bessell respondeu em tom altamente indignado. "Nem consigo imaginar minha secretária remexendo no conteúdo da mala do rapaz, e estou certo de que ele a recebeu aí no mesmo estado em que ela foi deixada na Suíça." Terminou dizendo que "só espero que ele agora consiga se manter em algum emprego e que não deixe um rastro de novas vítimas por onde passar".

É claro que Bessell não tinha qualquer esperança de alguma dessas coisas se tornar verdade. Ainda assim, apesar dos receios do parlamentar, Josiffe continuava a melhorar. Conheceu uma mulher que tinha uma butique em Dublin e começou a ter um caso com ela – de forma alguma era seu primeiro relacionamento heterossexual, mas era bem diferente do que ele já vivenciara. Muito embora não tivesse treinamento formal, Josiffe também sempre se interessara por moda e começou a desenhar roupas masculinas para a butique. Como ele ainda sentia muita culpa por sua sexualidade, a mulher se ofereceu para pagar as consultas com um médico irlandês chamado Peter Fahy, que dizia poder curar homossexuais de sua "doença". O tratamento envolvia colocar o paciente para dormir por uma semana e então – segundo a teoria do médico – a pessoa acordava e descobria que tinha se tornado plenamente heterossexual.

Josiffe compareceu devidamente à Clínica Portobello, na Praça Fitzwilliam, em 2 de novembro de 1967. Lá, assinou um termo de consentimento, foi instruído a tirar a roupa e recebeu uma injeção que prontamente o colocou para dormir. Sua única lembrança do que aconteceu em seguida é a de ter recebido mais injeções e de ter tido ajuda para ir ao banheiro uma vez ou outra por duas enfermeiras. Depois de uma semana, acordou, tomou uma xícara de chá e recebeu alta. Naquela mesma noite, Josiffe foi a um bar. Não demorou muito, começou a conversar com outro homem que também estava bebendo no balcão. Então, os dois foram à casa de Josiffe e fizeram sexo. A tal "cura", ele concluiu desapontado, tinha sido apenas uma enganação.

Mas se a vida sexual do rapaz ainda continuava tão complicada quanto de costume, pelo menos a vida social tinha melhorado. Por meio da butique, ele conheceu Tara Browne, filho do quarto Barão de Oranmore e Browne, e herdeiro da fortuna da companhia de bebidas Guinness. Não demorou até que Josiffe começasse a ser convidado a passar fins de semana junto da família Guinness no Castelo de Leixlip, no condado de Kildare. Estava bastante ciente do fato de que todos os outros convidados ali vinham de trajetórias bastante diferentes da dele, e às vezes se sentia como se estivesse ali fazendo o papel não oficial de bobo da corte. Ainda assim, ficava fascinado com o ambiente e lisonjeado por receber tanta atenção.

Em um jantar num desses fins de semana, descobriu-se sentado ao lado da escritora e jornalista Nancy Mitford. Algumas semanas depois, em março de 1966, foi convidado para o aniversário de 21 anos de Browne em Leixlip, onde se viu às voltas com membros dos Rolling Stones. Aquele seria o último aniversário de Browne. Nove meses depois, ele morreu quando sua Lotus Elan passou um sinal vermelho em Earls Court e colidiu com um caminhão – um acidente que, segundo a lenda, inspirou outro amigo de Browne, John Lennon, a escrever versos para a música "A Day in the Life", dos Beatles: "Ele arrebentou a cabeça em um carro / não percebeu que o sinal tinha fechado".

Naquele aniversário de 21 anos, Josiffe conheceu uma mulher que lhe disse estar abrindo uma agência de modelos em Dublin. Reclamou da terrível falta de homens bonitos e perguntou se ele estaria interessado em fazer alguns trabalhos como modelo. Josiffe ficou bastante interessado na proposta. Logo suas feições algo emburradas estavam na televisão e nas revistas de moda vestindo todos os tipos de roupas exóticas. Mas se Dublin tinha sua própria indústria de moda um tanto movimentada, ela não era nada se comparada à de Londres. Lá era o verdadeiro centro do mundo da moda, segundo todos diziam a Josiffe. Ele ouviu aquilo e se perguntou, tendo em vista sua mudança de situação, se não teria chegado a hora de ele voltar ao seu país.

O otimismo de Thorpe em achar que finalmente estava livre de Josiffe não durou muito. Pouco tempo depois de vasculhar a mala do rapaz, ele recebeu uma notícia nada boa. Por meio de um membro do Partido Liberal em Devon do Norte, soube que a polícia de Barnstaple estava investigando seu relacionamento com Norman Josiffe. Na verdade, o informante de Thorpe estava um tanto desinformado: já havia mais de dois anos desde que a polícia tinha aberto aquele inquérito. Mais ainda: já tinham concluído, apressadamente, que não havia nada a ser investigado. Só que Thorpe não sabia disso. Pelo que ele entendeu, a polícia de Barnstaple estava apenas começando a investigar o assunto. Naquele ponto, Thorpe já sabia que a polícia de Londres tinha pego o depoimento de Josiffe em dezembro de 1962 – e que tinha ficado de posse de algumas cartas. Perturbado com a possibilidade de que a polícia de Barnstaple pudesse vê-las, Thorpe fez algo que já estava se tornando uma opção constante: recorreu a Peter Bessell.

Os dois se encontraram no escritório de Thorpe, na Rua Bridge, número 1, do lado da rua logo oposto ao Big Ben.

"Pelo amor de Deus!", Bessell disse quando Thorpe contou da investigação.

Debruçado na mesa, Thorpe disse: "Peter, você consegue pensar em alguma forma de a polícia de Devon jamais pôr a mão nessas cartas?".

As engrenagens no cérebro de Bessell se puseram a funcionar. Em segundos, ele pensou em algo.

"George Thomas", disse.

George Thomas era um parlamentar dos Trabalhistas, com mandato por West Cardiff, e único membro do governo que Bessell conhecia bem. Era um metodista devoto que já tinha sido presidente nacional de uma organização ecumênica chamada Movimento da Irmandade – um cargo para o qual o próprio Bessell, por incrível que pareça, já tinha sido indicado. Mas o mais importante era que Thomas era Subsecretário de Estado para Assuntos Parlamentares no governo, um cargo que dava a ele acesso a todos os arquivos da polícia. Bessell sugeriu que ambos deveriam ir ver Thomas e discretamente aconselhá-lo a pegar as cartas de Josiffe. Thorpe achou uma excelente ideia e perguntou quando poderiam marcar o encontro.

Naquela tarde, Bessell escreveu a Thomas explicando que estava com um problema – sem entrar em detalhes – e perguntando se eles poderiam conversar. Um dia ou dois depois disso, se esbarraram no salão de chá da Câmara dos Comuns. Em uma das mãos, Thomas carregava uma xícara. Com a outra, deu um tapinha no ombro de Bessell. "Bom, meu rapaz. No que posso te ajudar?", foi dizendo.

Bessell o levou até um canto mais afastado. "Esse problema sobre o qual tenho de falar não é comigo. É com Jeremy."

Ele percebeu quando as sobrancelhas de Thomas se ergueram de leve.

"E o que o nosso *bad boy* fez agora?", ele perguntou.

Bessell contou que, alguns anos antes, Thorpe tinha se apiedado de um rapaz muito pobre que tinha aparecido na Câmara dos Comuns.

"Entendo", Thomas respondeu. "Continue..."

Naquele momento, Bessell se viu sem coragem. Não tinha ideia do quanto deveria revelar a Thomas a respeito da homossexualidade de Thorpe. Mesmo com toda a sua afabilidade, Thomas, também solteiro, tinha um ar puritano um tanto desconcertante. "Dava a impressão de ser um padre católico, nunca preocupado com assuntos tão mundanos quanto o sexo." Como tinha feito antes com Thorpe, Bessell foi caminhando na ponta dos pés também com Thomas. "Jeremy acabou gostando do rapaz", ele disse. "Na verdade, eles se tornaram bons amigos..."

"Verdade?", Thomas respondeu.

"Depois de certo tempo, o rapaz começou a fazer certas alegações a respeito de Jeremy... Disse que eles tinham tido uma relação de natureza homossexual."

Thomas assentiu quase como se já esperasse por isso.

Depois disso, como Bessell continuou explicando, o jovem tinha ido à polícia e dado um depoimento, assim como deixado algumas cartas. E o pior é que agora a polícia de Barnstaple estava investigando por conta própria. De repente, Thomas tomou uma expressão bem menos amigável. Sorveu sua xícara de chá de uma vez, sentou-se ereto na cadeira e pareceu estar disposto a simplesmente se levantar e sair dali. De imediato, Bessell abandonou a ideia de pedir que ele recuperasse as cartas. "Pensei comigo mesmo: não vai fazer bem nenhum pedir isso porque pude perceber na hora que ele se cagaria todo de medo assim que eu pedisse."

Precisava de uma mudança rápida de planos. De maneira impensada e sem medir consequências, Bessell perguntou se Thomas conseguiria arranjar um encontro com Frank Soskice, o Secretário de Estado para Assuntos Internos. Como Bessell admitiria depois, o pedido era "absurdo" – tão absurdo, aliás, que ele pensou que Thomas o rejeitaria no ato. Em vez disso, para a surpresa de Bessell, Thomas se recostou novamente, fez que sim com a cabeça e disse que faria o possível para arranjar tal encontro. Conforme Bessell concluiu daquela conversa, Thomas ficaria feliz em ajudar contanto que o problema não acabasse no seu próprio colo. O que Bessell não sabia era que Thomas tinha ótimas razões pessoais para não querer se envolver naquele assunto. Somente depois de sua morte, em 1997, é que sua própria homossexualidade viria a público; e ele também estava sendo chantageado por conta de sua vida particular bem naquela época.

Muitos dias se passaram. Então, Bessell recebeu uma convocação ao escritório de Soskice. Quando entrou na sala com as paredes forradas de chapas de carvalho, Bessell pôde constatar, para sua surpresa e alívio, que Soskice estava sozinho – e era um tanto fora do usual que um ministro recebesse um parlamentar sem que um assessor estivesse presente. Advogado bastante distinto que se tornara parlamentar pelos Trabalhistas nas eleições gerais de 1945, Soskice estava com a saúde debilitada e parcialmente aleijado. No entanto, por mais enfermo que estivesse, não havia nada de frágil em seu comportamento.

"No que posso te ajudar?", perguntou.

Bessell, inicialmente nervoso, logo relaxou. "Fiquei surpreso com o quanto era fácil conversar com ele." Contou a Soskice a respeito da carta que Josiffe tinha enviado à mãe de Thorpe, também sobre as cartas que os dois tinham trocado e sobre sua própria viagem a Dublin. Depois que ele terminou de falar, Soskice perguntou se Bessell acreditava nas alegações de Josiffe.

Bessell admitiu que sim.

Em face daquilo, Soskice não viu razão para ajudar Thorpe – eles nem mesmo eram membros do mesmo partido. Mas, conforme bem sabia Bessell, havia um código de conduta implícito entre membros do parlamento de que as indiscrições sexuais deveriam ficar em segredo e nunca se tornar de conhecimento público. Quando voltou a falar, Soskice fez questão de ir pontuando com o dedo na mesa para enfatizar suas palavras: "É muito importante mantê-los afastados. Você deve a todo custo tentar evitar que Jeremy fique em posição tal que essa criatura venha a chantageá-lo".

Bessell então trouxe à tona o assunto do inquérito policial em Barnstaple. Soskice recomendou que ele não se preocupasse com aquilo. Muito provavelmente, não era nada além de uma investigação de rotina iniciada por fofocas grosseiras.

"Mas e se a polícia de Barnstaple resolver continuar as investigações em Londres?", Bessell perguntou.

Enquanto falava isso, Bessell percebeu algo que não tinha notado antes: havia uma pasta marrom na mesa de Soskice. Quase como um reflexo, Soskice moveu o braço apenas alguns centímetros até em cima da tal pasta. "É uma pena que existam essas cartas", Soskice disse, quase como que para si mesmo. E então começou a passar a ponta do dedo nas bordas da pasta. Bessell sentiu uma faísca imediatamente pulando para sua cabeça: "Naquele instante, tive certeza de que aquela pasta marrom fina embaixo do braço dele continha as tais cartas às quais ele se referiu".

Soskice continuou sua fala dizendo que qualquer um que fosse homossexual estava sempre em perigo. Ele acreditava que a reforma da legislação já estava atrasada – e, pessoalmente, ele era a favor de se legalizar a homossexualidade entre dois adultos com consentimento mútuo. Bessell fez sons discretos em concordância. Soskice então voltou ao assunto de Thorpe. "É muito importante manter Jeremy longe dessa criatura", ele disse de forma bem deliberada. "Seja duro com ele. Se essa coisa fizer qualquer exigência de Jeremy, livre-se dela, diga para ir para o inferno! Essa coisa tem de ficar fora da vida de Jeremy."

Bessell sentiu que o encontro estava chegando ao fim. Levantou-se, enquanto Soskice mancava para ficar de pé do outro lado da mesa. Pôs a mão no braço de Bessell e olhou bem nos olhos dele.

"Eles precisam ficar separados", repetiu.

Quando Bessell contou a Thorpe a respeito da reunião, mencionou a pasta que vira na mesa de Soskice – e disse que ele tinha certeza de que ali estavam as cartas trocadas entre Josiffe e Thorpe. Em vez de acalmar os nervos de Thorpe, a notícia os colocou ainda mais em frangalhos.

"Você acha que ele leu?", perguntou.

Bessell respondeu que teria sido muito estranho se não tivesse lido. Ao ouvir isso, Thorpe ficou ainda mais agitado. Sempre que estava com vergonha ou irritado, tinha o hábito de bater na cabeça com a mão direita e então colocar o cabelo de lado. Era o que estava fazendo agora, ao admitir que uma das cartas era ainda mais danosa que as outras. Gentilmente, Bessell procurou saber de detalhes.

"Eu descrevi como era transar com ele", Thorpe disse. "E disse que eu gostava muito dele."

Bessell fez tudo o que pôde para assegurá-lo de que Soskice não lhe parecia o tipo fofoqueiro, e por fim Thorpe se acalmou. Na vez seguinte em que Bessell se encontrou com George Thomas – novamente no salão de chá – agradeceu a ele por ter arranjado o encontro com Soskice.

Thomas quis saber como tinha sido a reunião.

Bessell disse que tinha sido boa.

"Bom", Thomas disse. "Estou certo de que não há nada a temer. Diga a Jeremy que esqueça o assunto, meu rapaz."

Poucos minutos depois de sair do salão de chá, Bessell viu Thorpe vindo na direção dele pelo corredor da biblioteca.

"Acabei de encontrar com George e ele deu uma notícia boa", disse a ele.

Andaram juntos em direção à sala do presidente da Câmara. "Você não vai mais ouvir falar daquela pasta", Bessell continuou. "George me disse que não há nada com que se preocupar."

"Mas isso quer dizer que ela foi destruída?", Thorpe quis saber.

Foi nesse momento que Bessell tomou uma decisão impulsiva e imprudente. Mesmo não tendo nenhuma evidência de que Soskice estivesse mesmo de posse dos arquivos, e muito menos de que os tivesse destruído, Bessell sabia que Thorpe nunca deixaria de ter medo até que soubesse que aquilo não existia mais. Então, considerou como seu dever dar paz de consciência ao amigo.

"Sim", Bessell disse. "Foi destruída."

Thorpe parou de andar na hora. Virou-se para Bessell com um sorriso ainda maior que o costumeiro.

"Maravilha!", exclamou.

Nos meses seguintes, Bessell ocasionalmente pensava na tal pasta marrom e em onde ela estaria. Em todas as vezes, "fez-se um leve ponto de interrogação na minha cabeça", ele se recorda. Mas, com o passar do tempo, o tal ponto de interrogação foi ficando cada vez mais tênue, e acabou por desaparecer completamente.

7

ESSE ASSUNTO VIL

No verão de 1965, pouco depois de Norman Josiffe receber de volta sua mala, Leo Abse, o parlamentar dos Trabalhistas por Pontypool, foi ter com seu colega Conservador, o Duque de Arran. Os dois tinham coisas importantes a discutir. Abse se vestia de maneira extravagante, com uma preferência por echarpes de seda esvoaçantes e camisas de padronagem chamativa. Também gostava de enfiar referências à psicoterapia freudiana em seus discursos na Câmara, sem se abalar com o fato de que eles eram recebidos com discretas vaias e contundentes olhares de reprovação por seus colegas parlamentares.

Muito embora Abse não fosse ele mesmo homossexual, há muito tinha desenvolvido um interesse pela reforma da legislação acerca do assunto, acreditando que ela estava absurdamente desatualizada. Em 1957, o Relatório Wolfenden já recomendara descriminalizar a homossexualidade masculina, mas o governo, horrorizado ante essa perspectiva, simplesmente não tinha tomado atitude alguma. Em março de 1962, Abse começou uma campanha para transformar em leis algumas das recomendações de Wolfenden. Não chegou ao ponto de dizer que a homossexualidade deveria ser tornada legal, pois sabia que não havia chance de aquilo acontecer tão cedo. Em vez disso, saiu-se com três medidas para apaziguar o assunto. Sugeriu que todos os processos envolvendo ofensa na vida particular entre dois adultos em idade de consentimento deveriam ser autorizados pelo Diretor de Processos Públicos antes de serem iniciados. A intenção disso era a de conter excessos por parte da polícia.

A segunda proposta de Abse dizia que todos os processos por ofensas de natureza homossexual deveriam ter entrada em até doze meses do cometimento do ato, com o intuito de diminuir as chances de a pessoa ser chantageada. E, por fim, ele quis tornar obrigatório que os tribunais exigissem um laudo psiquiátrico antes de sentenciar alguém, na esperança de que isso pudesse "levar um pouco da luz da compreensão às trevas da mentalidade judicial".

Mas Abse logo encontrou um obstáculo intransponível na figura do Juiz-Chanceler, Lorde Kilmuir, que se recusava a sentar-se à mesa em qualquer reunião de gabinete na qual "esse assunto vil" viesse a ser discutido. Em 1964, Abse tentou novamente, mas, em face da continuada hostilidade do governo, seu projeto foi novamente rejeitado. Ainda que a maré estivesse vagarosamente mudando para ele, o esforço de tentar levar adiante suas propostas já tinha deixado Abse cansado e frustrado. No futuro, conforme ele decidira, iria procurar um aliado, alguém que fosse tão passional quanto ele a respeito da tal reforma da lei da homossexualidade. Idealmente, tal aliado seria um colega que pudesse propor um projeto unilateral na Câmara dos Lordes, onde, se tudo desse certo, ele poderia ganhar apoio suficiente para ser enviado à Câmara dos Comuns.

Não poderia ter arranjado uma figura mais inesperada que o oitavo Duque de Arran – ou Sir Arthur Strange Kattendyke David Archibald Gore, como se chamava antes de assumir o novo título sete anos antes. Conhecido pelos amigos como "Boofy", o duque raramente falava na Câmara dos Lordes. Os poucos discursos que fizera tinham se dedicado exclusivamente a proteger os direitos dos texugos. Arran era um sujeito pequeno, que se empolgava fácil, de pele muito avermelhada e cabelos brancos como a neve; tinha uma tendência a terminar seus discursos com a expressão inglesa tipicamente elitista *"What, what?"* (algo como "o que acham?"), como costumava fazer antes dele o Rei George III. E Arran era casado. Sua mulher, a Condessa de Arran, era campeã em corridas de lanchas e compartilhava do amor do marido por texugos.

Em sua casa nos arredores de Hemel Hempstead, ambos permitiam que os texugos corressem livres pela propriedade e sempre usavam botas de borracha mesmo dentro de casa para prevenir as mordidas dos bichos. Aquele não era o único perigo de se manter texugos dentro de casa.

Em diversas ocasiões, Arran e sua esposa tinham contraído micoses cutâneas, como frieiras, que eles faziam questão de mostrar aos convidados.

Para espanto geral – incluindo o de Abse – o Lorde Arran tinha abraçado a causa homossexual. "Eu não podia conceber por que aquele homem heterossexual, sem nenhuma formação filosófica, se interessava tanto por tal assunto." Foi apenas posteriormente que Abse descobriu que o irmão mais velho de Arran era gay. Depois de receber ajuda psiquiátrica por anos, o homem tinha cometido suicídio dias após assumir o título de duque, que foi então herdado pelo irmão. Ao tomar para si aquela causa, o novo Duque de Arran tinha a intenção de homenagear seu irmão falecido.

Juntos, os dois decidiram apresentar o projeto unilateral na Câmara dos Lordes – um projeto que, dessa vez, tinha a intenção de abandonar quaisquer rodeios em torno do assunto. Em vez disso, aceitaria plenamente as recomendações de Wolfenden e tentaria legalizar a homossexualidade entre adultos acima dos 21 anos.

Na tarde de 12 de maio de 1965, o Lorde Arran se levantou e perguntou na Câmara dos Lordes: "O que é a homossexualidade? O que a causa? Resposta: ninguém sabe. Alguns dizem que é doença, outros dizem que é um desvio das regras da natureza. Outros ainda chamam de fraqueza, e outros, de vício. Mas qual é a cura? Ninguém sabe. Alguns até duvidam de que exista uma cura, pelo menos em casos extremos". Arran seguiu dizendo que era bem possível que as pessoas ditas "normais" considerassem homossexuais como "desagradáveis. Não queremos pensar neles; tentamos enquadrá-los como pessoas más; nosso instinto é o de marginalizá-los".

E ninguém queria marginalizá-los mais do que seu colega Lorde Montgomery de Alamein. Montgomery era um dos maiores heróis ingleses, o sujeito que tinha elaborado toda a estratégia para vencer o Marechal Rommel em El Alamein, no norte do Egito, em 1942, assim mudando o curso da Segunda Grande Guerra. Quando Montgomery assumiu o comando do oitavo destacamento do exército dois meses antes da batalha, disse que alguns de seus homens o considerariam louco. "Asseguro aos senhores de que sou perfeitamente são", declarou. "Mas entendo que muitas pessoas pensem, com frequência, que sou louco; com tanta frequência, aliás, que hoje considero isso um elogio."

Naquela época da guerra, com o país desesperado por um salvador na esfera militar, as pessoas ficaram satisfeitas com as palavras de Montgomery. Vinte anos depois, o discurso dele já não era mais tão convincente. Com seu jeito muito distinto de falar com a língua presa, o marechal-de-campo de 78 anos disse a uma Câmara dos Lordes lotada que considerava "o ato homossexual de qualquer natureza como a mais abominável bestialidade em que um ser humano pode tomar parte, e que o reduz quase ao status de um animal. Vai chegar um momento em que precisaremos escolher um nome para esse projeto de lei, e acredito que, em vez de 'Projeto de lei dos crimes de natureza sexual', o título mais apropriado deveria ser 'O alvará da sodomia'".

Quando alguém chamou a atenção para o fato de que a França e outros países europeus tinham uma postura bem mais tranquila com relação à homossexualidade, Montgomery retrucou: "Não somos franceses; não temos nenhuma outra nacionalidade. Somos ingleses, graças a Deus". Então, propôs uma das emendas mais bizarras já vistas na história do Parlamento inglês: se houvesse mesmo alguma alteração na lei, então ele gostaria de que a idade para consentimento de atos homossexuais fosse de oitenta anos. Daquela forma, "pelo menos uma das partes vai ter uma pensão por idade com a qual possa pagar alguma chantagem que vier a ocorrer".

Até mesmo o normalmente inabalável Abse ficou sem fala. Que tipo de demônios assombrariam a psique de Montgomery, ele se perguntou – uma questão que ecoaria trinta anos depois na voz do biógrafo de Montgomery, Nigel Hamilton, que sugeriu que o marechal passara a vida toda furiosamente reprimindo sua atração sexual por rapazinhos.

Mas Montgomery não estava sozinho em seu discurso. Outro colega, Lorde Goddard, antigo Juiz Supremo dos Lordes, tinha ouvido falar de determinados "clubes" (chamados de "*coteries*") onde "as coisas mais horríveis aconteciam. Como juiz, devo ouvir tais histórias que fazem um homem se sentir fisicamente doente". Outros, no entanto, não entendiam a razão de tanto alarde. Lorde Stonham, subsecretário parlamentar do Ministério do Interior, disse que, durante toda a sua vida atuante em meio a muitos homens, "incluindo 25 anos de participação em equipes esportivas", nunca tinha se deparado com a homossexualidade e até duvidava seriamente de que ela existisse.

Enquanto isso, Abse tinha apresentado um projeto de lei na Câmara dos Comuns. Em seu discurso de apresentação, declarou: "Para qualquer pessoa que sofra o infortúnio da homossexualidade, há claramente fardos pesados. Decerto que, para a maioria delas, isso significa a negação permanente das bênçãos da vida em família, a criação de filhos e a dádiva de um amor maduro por uma mulher." Como era típico, Abse não se furtou a citar Freud, dizendo a parlamentares espantados que todos os que votassem contra sua proposta o faziam apenas para reprimir seus próprios desejos homossexuais.

Como era de se esperar, isso não caiu muito bem para alguns, especialmente com o representante Conservador de Louth, Sir Cyril Osborne. "A imensa maioria das pessoas, estejam certas ou erradas, consideram a sodomia algo errado, antinatural, degradante e nojento", Osborne disse, "e concordo com elas". Mais uma vez, Abse percebeu nisso um forte indício de repressão. Segundo ele suspeitava, Osborne tinha sido tão afetado pelos "freios em suas atividades masturbatórias na infância" que agora se via completamente determinado a remover qualquer traço de tentação homossexual na sociedade como um todo.

Muito embora o projeto de Abse tenha sido derrotado por uma diferença de dezenove votos, Lorde Arran teve mais sucesso na Câmara dos Lordes, onde seu projeto de lei contra crimes de natureza sexual ganhou mais duas leituras. Na terceira, Arran confessou que, em diversas ocasiões, pensou que preferiria ser derrotado naquele assunto para voltar em paz para seus texugos. "Isso não é nada divertido, e às vezes é fácil se desesperar frente a algumas das cartas que recebemos."

Uma coisa da qual ele particularmente não gostava era o tom agressivo de algumas daquelas cartas. Muitas citavam a Bíblia, geralmente os livros do Deuteronômio ou Levíticos. Arran se perguntava por que razão ninguém jamais mencionava alguma coisa mais indulgente, como o Sermão da Montanha. Na verdade, ele até recebeu uma carta que mencionava o Sermão, e sentiu o coração se encher de esperança ao perceber isso, só para então ler na sequência que o remetente chamava o texto de "obra-prima da diplomacia". Em outra ocasião, um pacote contendo fezes humanas chegou a seu escritório. Aparentemente, sob a falsa impressão de que era algum tipo de patê, seu secretário disse: "Joguei fora, Lorde Arran. Ia estragar rápido".

Mas, naquela altura, a esperança crescia. No começo de 1966, o projeto de Arran foi aprovado na Câmara dos Lordes por 116 votos contra 46. Foi então enviado à Câmara dos Comuns, onde seria recebido por um Conservador chamado Humphry Berkeley. Muito embora Berkeley fosse abertamente gay, era outro aliado inesperado para Abse – "não era o tipo de pessoa que pediríamos para nos acompanhar numa patinação sobre gelo fino", metaforizou. Convidado a se retirar de Oxford por escrever cartas falsas para diversas figuras públicas – nas quais ele fingia ser um diretor de escola louco chamado H. Rochester Sneath –, Berkeley tinha a reputação de ser tão temperamental quanto pouco confiável.

Ainda assim, Abse não encontrou qualquer problema na forma como ele conduziu o projeto na segunda Câmara. Aprovado por 179 votos contra 99, conseguiu uma segunda leitura. Mesmo com outra luta árdua adiante, pelo menos até aquele momento Abse e Arran se permitiam acreditar que a reforma finalmente se avistava.

Assim como Thorpe, também Peter Bessell era favorável à reforma da lei da homossexualidade, mas o assunto estava longe de ser prioridade para ele. Havia outras preocupações mais prementes. Depois de passar por um raro período de solvência, suas finanças tinham caído de novo no vermelho. Bessell estava agora tão atolado em dívidas que havia uma boa possibilidade de ter de decretar falência. Esse fato trazia todo tipo de implicações alarmantes. À parte todo o problema em si, também havia a repercussão de que parlamentares que se declarassem falidos tinham de renunciar imediatamente a seus cargos.

Agora, era a vez de Bessell confidenciar seus problemas a Thorpe. A possibilidade de seu colega ter de renunciar o abalava. Isso não apenas traria um dano considerável à imagem dos Liberais como também despertaria a necessidade de uma eleição que eles não tinham certeza alguma de vencer. Thorpe concordou em tentar arranjar algum dinheiro para Bessell. Em junho de 1965, se aproximou do maior benfeitor do Partido Liberal, um pastor anglicano cuja fortuna vinha de fontes externas, chamado Reverendo Timothy Beaumont. O reverendo aceitou emprestar a Bessell cinco mil libras. O incorrigível otimista de sempre, Bessell estava confiante de que aquilo seria suficiente para segurar as pontas até o fim daquele ano.

Apenas dois meses depois, tudo já tinha sido gasto – e ainda assim nenhum de seus grandes planos tinha se realizado. Mais uma vez, Bessell foi ter com Thorpe, e mais uma vez Thorpe concordou em ajudar. De quanto ele precisava desta vez? Bastante machucado pela experiência anterior, Bessell decidiu elevar as expectativas e pediu quinze mil libras. Beaumont concordou em emprestar mais cinco mil sob a condição de que outra pessoa entrasse com os outros dez mil. Thorpe então se aproximou de um ex-presidente do Partido Liberal, um empresário muito rico chamado Sir Felix Brunner. Mas acontece que os Brunners estavam viajando a passeio, cortando o Mediterrâneo de barco, e seu iate iria aportar na ilha de Corfu dali a alguns dias. Com uma viagem já marcada para a Grécia, Thorpe sugeriu que ele e Bessell viajassem para Corfu juntos. Quando apareceram no hotel dos Brunners, Thorpe pediu para falar com Sir Felix enquanto Bessell conversava amenidades com a esposa do milionário, Elizabeth. Bessell se orgulhava de conseguir conversar sobre quase qualquer assunto, mas, naquela ocasião, logo ficou sem o que dizer. A Sra. Brunner tinha fundado o grupo Keep Britain Tidy ("Mantenha a Inglaterra limpa"), nos anos 1950, e tinha um interesse especial, quase obsessivo, pelo assunto do lixo.

No momento em que Thorpe e Brunner voltaram a se juntar aos dois, estava claro pela linguagem corporal de Thorpe que a conversa tinha sido bem-sucedida. No entanto, ele confessou a Bessell posteriormente que Brunner tinha dito algo como "Mas isso não é café pequeno, Jeremy!" naquele primeiro momento da conversa. Depois de se despedir dos Brunners, Thorpe e Bessell entraram em um Douglas DC-3 e voaram a Atenas. Naquela noite, comemoraram em um restaurante aos pés da Acrópole.

Thorpe na verdade estava lá para passar as férias com um velho amigo de Oxford, um banqueiro de investimentos alto e magro, que usava óculos, chamado David Holmes. Bessell ficou apreensivo pelo fato de Holmes e Thorpe "terem uma relação muito íntima que não faziam qualquer esforço para esconder". Muito embora não fosse tão tranquilo a respeito de homossexualidade como gostava de aparentar, Bessell decidiu que aprovava Holmes. Gostava do senso de humor dele, e ainda descobriu que os três tinham o mesmo interesse por música clássica.

"Ele era o tipo de homem que eu esperaria que Jeremy fosse achar atraente." E havia outra consideração bem mais importante: "Ao contrário de Norman Josiffe, aquele ali não colocaria a carreira de Thorpe em risco".

Seis meses depois, em 28 de fevereiro de 1966, o primeiro-ministro Harold Wilson anunciou que o parlamento seria dissolvido em 10 de março e novas eleições gerais seriam convocadas para 31 de março. Wilson estava no poder havia menos de um ano e meio, mas tinha uma maioria de apenas quatro parlamentares e estava achando cada vez mais difícil governar daquele jeito. Os Trabalhistas conduziram sua campanha sob o slogan "Você sabe que um governo Trabalhista funciona!". Na verdade, havia bem pouca evidência de que o povo realmente pensasse assim. Uma desastrosa sequência de eleições suplementares no ano anterior tinha deixado a maioria trabalhista com apenas duas cadeiras. Mas Wilson estava confiante de que, quando confrontado com o partido no poder e os Conservadores liderados por Edward Heath, o eleitorado faria sua opção pelo lado mais familiar.

Quanto aos Liberais, tencionavam construir algo em cima do que eles viam como uma insatisfação crescente com os dois partidos principais e assim elevar seu número de cadeiras para além da modesta quantidade de nove, à época. O cenário para eles, no entanto, era sombrio: a julgar pelos resultados das eleições no pós-guerra, os Liberais costumavam se sair mal sempre que os Trabalhistas estavam no poder.

Peter Bessell estava especialmente lamurioso quando se sentou para almoçar com Thorpe no salão de jantar da Câmara pouco antes de o Parlamento ser dissolvido. Desastrosas decisões financeiras em sequência tinham piorado sua tendência à autopiedade. Apesar de todas as evidências em contrário, Bessell continuava a se considerar um homem de ideais elevados. O problema é que ele continuava a falhar muito antes de tornar qualquer um deles realidade.

Thorpe fez o que pôde para animá-lo, invocando ali o espírito de um homem que ele reverenciava mais que qualquer outro: David Lloyd George, o último primeiro-ministro Liberal. Lloyd George também tinha se deparado com muitos reveses. Mas, Thorpe foi dizendo, "ele nunca pensou em desistir. O liberalismo era a coisa mais importante em sua vida, assim como na nossa. E é por isso que estamos aqui".

Também no salão de jantar aquele dia estava Leo Abse. Era outro que estava se sentindo macambúzio. O anúncio de Wilson tinha atingido com força as intenções do parlamentar de introduzir a reforma da lei da homossexualidade. Sempre que uma eleição geral era convocada, quaisquer projetos que estivessem em tramitação no Parlamento eram automaticamente abandonados. Como resultado disso, Abse e Arran começaram a encarar a possibilidade de ter de começar tudo de novo.

8

BESSELL TIRA OUTRO COELHO DA CARTOLA

"Meu Deus, é só isso?", perguntou Thorpe quando os resultados da eleição foram anunciados em Devon do Norte. Sua vantagem, que tinha chegado a 5.136 votos em 1964, caíra para 1.166. A situação estava ainda pior para Bessell, que tinha feito o que ele mesmo descreveu como "uma campanha desmotivada" em Bodmin e viu sua vantagem ficar em pouco mais de 2 mil. No cômputo geral, os Liberais tiveram um resultado misto nas eleições de março de 1966. Seu número total de votos caiu – de 3.099.283 para 2.327.533 – mas eles ganharam três cadeiras, elevando seu número para doze. Não havia dúvidas sobre o vencedor, no entanto: os Trabalhistas ganharam fácil com uma maioria de 96. Como Harold Wilson tinha previsto, precisaria de muita mudança para que o eleitorado britânico votasse em Ted Heath.

Por que Thorpe tinha se saído tão mal? Em parte, por causa de um incidente recorrente durante sua campanha. Em uma viagem a Tânger no ano anterior, Thorpe tinha tentado seduzir um jovem. Depois de recusar as propostas com veemência, o rapaz foi adiante e contou tudo às associações de Liberais e Conservadores de Devon do Norte. Sempre que Thorpe ia fazer um discurso, tinha de lidar com grupos de jovens Conservadores bastante barulhentos vociferando contra o abuso homossexual. Os habitantes locais gostavam de Thorpe; apreciavam seu jeito tempestuoso de se expressar e suas excentricidades, e riam de suas piadas. Mas a possibilidade de ele ser homossexual era demais para muitos aceitarem.

Um mês depois, Bessell estava em seu lugar favorito no Palácio de Westminster – o salão de chá – quando um colega parlamentar dos

Liberais chamado Alasdair Mackenzie se aproximou. Mackenzie era um senhor escocês das Highlands, de 62 anos, o porta-voz do partido em questões de agricultura. Sujeito nervoso e desconfiado, tinha vivido uma vida de reclusão antes de se tornar parlamentar – tão recluso, aliás, que nunca tinha ido a Londres até conseguir seu mandato. Ao chegar na Câmara dos Comuns, Mackenzie não pôde ser admitido porque só falava gaélico. Thorpe teve de arranjar para que o homem tivesse um curso-relâmpago de inglês, para que pudesse fazer seu juramento como parlamentar. Desde então, ele tinha conquistado a reputação de fazer discursos geralmente bem curtos, mas, graças a seu sotaque, largamente incompreensíveis.

Mackenzie perguntou se podia ter uma palavrinha.

"Mas é claro", respondeu Bessell.

Mackenzie então abaixou a voz. "É sobre Jeremy."

Bessell notou que Mackenzie parecia estar tendo dificuldades para falar. E também que ele ficou corado.

"Pois então", Mackenzie continuou. "Sinto que devo contar uma coisa."

Começou a dizer a Bessell que tinha ouvido rumores, apenas rumores, de que um homem, atualmente residente em Dublin, vinha dizendo que tivera um caso homossexual com Thorpe. Sabia-se que Mackenzie tinha uma visão bastante definida sobre homossexuais: achava que eles deveriam ser trancafiados, de preferência para sempre.

"Ah, sei de quem o senhor fala, Alasdair", disse Bessell, tentando parecer o mais tranquilo possível. "O nome dele é Norman Josiffe."

"Você sabe?", Mackenzie disse. "Ah, mas isso é terrível, terrível! Então é verdade?"

"Certamente que não", Bessell respondeu. Foi explicando que o tal de Josiffe tinha um histórico de doença mental. Thorpe o tinha conhecido e se disposto a ajudar, mas, depois de um tempo, decidiu que nada mais havia a ser feito – razão pela qual Josiffe tinha se rebelado e começado a alegar que eles tinham sido amantes.

Mackenzie ficou bastante aliviado. Mas acontece que ele ainda não tinha terminado suas considerações. "Mas é claro que...", continuou, agora de maneira mais reflexiva, "Jeremy nunca foi... casado, não é? Isso, nunca casado."

Bessell pressentiu que ali havia perigo. Percebeu que tinha de desarmar as suspeitas de Mackenzie. Mas como poderia fazê-lo sem despertar ainda mais perguntas? Foi naquele momento que ele teve um lampejo de algo como genialidade. Lembrou-se de que sua esposa, a heroica sofredora Pauline, certa vez brincara que, se Bessell viesse a morrer jovem, ela teria de considerar um casamento com Thorpe pelo bem do partido.

"Aqui entre nós, Alasdair, esse assunto é muito triste", ele disse a Mackenzie. "Jeremy se apaixonou, anos atrás, por uma mulher casada."

Bessell viu que Mackenzie arregalou os olhos. Ocorrera a ele que, como presbiteriano devoto, Mackenzie provavelmente via o adultério com o mesmo olhar de censura com que via a homossexualidade. Bessell logo tratou de assegurar que nada de inapropriado acontecera. Como questão de honra, Thorpe tinha se recusado a desfazer um casamento. Mackenzie então fez algo que Bessell vinha esperando, ou até desejando, que ele fizesse. Perguntou se ele conhecia a mulher em questão. Bessell disse que sim, que a conhecia bem – e até muito bem, na verdade.

Depois de significativa pausa, ele emendou: "Talvez agora o senhor entenda por que eu e Jeremy somos tão bons amigos".

Àquela altura, os olhos de Mackenzie estavam quase pulando das órbitas.

"Então você quer dizer que...?"

Bessell não disse nada e apenas assentiu com a cabeça. Mas não havia risco de a mensagem ser mal interpretada: ele e Thorpe eram unidos por seu amor por uma mesma mulher. Quando Mackenzie se levantou alguns minutos depois, Bessell reparou que ele ainda parecia atordoado.

Por mais que Bessell adorasse ser o guardião do grande segredo de Jeremy Thorpe, aquilo também o deixava desconfortável. Se tal segredo algum dia vazasse, sua participação em acobertá-lo também poderia vir à tona – e, nesse caso, seus colegas parlamentares o culpariam por não os alertar. Bessell decidiu então que seria prudente arranjar mais um colega em quem confiar. O escolhido foi Richard Wainwright, um pregador metodista como ele próprio, ainda que com uma vida particular bem menos movimentada.

Wainwright ouviu em silêncio quando Bessell contou tudo a respeito de Thorpe e seu caso com Josiffe. Em seguida, agradeceu pela franqueza e disse que sempre que ele sentisse necessidade de descarregar a cabeça daquela maneira, seria bem recebido. Quando Bessell saiu, sentiu uma daquelas fortes certezas morais que às vezes recaíam sobre ele, invariavelmente acompanhadas de um sentimento de orgulho. Ele tinha, muito certamente, feito a coisa certa.

Desde a eleição, havia rumores de que Jo Grimond poderia renunciar ao cargo de líder dos Liberais. Seu filho tinha cometido suicídio durante a campanha eleitoral e, tomado de culpa, Grimond sentia que sua determinação em diminuir as guerrinhas internas entre os Liberais – sempre uma luta difícil – estava se esvaindo. Na batalha pela sucessão, Thorpe foi logo reconhecido como um dos favoritos. Mas ele não colaborou para essa imagem quando houve a assembleia dos Liberais em Brighton, em setembro de 1966, na qual fez declarações que seriam vistas por muitos como um chamado a uma guerra da Inglaterra contra a Rodésia.

Thorpe era um opositor passional do primeiro-ministro rodesiano Ian Smith, cuja política de segregação racial tinha resultado em colonos brancos como donos de todas as propriedades naquele país e nos rodesianos negros reduzidos a uma classe de empregados muito mal pagos. A economia da Rodésia dependia muito do petróleo, a maior parte do qual chegava ao país por via férrea. Thorpe pensava que, se o país não recebesse aquele petróleo, havia boas chances de Smith ser derrubado. Então, propôs o que chamou de "bombardeio seletivo de linhas de abastecimento".

Não era uma ideia assim tão disparatada; a única linha de trem do país passava somente por territórios inabitados, de modo que o risco de mortes de civis era bem pequeno. Ainda assim, a Rodésia era membro da comunidade de nações britânicas, a Commonwealth, e muitos britânicos tinham amigos e parentes morando lá. Conservadores de extrema-direita vinham há muito procurando um motivo para achincalhar Thorpe, uma vez que o viam como um traidor de sua classe e um pretensioso irritante. Essa impressão foi ainda piorada quando, à sua maneira sempre equivocada, Thorpe desferiu outro golpe ao chamar Ted Heath de "o pudim de ameixa que ninguém ainda conseguiu flambar", referindo-se à receita que leva um truque pirotécnico não tão fácil de executar.

Sendo assim, aproveitaram a oportunidade para ridicularizá-lo sempre que podiam, gritando "Bombardeiro! Bombardeiro!" sempre que ele subia ao pódio para discursar na Câmara dos Comuns. Aquele furor causou dano real à imagem de Thorpe. Juntamente aos rumores sobre sua sexualidade – que continuavam a circular em Westminster – aquela manifestação toda levou os Liberais a se perguntarem se aquele era mesmo um bom candidato a líder.

Naquele inverno, aconteceu um incidente ao qual Peter Bessell deu pouca atenção à época. Posteriormente, no entanto, aquilo viria a ter muito mais significado para ele. Enquanto as relações entre Inglaterra e Rodésia continuavam a se deteriorar, Harold Wilson defendeu que a Inglaterra deveria impor sanções urgentes.

Bessell era um dos três parlamentares – um de cada partido – que propuseram a Ian Smith que ele permitisse a visita de uma Comissão Real à Rodésia. Segundo esperavam, isso poderia sanar a imposição de sanções. Mostrou o telegrama com a proposta a Thorpe, que, depois de jogar um pouco com as palavras, concordou que aquilo mesmo deveria ser enviado. O telegrama seguiu em 7 de dezembro e pedia uma resposta antes das 8 horas da noite do dia seguinte.

Na tarde seguinte, Harold Wilson discursou por duas horas, censurando a oposição por se mostrar racista ou covarde, ou ambos, e argumentando que não havia outra opção a não ser a aplicação de sanções. Wilson sabia a respeito do telegrama, mas achava que a ideia de enviar a Comissão Real era perda de tempo. Também não tinha uma impressão muito boa de Bessell como pessoa, pois já o considerava mais falso que o normal, mesmo para os padrões de Westminster. Mais para o fim do debate, um dos presentes entregou a Bessell um pequeno envelope pardo. Dentro havia um telegrama do palácio do governo de Salisbury, capital da Rodésia. Na resposta às propostas de Bessell e seus colegas, o telegrama dizia apenas "1. Sim, 2. Sim, 3. Sim".

Depois de lê-lo, Bessell se levantou enquanto o primeiro-ministro ainda estava discursando e perguntou se o "Nobre Cavalheiro" lhe daria a palavra. Wilson o ignorou. Minutos depois, tentou de novo. Dessa vez, Wilson parou e olhou por toda a Câmara, e então disse: "Se há um nobre cavalheiro aqui para quem não vou dar a palavra, é esse nobre cavalheiro que fez apenas o que não deveria!".

Bessell ficou espantado com o que considerou um ataque completamente desmerecido. De imediato, se virou para Thorpe como que pedindo um protesto em apoio. Mas viu que Thorpe apenas olhou para o chão. Não levantou o olhar. Assim que o debate terminou, Bessell, como de costume, se dirigiu ao salão de chá. Lá, tentou descobrir por que o amigo, cujos segredos ele guardara e por quem já havia feito tanto, não tinha levantado um dedo para defendê-lo.

9
AS BÊNÇÃOS DA VIDA EM FAMÍLIA

As eleições gerais não foram tão desastrosas quanto Leo Abse e o Duque de Arran pensaram que seriam. Mas elas de fato significaram o fim para Humphry Berkeley, que perdeu sua cadeira por Lancaster – bem no meio da campanha, seu oponente dos Trabalhistas se casou de maneira bastante pública e chamativa. Sem se deixar abater, Lorde Arran mais uma vez se pôs a tentar emplacar um projeto de lei na Câmara dos Lordes. Muito embora ele já tivesse sido aprovado três vezes, ainda tinha forte oposição – forte e, às vezes, inacreditável. "Não suporto homossexuais", declarou o Duque de Dudley na terceira leitura do projeto. "São as pessoas mais nojentas deste mundo e, infelizmente, vêm aumentando de número. A prisão é um lugar bom demais para eles; na verdade, é um lugar para onde muitos até gostariam de ir, por razões óbvias."

Abse e Arran logo encontraram novo aliado na figura do Trabalhista Roy Jenkins, Secretário do Interior, que compartilhava da visão reformista dos dois. Na esperança de que finalmente pudessem "acabar com nossas bárbaras leis anti-homossexuais", Abse anunciou sua intenção de dar entrada em outro projeto na Câmara dos Comuns. Poucos dias depois, Jenkins pediu que Abse fosse vê-lo. Pelo que Abse sabia, Jenkins era bastante heterossexual. Mas, na verdade, Jenkins tivera um ardente caso homossexual com um colega de faculdade, Tony Crosland, quando os dois estavam em Oxford. Crosland tinha se tornado Ministro de Gabinete dos Trabalhistas e, naquele momento, era Secretário de Estado de Educação e Ciência.

Como Abse, Jenkins também era galês; seu pai, Arthur, tinha sido o parlamentar eleito pela mesma região de Abse, Pontypool, nos anos 1940. Mas aquilo era tudo o que eles tinham em comum. Muito embora não houvesse muitas pessoas na política que Jenkins realmente odiasse, Abse era uma delas. Em diversas ocasiões, Abse tinha criticado Jenkins por trair suas raízes e tentar se tornar mais inglês. Também tinha acusado a mãe de Jenkins – com muito bons motivos – de ser uma alpinista social esnobe. Como Jenkins depois admitiria, teria preferido outra pessoa para levar adiante sua luta pela reforma, de preferência alguém que não fosse tão apaixonado pelo som da própria voz. Mas, ao perceber que estava atrelado a Abse naquela questão, Jenkins disse que, se o projeto ganhasse uma maioria decisiva, ele iria persuadir seus colegas do Gabinete a conseguir um debate amplo sobre o assunto.

Daquela vez, Abse decidiu que seria melhor dar um descanso para a história toda de Freud – mas não que suas visões tivessem mudado. Ficava alarmado, na verdade, por sentir que tinha cutucado demais alguns desejos sublimados "de gente demais naquela Câmara que estava insegura de sua heterossexualidade". Ao mesmo tempo, Abse decidiu seguir um caminho do meio que julgou mais seguro. Queria desarmar seus oponentes que estavam preocupados com a possível corrupção de menores ao introduzir penas duras – de até cinco anos de prisão – para qualquer homossexual que fosse pego fazendo sexo com um menor de 21 anos, sem importar se tal pessoa tinha dado consentimento ou não. E isso, por sua vez, enfureceu a Sociedade Pela Reforma da Lei dos Homossexuais, que queria uma nova idade do consentimento aos 18 anos.

A maioria a favor do projeto de Abse na primeira leitura, de 244 a 100, foi maior do que ele esperava. Depois de receber uma segunda leitura sem oposição em 19 de dezembro de 1966, ficou agendada uma terceira, e final, para o meio do ano seguinte. Mas, com a chegada iminente da época do novo debate, Abse foi ficando cada vez mais agitado. O que o preocupava mais era algo que ele considerava "uma quantidade estranhamente alta de filhinhos da mamãe na Câmara" que poderiam votar contra no último momento. "Existe um tipo de homossexualidade que tem sua gênese psicológica em intenso apego por uma figura feminina, seja a mãe ou uma babá, na primeira infância; e aqueles que, mesmo não sendo homossexuais praticantes, continuam, inconscientemente, excessivamente fixados na imagem mnêmica da mãe ou de uma substituta da mãe, podem reagir muito contrariamente a um eventual apelo por mais tolerância à homossexualidade, uma vez que vivem temerosos de que algum dia possam ceder àquela tentação."

Enquanto isso, aqueles parlamentares que não eram assim tão fixados na imagem mnêmica da mãe podiam apenas se sentir apáticos demais para votar, segundo ele pensava. Havia o risco de cantar vitória antes do tempo se ele desse a seus oponentes – que até então despejavam ódio de maneira tão visceral que soavam praticamente incoerentes – tempo para organizar melhor suas defesas. Abse tinha profunda esperança de que alguma questão em particular viesse unir toda a oposição. Isso permitiria que ele reunisse seus apoiadores, que ele suspeitava estarem confiantes demais, para bolar um contra-ataque.

A ajuda veio de um canto inesperado. Alarmado pelos efeitos que as mudanças na lei poderiam trazer à Marinha Mercante, o Conselho Marítimo Nacional foi se reunir com Abse. Ele explicou que não estava no poder dele, ou de ninguém, na verdade, prevenir a prevaricação dentro da Marinha Mercante. O Conselho, no entanto, não se convenceu. Será que ele não percebia que todo o futuro da Marinha Mercante estava em perigo?

Ao tomar conhecimento disso, a imprensa começou a especular que o projeto poderia ser derrubado. Abse ficou maravilhado. Como tinha previsto, a perspectiva de fracassar acabou por consolidar ainda mais seus apoiadores. Mas o Conselho Marítimo Nacional seguia implacável. Por fim, Abse sugeriu uma medida apaziguadora tão bizarra quanto qualquer coisa que o Lorde Montgomery poderia ter criado: permitir que os marinheiros da Marinha Mercante pudessem fazer sexo com passageiros ou estrangeiros do sexo masculino enquanto estivessem no mar, mas nunca uns com os outros. Para a completa surpresa de Abse, o Conselho engoliu a proposta.

No começo da terceira leitura, as táticas da oposição logo se tornaram mais óbvias: eles iriam usar a técnica do *filibustering*, ou seja, discursar interminavelmente até que o tempo para a votação do projeto terminasse. Os parlamentares, um após o outro, enfileiraram suas objeções de forma tão prolixa quanto possível. Enquanto as horas se passavam e os monótonos discursantes se sucediam, a perspectiva de o debate durar a noite inteira logo ficou clara. Cansados, desanimados ou apenas precisando de uma bebida, os parlamentares começaram a sumir da casa. Isso colocava Abse em uma posição difícil. Para que o projeto fosse aprovado, mais de cem parlamentares precisavam estar na Câmara ao mesmo tempo.

Ansioso, ele olhou rapidamente as cadeiras e fez as contas. Em nove ocasiões, percebeu que os números estavam desesperadoramente apertados.

A cada vez, Abse se levantava de seu assento e passava pelos corredores meio que bajulando e meio que empurrando os apoiadores de volta à Câmara. Na hora em que foi feita a votação final, em 4 de julho de 1967, já passava das 5 horas da manhã. A contabilidade dos votos ficou em 99 a favor e 14 contra.

Um exausto Roy Jenkins se levantou para parabenizar um igualmente exausto Leo Abse por ambos haverem conseguido implementar uma medida tão importante e tão civilizadora. Enquanto Abse caminhava para fora da Câmara, as lâmpadas a gás ainda queimavam no jardim do Palácio de Westminster. Entrou em seu carro e dirigiu pela Mall, no centro de Londres, com o sol nascendo por detrás do Arco do Almirantado – um toque simbólico bastante prazeroso, ele pensou. Ao chegar em casa, em St. John's Wood, Abse encontrou a esposa deitada, mas "ainda ansiosa esperando por mim e pelas notícias". Quando ele contou o que acontecera, ela não disse nada – "Ela apenas me tomou em seus braços". Sempre alerta a seus próprios paradoxos emocionais, Abse percebeu que sua euforia de antes tinha rapidamente dado lugar a uma estranha sensação de melancolia. "Eu precisava daquele conforto dela", ele contou depois, "porque nada se parece tanto com o fracasso quanto o sucesso".

Dez dias depois, o projeto foi ratificado pela Câmara dos Lordes. Depois disso, alguém perguntou a Lorde Arran por que razão sua reforma na lei tinha sido bem-sucedida, ao passo que seus esforços para proteger os direitos dos texugos não. Arran fez uma pausa e então disse algo depois de pensar bem: "Não há muitos texugos na Câmara dos Lordes".

10

DOIS JURAMENTOS

Pouco depois das 9h30 da manhã de 17 de janeiro de 1967, Peter Bessell estava em seu escritório em Pall Mall quando o telefone tocou. Ouviu-se a voz de Thorpe do outro lado da linha.

"Peter, é Jeremy. Jo finalmente tomou uma decisão."

"Sobre o quê?", Bessell perguntou, com a cabeça ainda tomada pelos problemas de seu eleitorado.

"Ele vai anunciar a renúncia agora de manhã."

A névoa na cabeça de Bessell instantaneamente se dissipou.

"Pelo amor de Deus!", Bessell exclamou.

Combinaram de se encontrar no escritório de Thorpe na Rua Bridge antes do almoço. Durante toda aquela manhã, Bessell caminhou de um lado para o outro, tentando descobrir em quem deveria votar como líder. Havia três competidores sérios: Thorpe, Emlyn Hooson e Eric Lubbock. Bessell depositava sua lealdade em Thorpe, claro, mas ainda se ressentia um pouco da recusa do colega em apoiá-lo durante o debate sobre a Rodésia, e também estava preocupado com o que poderia acontecer se as notícias sobre o caso com Josiffe vazassem.

Hooson, também um galês, não era exatamente amigo de Bessell, mas suas visões políticas com frequência eram parecidas. Sua única desvantagem aos olhos de Bessell era o fato de que ele tinha voz estranhamente aguda demais, o que o tornava um péssimo candidato a orador. Apesar disso, à medida que Bessell deliberava, pendia cada vez mais para o lado de Hooson. Então, ocorreu-lhe um de seus típicos arroubos. De impulso, ligou para o escritório de Hooson e perguntou se ele sairia mesmo como candidato. Hooson disse que ainda não tinha se decidido, mas queria saber se Bessell o apoiaria caso ele concorresse. Mais uma vez, Bessell nem parou para pensar: disse imediatamente que sim. Se Hooson concorresse, ele o apoiaria.

Só depois de colocar de volta o telefone no gancho ele considerou as implicações do que acabara de fazer. Como diria a Thorpe que não votaria nele? Ao caminhar para a Rua Bridge, Bessell foi analisando mentalmente possíveis cenários. Nenhum tinha um final feliz. Ficou ainda mais ansioso quando fez uma lista mental de todos os candidatos prováveis e seus apoiadores. Na perspectiva de restarem somente Thorpe e Hooson, Thorpe ganharia seis votos e Hooson cinco. Se Bessell votasse em favor de Hooson – como acabara de prometer que faria – o resultado seria um empate.

Quando ele chegou, Thorpe também estava nervoso, andando de um lado para o outro. Assim que viu Bessell, pegou-o pelos ombros. "Vamos botar pra quebrar neste partido!", ele disse em tom alto. "Vou liderar de maneira tão impiedosa quanto Lloyd George. Harold e Ted nem vão saber o que os atingiu. Nada mais de ficar enrolando. Agora, é uma cruzada!"

Aquelas palavras tiveram efeito dramático em Bessell. Uma vez, muito tempo antes, Thorpe tinha dito a ele que um dia chegaria a ser primeiro-ministro. De repente, já não parecia mais uma ideia tão absurda. Todas as dúvidas de Bessell desapareceram – assim como sua promessa a Hooson. "Daquele momento em diante, eu era um comandado dele. Então, era aquilo que Jeremy faria: comandar uma cruzada... Nem passou pela minha cabeça o fato de que estava quebrando minha promessa a Hooson."

Depois de almoçarem juntos, Bessell foi à biblioteca da Câmara dos Comuns, na esperança de descansar os olhos um pouco e organizar os pensamentos. Só estava lá havia poucos minutos quando sentiu um toque em seu braço.

Ao abrir os olhos, viu ninguém menos que Emlyn Hooson à sua frente.

"Peter", ele disse. "Decidi que você será o proponente de minha candidatura."

"Emlyn, não posso...", Bessell murmurou.

Hooson pareceu confuso. "O que quer dizer?"

"Eu... Eu preciso apoiar Jeremy."

A princípio, Hooson não disse nada; apenas o encarou profundamente. Quando finalmente resolveu soltar a voz, ela não tinha nada de aguda.

"Se você não tivesse dito que ia me apoiar, eu não teria me candidatado", disse.

Então se virou e foi embora. Ao refletir sobre seu próprio comportamento, Bessell teve uma sensação bastante familiar: a de remorso. "Tratei-o de maneira abominável." Mas, como sempre, aquilo não durou muito. Logo o céu se abriu e ele estava sorridente mais uma vez. Afinal de contas, pelo que ele supôs, "ainda havia bastante tempo para que Hooson retirasse sua candidatura".

Mas Hooson não o fez. Tanto ele quanto Eric Lubbock decidiram concorrer contra Thorpe. Na tarde seguinte, a votação aconteceu no escritório do *whip*, o oficial do partido responsável por manter a disciplina e o comparecimento dos parlamentares. Com ares de grande cerimônia, os doze parlamentares dos Liberais depositaram seus papeizinhos dobrados em um balde de champanhe. A contagem nada demorou. Thorpe venceu por seis votos contra de três para Hooson e três para Lubbock. Thorpe então se dirigiu à sala do Ministro da Tecnologia, Tony Benn – que tinha emprestado seu escritório a ele naquela tarde – enquanto os outros Liberais decidiam seus próximos passos.

Naquele momento, Richard Wainwright perguntou a Bessell se eles podiam conversar reservadamente. Desceram as escadas até o corredor dos comitês, logo abaixo do salão principal da Câmara, e foram a um quarto bem isolado – que Wainwright parecia ter reservado especialmente para aquilo. Logo ao fechar a porta, se virou para Bessell. O que ele queria saber era se havia algum risco de aqueles rumores sobre Jeremy se tornarem públicos.

Bessell nem hesitou.

"Se eu achasse que podem ir a público, não teria apoiado Jeremy."

Wainwright assentiu com a cabeça. "Então está bom para mim. Vou confiar em sua palavra."

Provavelmente, aquela era uma expressão que Bessell já não ouvia havia muito tempo. Fosse o caso ou não, ele ficou tocado com a demonstração – tanto que teve uma súbita crise de consciência. Quando ambos saíram do tal quarto isolado, Wainwright voltou às escadas e se pôs a subir, enquanto Bessell ficou parado onde estava. "Assim que Wainwright virou em outro corredor e sumiu da minha vista, fiz um gesto para ele. Como ele não viu, comecei a chamar seu nome, mas imediatamente parei. Mais alguns segundos e ele já estava fora de alcance."

Pouco depois, Thorpe foi novamente chamado ao escritório do *whip*. Lá, foi informado de que Hooson e Lubbock reconheciam a vitória e se retiravam da disputa, deixando apenas um concorrente. Aos 37 anos de idade, Jeremy Thorpe era agora líder dos Liberais no Parlamento – o mais jovem a liderar um partido político britânico em mais de um século.

Uma hora depois, Thorpe e Bessell estavam sentados sozinhos na sala de Tony Benn. Thorpe estava tão entusiasmado que mal conseguia parar sentado; o cargo com o qual vinha sonhando desde garoto agora era dele. Talvez na tentativa de tirar um pouco daquela excitação toda, Bessell comunicou a ele o que Richard Wainwright tinha perguntado.

De uma vez, o sorriso desapareceu do rosto de Thorpe. "Pelo amor de Jesus Cristo! E o que você disse a ele?"

Bessell apenas disse que o tinha assegurado de que não havia com o que se preocupar.

"Espero que você tenha feito um pouco mais que isso", Thorpe disse sem meias-palavras. "Certamente disse que tem certeza de que eu não sou gay, não é?"

Ao se lembrar de sua conversa anterior com Alasdair Mackenzie, Bessell disse – e era mentira, claro – que tinha contado a Wainwright sobre o fracassado caso de Thorpe com uma mulher casada.

Thorpe ficou mais relaxado. "Exato. Não poderia ser melhor. E quem você inventou que seria essa mulher que partiu meu coração?"

Bessell admitiu que escolhera sua própria esposa, Pauline.

Thorpe rugiu de rir.

"Bravo, Bessell, você é um gênio!"

Mas Bessell ainda não tinha terminado. Dessa vez, não queria que Thorpe fosse embora sem perceber exatamente o quanto ele ficara lhe devendo. Fez questão de salientar que, se não tivesse mentido a Wainwright, Thorpe muito provavelmente teria perdido aquela eleição. Conforme Bessell esperava, aquilo trouxe Thorpe de volta à realidade. Por mais improvável que fosse a carreira de Bessell como pregador religioso, ele já tinha adquirido considerável experiência dando sermões. Assumindo sua postura mais séria, disse a Thorpe que era imperativo que ele não fosse tão desleixado no futuro.

"Se você fizer qualquer coisa que ponha em risco nosso partido, terá traído tudo pelo qual viemos lutando. Se algo do passado em algum momento vier a público, você terá de renunciar imediatamente."

Percebendo o quanto Bessell falava sério, Thorpe assentiu solenemente. "Dou minha palavra", disse.

Não haveria mais escolhas de parceiros casuais, Bessell o avisou. Nada mais de flertar com o perigo, de enviar cartas imprudentes. Por mais que Thorpe considerasse muito difícil refrear seus impulsos sexuais, ele teria de aprender a fazê-lo de algum modo. Thorpe não falou nada durante algum tempo depois que Bessell terminou.

"Muito bem", disse por fim.

Mas Bessell queria o juramento dele sobre aquilo também. Muitos segundos se passaram com os dois homens se encarando impavidamente. Então, Thorpe empurrou sua cadeira para trás e se levantou. Andando até onde Bessell estava sentado, olhou bem para ele.

"Peter", ele disse, "dou minha palavra de que, se algo meu vier a público, dou um tiro nos miolos".

11
DESDOBRAMENTOS INESPERADOS

A princípio, Bessell presumiu que aquela carta viesse de um de seus eleitores. Depois de ler algumas linhas, virou o papel e conferiu a assinatura. Assim que o fez, seu humor mudou drasticamente. A carta era assinada por Norman Josiffe. Nela, Josiffe explicava que tinha recentemente retornado à Inglaterra, não por ocasião de sua recém-descoberta e bem-sucedida carreira de modelo, mas navegando as profundezas de mais uma crise depressiva particularmente severa.

"Não tenho mais nenhum dinheiro", ele escreveu. "Não posso trabalhar como modelo porque meus nervos estão tão à flor da pele que começo a suar e encharco tudo o que visto. Não posso me empregar em equitação porque não tenho mais meu conjunto de montaria, pois tive de vendê-lo. Não tenho nenhuma qualificação profissional, e ainda preciso fazer uso de muitos medicamentos, o que me deixa enfraquecido [...] Nem mesmo posso ir a Londres porque não tenho dinheiro algum. Então, imploro que o senhor me ajude de alguma maneira, Sr. Bessell."

Em retrospecto, Bessell já sabia que podia esperar por isso. Três meses antes, em abril de 1967, tinha recebido uma carta anterior de Josiffe. Mas qualquer incômodo que sentiu ao abri-la logo se desfez. De Dublin, Josiffe informava que planejava viajar aos Estados Unidos para recomeçar a vida. O único problema era que tinha queimado seu passaporte. Será que Bessell poderia ajudá-lo a conseguir outro? Para marcar o novo começo, tinha também decidido mudar de nome para Norman Scott. Perguntava se Bessell também poderia tornar aquilo oficial.

Nem um pouco decepcionado, Bessell na verdade adorou a novidade. A julgar pelo tom da carta, Josiffe/Scott estava feliz e também relativamente otimista com relação às novas perspectivas de vida. Na tarde seguinte, Bessell contou a Thorpe a novidade. Depois de ler a carta, Thorpe inclinou a cadeira e inspirou profundamente.

"Isso é maravilhoso", disse.

Se Scott estava indo aos Estados Unidos, o risco de criar mais problemas se tornava menor que nunca. Bessell prometeu a Thorpe que o ajudaria a conseguir o tal novo passaporte com o novo nome. E aquele, conforme um assegurou ao outro ainda em segredo, seria o fim daquela história.

"Deus", Thorpe disse. "Que alívio."

Mas Scott não chegou a ir para os Estados Unidos. Em vez disso, retornou à Inglaterra, viajando com um visto de turista. Estava hospedado na casa de seu meio-irmão em Kent e se consultando com um médico chamado Brian O'Connell na ala psiquiátrica do Hospital St. George, em Knightsbridge. Mais uma vez, coube a Bessell ser o portador de notícias desagradáveis. Dessa vez, Thorpe, ainda animado com sua vitória eleitoral, decidiu que era hora de tomar uma atitude. Combinou um encontro com seu advogado na tarde seguinte e pediu que Bessell o acompanhasse.

Arnold Goodman – Barão Goodman de Westminster – era o mais famoso e temido advogado na Inglaterra. Além de ter entre sua clientela os mais ricos e famosos, Goodman era também o advogado oficial do Partido Liberal e um confidente do primeiro-ministro Harold Wilson. Com seu cabelo encaracolado e amontoado bem preto, sua largura colossal e uma cascata de dobras no queixo que se despejavam por cima da camisa como um cortinado em pregas, era uma figura inesquecível.

Bessell, que conhecia Goodman apenas de reputação, estava preparado para se impressionar. Na ocasião do encontro, no entanto, achou-o apenas "um pouco suarento" e ficou desapontado em ver quão pequeno era seu escritório. Para começar, Thorpe explicou em linhas gerais a natureza do problema. Então mostrou a ele a carta de dezessete páginas que Norman Scott tinha escrito à Sra. Thorpe. Goodman a leu e tirou uma cópia para seus arquivos. Em seguida, discutiram qual seria a melhor forma de proceder. Thorpe contou a Goodman que gostava da ideia de escrever a Scott uma carta ameaçando-o de alguma forma, ainda que ele não soubesse exatamente que ameaça usar.

Goodman aconselhou a não fazer isso, dizendo que era melhor não colocar nada no papel. Sugeriu, entretanto, que Bessell deveria ir encontrar

Scott e persuadi-lo a ir mesmo aos Estados Unidos na primeira oportunidade. Bessell escreveu devidamente a Scott, no endereço de Kent, pedindo que fosse vê-lo e anexando o dinheiro para passagens. Quando Scott apareceu em seu escritório dois dias depois, Bessell ficou chocado com a aparência do rapaz. "Tenso, suando e nervoso, sentou-se na ponta da cadeira e começou a gaguejar demais." Por sua vez, Scott se sentiu "tremendo todo" e muito mais intimidado pela autoconfiança tranquila de Bessell do que sentira naquela visita anterior a Dublin. "Ele foi cortês, mas de forma alguma amistoso", Scott contou da conversa. "Fiquei com uma impressão forte de que, para ele, eu era nada mais que um belo de um estorvo."

Tudo o que Scott queria, repetiu, era um novo cartão de seguridade social. Depois, quando sua saúde melhorasse, ele poderia pelo menos ter a chance de encontrar um emprego decente. Pela primeira vez, Bessell percebeu o quanto lidar com aquilo seria complicado. Pouco tempo depois que Scott conseguira a expedição de uma segunda via para seu cartão, em abril de 1962, Thorpe o perdera.

Isso nem era tão sério assim, já que as pessoas perdiam seus cartões de seguridade o tempo todo e simplesmente pediam para que novas vias fossem feitas. O problema era que Scott não estava em condições de elaborar a necessária lista de pagamentos do seguro até então, que seu "empregador" – Thorpe – deveria ter feito e não fizera. Mas, se Thorpe se oferecesse para pagar aquele dinheiro, isso equivaleria a admitir que ele era legalmente responsável por Scott. Havia até a possibilidade de que ele pudesse ser processado por não ter mantido o cartão em dia.

Mas havia ainda mais. Bessell tinha começado a perceber o quanto o tal cartão da seguridade era importante para Scott também de outras maneiras. Para ele, aquilo era um tipo de carteira de identidade, uma confirmação oficial de quem ele era. Sem ele, o rapaz se sentia mais perdido do que nunca.

Mais uma vez, Bessell prometeu ajudar. Enquanto isso, Scott permanecia sem um tostão. Para que ele se aguentasse um tempo até que as coisas melhorassem, Bessell sugeriu dar a ele um adiantamento semanal. Por mais que Scott estivesse desesperado, não gostou da oferta – tinha lembranças muito ruins de como era ser um "homem mantido". Também não gostava da implicação de que ele seria um aproveitador. Mas, no fim, acabou aceitando receber cinco libras por semana – a mesma soma que teria recebido do seguro-desemprego se estivesse com um cartão da seguridade em dia. Bessell deu a ele duas semanas adiantado – dez libras – e prometeu enviar um cheque toda semana depois daquilo. Também prometeu que tentaria encontrar para Scott um trabalho em uma das lojas na cadeia de hamburguerias que pretendia abrir nos Estados Unidos – mais um dos negócios arriscados que Bessell tinha certeza de que o trariam fortuna.

Scott retornou a Kent bem pouco convencido de que seu adiantamento prometido algum dia fosse se concretizar. Mas exatamente duas semanas depois, um cheque de cinco libras chegou. Junto dele havia um bilhete – que Bessell tinha escrito, sem pensar, em papel timbrado da Câmara dos Comuns.

Quando Bessell foi a Nova York ver pessoalmente como funcionavam os restaurantes de *fast-food*, percebeu logo de pronto que Scott jamais conseguiria lidar com a pressão de um ambiente de cozinha profissional. Também havia grande probabilidade de que ele nem mesmo fosse aceito no país. Segundo a Lei de Imigração norte-americana, Scott provavelmente seria classificado como "indesejável" se as autoridades ficassem sabendo de sua homossexualidade. A caminho de casa, Bessell parou em Nassau, nas Bahamas, e perguntou ao governador se havia alguma chance de Scott conseguir trabalho ali. A resposta não foi muito otimista. Bessell chegou até a visitar o dono de um haras para perguntar sobre oportunidades de trabalho. A tarefa também se provou infrutífera.

Àquela altura, a posição de Bessell com relação a Thorpe tinha mudado sutilmente. Ainda que gostasse dele tanto quanto antes, a admiração que um dia tivera tinha diminuído um pouco. Nos seis meses desde que Thorpe tinha se tornado líder, não houve nenhum "grande salto à frente". Também vinha acontecendo uma nítida falta de propostas políticas novas que chamassem a atenção. Ao contrário, as coisas estavam bem do jeito que eram antes, com o eleitorado ainda confuso, até impaciente, sem saber pelo que lutavam os Liberais. Em diversas ocasiões, Bessell implorou para que Thorpe fizesse declarações políticas bem mais claras e definidas, mas em todas as vezes a resposta tinha sido a mesma. De começo, ele respondia com seu característico entusiasmo, mas então perdia o interesse e ia focar sua atenção em alguma outra coisa.

Bessell começou a suspeitar de que Thorpe, mesmo com todo o seu discurso não conformista, era uma figura muito mais conservadora do que gostava de aparentar. Essas suspeitas foram confirmadas quando Thorpe apareceu para sua primeira parada do Dia do Armistício como líder do Partido Liberal usando uma cartola de seda e um fraque eduardiano, em contraste com os outros dois líderes de partidos, Harold Wilson e Edward Heath, que vestiam ternos comuns. Bessell também já notara que Thorpe tinha particular desprezo por sujar as mãos com o aspecto menos glamoroso da vida política.

Mesmo que Bessell fosse um mulherengo, aquela mesma acusação jamais podia ser feita contra ele. Em parte como uma reação à inatividade de Thorpe, Bessell acabou se envolvendo profundamente em uma de suas paixões inesperadas: a reforma dos transportes. Bessell teve papel-chave na Lei dos Transportes de 1968, um plano bastante ambicioso para coordenar serviços rodoviários, ferroviários e marítimos. A tramitação do projeto logo assumiu proporções wagnerianas. Na época em que ele estava em apreciação pelas comissões, quebrou todos os recordes na história do Parlamento quando a transcrição dos debates tomou mais de quatro mil páginas nos arquivos Hansard. Pela primeira vez na história das comissões em atividade, mais de um milhão de palavras foram ditas, das quais duzentas mil são atribuídas a Bessell.

E ainda assim ele encontrava tempo para continuar com sua caótica vida amorosa, elaborar mais esquemas de ganhar dinheiro rápido e ainda se lembrar de enviar os cheques semanais de Scott para a casa do irmão dele em Kent. A cada três meses, Bessell entregava a Thorpe um bilhete dizendo o quanto tinha gasto nos envios a Scott. Thorpe então descontava um cheque na agência de correios especial dos parlamentares da Câmara dos Comuns e, invariavelmente com relutância, entregava o dinheiro a Bessell. Nunca havia qualquer menção a Scott naquelas ocasiões – Bessell apenas presumiu que Thorpe continuaria seguindo sua habitual estratégia de ignorar um problema na esperança de que, uma hora, ele apenas desaparecesse.

Acontece que Thorpe tinha outras coisas em mente. Uma noite, pediu a Bessell para comparecer ao escritório do líder dos Liberais na Câmara. Era uma sala pequena, um tanto austera, com uma enorme janela emoldurada em chumbo com vista para o jardim do presidente da Câmara, paredes forradas de painéis de carvalho e um pé-direito incomumente alto. A única mobília na sala era uma mesa de frente para a janela, uma poltrona e um sofá de veludo verde. Desde que se tornara líder, Thorpe vinha tentando abrilhantar um pouco o lugar ao instalar cortinas novas e quadros nas paredes – incluindo diversos cartuns retratando ele próprio – e também um armarinho de bebidas. Outras mudanças também aconteceram. Thorpe tinha ficado mais cioso com relação à sua imagem pública, a tal ponto que mandou remover uma pequena verruga que ficava do lado do nariz porque, aparentemente, ela não ficava bem na televisão.

Agora, ali estava ele sentado à mesa enquanto Bessell se esticava no sofá verde com os pés para cima. "*Pedro*", Thorpe começou sem preâmbulo, chamando o amigo por um apelido, "decidi me casar".

De começo, Bessell presumiu que ele estivesse brincando. "Ah, verdade?", respondeu. "E quem você tem em mente? A Rainha-Mãe?"

Bessell notou que a risada de Thorpe soou particularmente vazia. Ao olhar para ele mais detidamente, viu que Thorpe tinha um ar sério. Bessell apontou um problema, então: afinal de contas, Thorpe não dissera a ele certa vez que era 80% gay? Thorpe admitiu que havia mesmo dificuldades, mas disse que a questão não passava por preferências pessoais; ele tinha era de zelar por sua reputação. Se continuasse solteiro, aquilo logo se tornaria assunto constante em todos os cantos. Poderia até custar votos aos Liberais na eleição seguinte.

"Mas e quanto ao sexo?", Bessell quis saber.

"Se eu fechar os olhos e trincar os dentes, acho que de algum jeito consigo fazer", Thorpe respondeu. "Então, depois de alguns meses, posso dizer que fiquei velho e impotente."

Partindo de sua considerável experiência, Bessell disse que pensava que qualquer mulher com um mínimo de inteligência suspeitaria de que algo estranho estivesse acontecendo.

"É verdade que preciso de uma garota que tenha vivido bem poucas experiências", Thorpe concordou. "Mas já tenho alguém em mente."

Bessell não gostou nada do que estava ouvindo. Como sempre fazia quando sua paciência era desafiada, assumiu uma posição de superioridade. Era uma ideia ridícula, ele disse a Thorpe. Não apenas ridícula como também uma enganação imperdoável. Depois de dizer isso, ficou de pé e foi saindo pela porta.

Thorpe logo pediu que ele retornasse, sem meias-palavras.

Bessell hesitou e então retornou nos mesmos passos. Já tinha reparado que, com frequência, a boca de Thorpe parecia se levantar nas beiradas, como se ele estivesse tentando, geralmente sem sucesso, conter um sorriso de divertimento. Mas, quando estava realmente insatisfeito com alguma coisa, vestia o que Bessell chamava de "máscara mandarim", tornando sua expressão bizarramente vazia. Pois Bessell viu que a tal máscara estava perfeitamente em seu lugar ali na situação. Ele então se sentou e manteve os pés no chão. Assim que se postou no sofá, outra coisa lhe ocorreu, algo que ele não tinha considerado antes. O fato de que Thorpe era agora líder do partido tinha afetado fundamentalmente a amizade dos dois. O que havia antes era uma relação entre iguais, ou assim Bessell considerava. Agora, não havia dúvidas de quem estava no comando.

Abruptamente, Thorpe começou a rir.

Momentos depois, Bessell se juntou a ele.

"Me diga, Bessellinho, como é fazer amor com uma mulher?", Thorpe perguntou.

Quando Bessell tentou explicar que era uma daquelas coisas que fazem a vida valer a pena, Thorpe assumiu uma expressão confusa. Não que ele fosse completamente inexperiente com mulheres. Em Oxford, tinha saído por pouco tempo com uma colega, chamada Marigold Johnson. Eles até se beijaram, muito embora, como ela contaria depois, "aquele foi o beijo mais comportado que já dei em minha vida".

Thorpe foi contando a Bessell que, certa vez, tentou dormir com uma moça, mas se sentiu desestimulado pelo cheiro dela. Bessell pontuou que o aroma feminino era um gosto adquirido, assim como – e ele lutou para conseguir uma analogia razoável – o uísque. Thorpe não se convenceu. Ainda assim, repetiu que pretendia levar uma mulher para a cama para ver o que acontecia. Uma semana se passou. Então, Thorpe e Bessell foram ambos convidados para um almoço oficial. Na saída, dividiram um táxi de volta à Câmara. Se inclinando para a frente, Thorpe fechou a janela de vidro que os separava do motorista para que ele não pudesse ouvir sua conversa.

Tinha outra pergunta importante a fazer.

"*Pedro*, como diabos se come uma moça?"

Bessell se viu na rara situação de não ter palavras. Ainda estava tentando pensar em uma resposta apropriada quando Thorpe se pôs a descrever o que tinha acontecido quando ele levou sua amiga para um encontro. Depois de jantarem em um restaurante, os dois foram ao apartamento dele. Lá, ele começou a despi-la. Correu tudo bem naquela parte, mas então veio o desastre. "Quando a vi deitada na cama com as pernas abertas, tudo o que quis fazer foi explodir de rir."

Bessell sentiu que aquilo não caía bem dentro da perspectiva de casamento em questão. Ao chegarem à Câmara, ambos se dirigiram ao escritório de Thorpe. Mais uma vez, Bessell se deitou no sofá enquanto Thorpe foi para a mesa.

"O que é que faz seu sangue fluir mais rápido, Bessellinho?", Thorpe perguntou.

Com a cabeça ainda atrapalhada, Bessell começou a tagarelar a respeito do poder sensual de boa música. Sobre como na Sinfonia Pastoral de Beethoven, por exemplo, o compositor tinha conseguido criar a impressão de água batendo nas pedras usando violinos com surdina. É bem correto dizer que aquilo não era nada do que Thorpe queria ou esperava ouvir.

"Ah, Deus, por que tem de ser tudo tão complicado?", reclamou.

Bessell saiu com a impressão de que Thorpe tinha desistido da ideia de se aventurar pelo mundo do sexo heterossexual. No entanto, ele apenas subestimara a persistência de seu líder. Outra semana se passou, e então Thorpe o chamou de novo. A segunda tentativa tinha sido mais bem-sucedida que a primeira, conforme ele contava agora – ainda que ele tivesse tido dor de barriga na tal noite. "Entrei e saí do banheiro a noite toda. Mas, entre uma vez e outra, transei com ela. Então, veja você, consigo fazer!"

Bessell fez o que pensou ser apropriado dadas as circunstâncias: deu os parabéns.

Thorpe, no entanto, não estava com humor para triunfalismo.

"É um completo tédio", disse. "Mas se é o preço que precisarei pagar para liderar este velho partido, então eu pagarei."

Em agosto de 1967, Thorpe e seu amigo David Holmes saíram de férias para a Grécia. A viagem não teve começo lá muito auspicioso. No Aeroporto de Heathrow, o encarregado de conferir passaportes olhou para o de Thorpe e perguntou quem tinha inserido as palavras "Rt Hon" (de *"The Right Honorable"*, um título honorífico na Inglaterra) a tinta em frente ao nome dele. Thorpe alegou que sua secretária o fizera sem seu consentimento, algo que ela mais tarde negou. O encarregado não ficou nada convencido e disse a Thorpe que somente o departamento oficial de emissão de passaportes podia incluir anotações daquele tipo.

"Muito bem", Thorpe disse casualmente. "Mas nem sempre o fazem com competência."

Já na Grécia, se encontraram com duas jovens. Uma delas, Charlotte Prest, era amiga de infância de Thorpe. A outra era Caroline Allpass. Educada na Escola Roedean e depois em uma escola de etiqueta para moças em Gstaad, Caroline era filha de um empresário muito rico, dono de uma cadeia de lojas de móveis. Alta – muitos centímetros mais alta que Thorpe, inclusive – e dona de um sorriso largo e bastante expressivo, Caroline tinha 29 anos e trabalhava como assistente do diretor do Departamento de Obras Impressionistas da casa de leilões de arte Sotheby's.

Ainda que ela e Thorpe tivessem se conhecido antes, seu relacionamento nunca tinha ido além de conversar amenidades gentis. Mas, enquanto nadavam e tomavam sol juntos nas praias de Kos e Rhodes, os dois acabaram se dando muito bem um com o outro. Nas palavras do próprio Thorpe, o que se seguiu foi que tanto ele quanto Holmes quiseram se casar com Caroline e, como verdadeiros cavalheiros, chegaram a um acordo de que quem não fosse bem-sucedido em sua tentativa seria padrinho do outro.

Parecia tudo muito fantasioso, para dizer o mínimo, já que Holmes nunca tinha sequer fingido ser qualquer outra coisa que não homossexual. Mas também a história que Thorpe contaria depois, sobre como ele e Caroline se envolveram, tinha um monte de buracos. Por exemplo, não era de surpreender que ele não tenha feito nenhuma referência a um incidente acontecido naquelas mesmas férias, quando ele e Holmes contrataram um garoto de programa. Os três foram à praia e, chegando lá, tanto Holmes quanto Thorpe fizeram sexo com o rapaz.

Quando voltaram à Inglaterra, Thorpe tinha contraído gonorreia. Como de costume, recorreu a Bessell para ajudá-lo. Bessell o mandou a um médico em Hampstead, que prescreveu antibióticos e recomendou que não fizesse sexo até que os sintomas desaparecessem. Pouco depois, Thorpe perguntou a seu assessor de imprensa, Mike Steele, como as pesquisas de aprovação dos Liberais seriam afetadas caso ele se casasse. Surpreso, Steele avaliou por alto que talvez a aprovação subisse uns 2%.

Thorpe nem tentou esconder o quanto ficou desapontado. "Ah, que é isso", disse. "Tem certeza de que não seria mais de 5%?"

A cadeia de lanchonetes de hambúrgueres de Bessell teimava em não dar certo, e naquele mesmo outono ele voltou a Nova York para tentar levantar ainda mais fundos. Enquanto ele estava por lá, Thorpe também foi a Nova York para uma reunião com o presidente Kaunda, de Zâmbia. Logo antes da reunião, Thorpe e Bessell se encontraram para um drink no hotel de Thorpe, o Waldorf Astoria. Thorpe disse que esperava que seu encontro com Kaunda terminasse cedo e quis saber onde poderia encontrar companhia para passar a noite. Ficou claro para Bessell que sua preleção anterior a respeito de Thorpe ser mais discreto não tinha valido coisa alguma. Por um instante, pensou em dar novo aviso nesse sentido, mas então concluiu que não adiantaria nada. Em vez disso, recomendou a Thorpe, sem qualquer entusiasmo, que fosse ao Greenwich Village.

"E o que faço quando chegar lá?", Thorpe perguntou.

"Só caminhe pela região", Bessell explicou. "Acho que você não vai ter dificuldades de achar o lugar certo."

Na manhã seguinte, quando Bessell ligou para o hotel de Thorpe, ninguém atendeu no quarto. Começou a ficar preocupado. Ao pedir para falar com o subgerente, Bessell ficou sabendo que Thorpe já tinha fechado sua conta no hotel e ido para o aeroporto. Já em Londres, Thorpe explicou o que acontecera. A ida ao Greenwich Village tinha sido uma perda de tempo, pelo que ele contou. "Mas deu certo assim mesmo. Encontrei alguém na Times Square e o levei para o hotel." Thorpe parecia especialmente satisfeito com o quanto a experiência tinha saído barato. "A coisa toda custou apenas 25 dólares!"

Não demorou muito até que ele contasse a Bessell a respeito de seus planos de se casar com Caroline Allpass. Ele já tinha ido a um encontro com ela no restaurante no alto da torre dos correios, segundo contou, e lá tinha tornado claras suas intenções, ainda que em termos perturbadoramente não românticos. "Eu disse que estava velho demais para falar em me apaixonar. E acho que ela gostou da minha sinceridade."

Como era típico, Bessell estava mais preocupado com o lado político das coisas. "Você já dormiu com ela?", perguntou.

"Mas é claro que não", Thorpe respondeu.

Bessell aconselhou que ele deveria fazê-lo o quanto antes. Então, se tudo ocorresse sem grandes percalços, deveria morar com ela por uns seis meses antes de sequer considerar a ideia de casamento.

Thorpe fez pouco do conselho. "Não seria possível eu morar com uma mulher a não ser que fosse casado com ela", disse de maneira arrogante.

Bessell conhecia muito bem de golpes e enganações – bem até demais –, mas mais uma vez se viu sem palavras.

Bem cedo em uma manhã de janeiro de 1968, um Ford Corsair azul, novinho em folha, em alta velocidade, entrou reto em uma rotatória perto de Altrincham, na grande Manchester. Jogado para fora, o motorista escapou com apenas escoriações. Se estivesse usando o cinto de segurança, teria morrido instantaneamente, pelo que a polícia avaliou. O carro foi reduzido à metade de seu tamanho original, e o volante foi empurrado em direção ao assento do motorista até furar o encosto.

Ainda que faltassem mais de dez anos até a introdução dos bafômetros nesse tipo de ocorrência, as pessoas suspeitas de dirigir embriagadas já passavam rotineiramente por exames de sangue e urina. Mas, naquele caso, a polícia decidiu que não seriam necessários exames, muito embora houvesse evidências de que o motorista tivesse bebido horrores. Em vez disso, deixaram-no sair livre com apenas uma advertência bastante leve. Isso porque o tal motorista já era conhecido deles. Suas travessuras – muitas vezes envolvendo apostas ilegais e sempre envoltas em bebida – já o tinham conferido uma reputação de louco afeito a comportamento autodestrutivo. Seu nome era George Carman, 38 anos, e ele era advogado criminalista em uma firma importante em Manchester.

Nascido em Blackpool, filho de católicos muito devotos, Carman foi estudar no Colégio Balliol, em Oxford. Lá, foi logo apontado como especialmente brilhante e convidado a discursar na sociedade de debates Oxford Union pelo então presidente da entidade, Jeremy Thorpe. Os dois nunca chegaram a ser muito amigos, mas se davam bem; na verdade, acredita-se que Carman ajudou Thorpe a escrever alguns artigos.

Em 1952, Carman se formou em Oxford com grau máximo e sem precisar passar pelo exame oral, o que aconteceu com somente dois alunos naquele ano. Para fins de comparação, Thorpe conseguiu passar apenas com uma nota mínima. Depois de se qualificar como advogado, Carman foi trabalhar em Manchester. No entanto, havia uma impressão geral no próprio escritório de que ele não ficaria ali por muito tempo. Ninguém sabia bem onde ele iria parar, ou em que condições. Poucos meses depois de dar perda total em seu carro, Carman perdeu tanto dinheiro jogando vinte-e-um que teve de vender sua casa. Mas, mesmo que sua vida particular parecesse estar em ruínas, ninguém duvidava de suas habilidades como advogado depois de vê-lo em ação. E também Carman não escondia suas ambições. Acima de tudo, queria deixar sua marca em Londres, de preferência em algum caso sensacional e tão público quanto possível.

12

UMA OCASIÃO ALEGRE E FESTIVA

Em uma quinta-feira, dia 30 de maio de 1968, Jeremy Thorpe se casou com Caroline Allpass na capela particular do Palácio de Lambeth. A cerimônia foi oficiada por Wilfrid Westall, Bispo de Crediton, e as bênçãos foram lidas por Michael Ramsey, Arcebispo de Canterbury e velho amigo de Thorpe. Como a capela era muito pequena, poucos convidados estiveram presentes, além das famílias. Entre eles, Lilian Prowse, gerente de campanha de Thorpe, e David Holmes, o padrinho.

Ainda que o casamento em si tenha sido bem simples, a recepção não foi nada modesta. Mais de oitocentas pessoas foram convidadas para uma festa de arromba na Royal Academy, em Piccadilly. Muitos membros do Partido Liberal inclusive reclamaram que tal ostentação passava uma mensagem completamente errada. Segundo disseram, Thorpe se comportava ali como um conservador bem à moda antiga, e não como líder de um dos partidos mais progressistas da Inglaterra. Chegaram mesmo a cogitar tirá-lo do cargo. Se Thorpe soube disso, não deixou transparecer. Estava muito mais preocupado com os preparativos da festa. Por semanas a fio, antes do casamento, tentava impressionar os consulentes que passavam por seu escritório na Câmara com a lista de dignitários que compareceriam.

No dia marcado, ele e sua noiva se puseram no alto da escadaria para receber os cumprimentos dos convidados, entre os quais estavam o primeiro-ministro Harold Wilson e o líder da oposição, Ted Heath, que, ao contrário do que costumava fazer, decidira perdoar Thorpe por aquele comentário sobre ele ser como "um pudim de ameixa". No entanto, houve uma ausência notável. Peter Bessell decidira não ir, para completo desgosto de sua esposa Pauline. Tinha uma boa desculpa: ainda estava em Nova York, mais desesperado que nunca, tentando persuadir investidores a lhe dar mais dinheiro. Mesmo sendo o caso, ele poderia ter voltado facilmente se quisesse, conforme admitiu posteriormente. Ainda assim, alguma coisa – que ele não sabia bem o que era – o fez ficar longe. Ele só conseguiu definir como uma sensação de apreensão, quase como que um pressentimento. Era uma sensação de que, em algum lugar, um fusível estava se queimando.

Mesmo que Bessell tenha ficado longe do casamento, logo estava de volta a orbitar o mundo de Thorpe. Pouco depois de voltar de Nova York, foi até o apartamento de Thorpe em Marsham Court para lhe dar uma carona até uma recepção a que ambos deveriam comparecer. Bessell se impressionou com o quanto a residência estava diferente. No passado, tinha um ar algo espartano, quebrado apenas pela coleção que Thorpe mantinha de arte *chinoiserie* e seus cartuns de Max Beerbohm. Agora, graças a Caroline, o lugar parecia muito mais acolhedor e com feitios de um lar.

Então, outra coisa chamou sua atenção, algo que ele nunca julgara possível. O casal dava toda a impressão de que estava muito feliz vivendo junto. Como Thorpe diria depois, ele gostava de estar casado. Gostava da companhia de Caroline, gostava de estar em um relacionamento sobre o qual não precisava mentir e – a maior surpresa de todas – até mesmo considerava sua esposa fisicamente atraente.

Antes, Bessell presumira que Caroline fosse inacreditavelmente ingênua de aceitar aquele casamento, mas logo teve de rever sua suspeita. Por mais que um dia ela tivesse sido tímida, agora parecia mais vivaz e encantadora. E aquela era a mesma opinião de muitos amigos de Thorpe, que também vinham suspeitando de que a moça não fosse lá muito brilhante. Além de tudo, Bessell percebeu com ares de aprovação que ela não se curvava de maneira alguma ao marido. Quando os dois estavam de saída, ela perguntou a que horas Thorpe voltaria. Ele disse que não tinha ideia de quanto tempo a recepção demoraria. Sorrindo para ele com afeição, ela respondeu: "Não confio em você nem um centímetro".

Será que Caroline sabia a respeito do passado de Thorpe? Bessell achava que não. Quando perguntou a Thorpe a respeito, ele insistiu que ela nem suspeitava de nada. Pelo que ele disse, certa vez tentou conversar, de maneira geral, sobre o assunto da homossexualidade e Caroline o interrompeu "deixando claro que não queria discutir nada daquilo".

Ainda assim, há evidências de que ela soubesse da verdade e não estava nem um pouco preocupada com isso. Afinal, era bem próxima de David Holmes, que nunca tentara esconder sua homossexualidade. Mas a percepção geral entre as pessoas que a conheciam bem era a de que, mesmo com todo o seu verniz, Caroline ainda era algo inocente, especialmente quando o assunto era sexo. Talvez não fosse o caso de ela ser assim tão indiferente à homossexualidade, mas parecia mais provável que ela jamais imaginara seu marido como qualquer coisa além de um heterossexual convicto. O que ela definitivamente não sabia era que Thorpe continuava a ter casinhos homossexuais depois do casamento – muito embora agora fosse bem mais discreto do que antes.

De princípio, Caroline considerou a vida como esposa de um líder de partido compreensivelmente intimidadora, mas logo se acostumou e se tornou mais confiante e até mais combativa na defesa de seu marido, que críticos acusavam de passar tempo demais junto a amigos "inteligentinhos". "Não faz sentido algum toda essa história de que Jeremy seja um *socialite*", disse ao jornal *Daily Mail*. "Desde o primeiro momento em que o conheci, fiquei impressionada com a quantidade de amigos de diferentes trajetórias de vida que ele tem. Ele gosta de pessoas e se interessa por elas." Ela até defendeu seus valores políticos. "Jeremy é um verdadeiro Liberal que acredita no liberalismo. Nunca conseguiria ser líder de um partido que não fosse verdadeiramente liberal. Preferiria renunciar."

O único sinal de que Caroline talvez não estivesse tão feliz quanto parecia veio com um ano de casamento, quando ela começou a ter pesadelos recorrentes de tal forma que chegou até a ficar com medo de dormir. Thorpe contou a Bessell a respeito e disse que ela tinha ido a um médico, mas que ele não pudera fazer nada – e, pelo jeito, calmantes não fizeram diferença em sua condição. Bessell o aconselhou a procurar um psiquiatra. Muito embora a sugestão não fosse nada descabida, Thorpe reagiu mal, bruscamente dizendo a Bessell que o que ele dizia era absurdo. Nunca mais tocaram no assunto.

Quando Bessell retornou de Nova York, foi obrigado a encarar um fato inevitável: sua tentativa de montar uma rede de hamburguerias jamais decolaria. Mais um grande esquema para ganhar dinheiro rápido tinha ido ralo abaixo, deixando-o em situação financeira mais desesperadora do que nunca. Ele decidiu que só havia um jeito possível de evitar a falência: teria de largar a política e devotar todo o seu tempo a tentar manter a cabeça fora do atoleiro em que se metera.

Com o humor deprimido, Bessell foi se encontrar com o oficial local do Partido Liberal em Bodmin e lhe disse que não disputaria a eleição seguinte. Compreensivelmente, o pessoal do partido quis saber o porquê. Relutante em contar a respeito de seus problemas financeiros, pois temia que isso fosse alarmar as pessoas, fez uma alusão vaga a "dificuldades" em sua vida particular. Pesarosos, e também um pouco confusos, eles aceitaram a decisão de Bessell. Tudo o que ele podia fazer então era esperar que continuasse se aguentando até as eleições gerais seguintes. Isso, no entanto, só aconteceria dali a dois anos.

Também contou a Thorpe sobre sua decisão de não mais concorrer. Como já tinha feito antes, Thorpe tentou dissuadi-lo, mas desta vez tais esforços pareceram estranhamente flácidos a Bessell. De começo, ele se perguntou se isso se devia a Thorpe estar distraído demais com a perspectiva de ser pai, já que Caroline tinha anunciado estar grávida pouco antes. Então, outra possível explicação, mais ameaçadora, lhe ocorreu: será que seu velho amigo estaria perdendo a fé nele? Aquilo o deixou ainda mais deprimido.

Bessell reagiu à situação tentando se fazer tão útil a Thorpe quanto pudesse. Em meados de 1968, no verão, entregou ao líder um registro por escrito dos pagamentos mais recentes feitos a Norman Scott. Também concordou em tomar conta de uma papelada que Thorpe tinha lhe entregado – papéis que Thorpe não queria que caíssem em mãos erradas. Bessell os colocou em uma maleta velha, junto a extratos bancários seus, e a escondeu em um lugar seguro de seu escritório. Àquela altura, Bessell e Scott já tinham tido outro encontro, no qual Bessell dera a ele 75 libras para que ele tentasse reerguer sua carreira de modelo. Como não soubera de mais nada desde então, acreditou que estava tudo sob controle. Bessell então assegurou Thorpe de que havia pouca possibilidade de Scott sair falando do relacionamento entre os dois.

"E você acha que alguém acreditaria nele?", Thorpe perguntou.

Bessell disse que achava improvável, especialmente agora que Thorpe era um homem casado.

"Digo, também não é o caso de ele ter qualquer prova, é?", Thorpe perguntou. "Não tem cartas nem nada, não é?"

"Não, não", respondeu Bessell.

E fez uma pausa. "Não exatamente..."

"O que você quer dizer com isso?"

Para seu assombro, Bessell viu Thorpe novamente colocar sua "máscara mandarim". Agora que o assunto tinha sido mencionado outra vez, Bessell disse que se lembrava vagamente de Scott ter dito algo sobre ainda ter algumas cartas de um "JT" – e isso foi quando o táxi os levou ao aeroporto de Dublin.

Thorpe praticamente levitou. "*O quê?*"

Bessell pediu que ele se acalmasse enquanto tentava se lembrar exatamente do que Scott dissera. Pouco a pouco, as lembranças começaram a vir. Ele se lembrou de contar a Scott que não achava que o Padre Sweetman tivesse acreditado que Scott e Thorpe em algum momento tivessem tido mesmo algum caso. Scott respondera que Sweetman talvez não tivesse acreditado mesmo logo de começo, mas certamente passou a acreditar depois que Scott mostrou algumas das cartas de amor de Thorpe.

Thorpe ficou furioso. Como Bessell poderia ter esquecido algo tão importante quanto aquilo?

Bessell não tinha resposta para dar, a não ser a de que sua memória estava cheia de buracos um tanto convenientes. Tentando aparentar mais sob controle do que realmente estava, disse: "Muito bem. Agora precisamos pegar essas cartas".

Mas tudo o que Thorpe queria saber era... como?

Bessell estava perplexo; não podia simplesmente ir lá e pedir que Scott as entregasse. Enquanto isso, Thorpe começou a dar chiliques para si mesmo e a resmungar. Por diversas vezes, começou a dizer alguma frase e então as interrompeu, dizendo "Não, não vai adiantar". Abruptamente, parou e apontou o dedo para Bessell. "David!", ele disse. "Essa é a resposta. David vai consegui-las!"

Bessell concordou que aquilo talvez funcionasse. Seja lá quem fosse abordar Scott, não poderia ser alguém que ele já tivesse encontrado. David Holmes se encaixava perfeitamente no perfil. Então, Bessell teve sua própria ideia: e se Holmes se passasse por repórter e dissesse que tinha ouvido rumores sobre um relacionamento entre Scott e Thorpe, e então se oferecesse para pagar para ouvir a história? Se Scott topasse, Holmes poderia perguntar se havia alguma prova – e seria então que Scott apareceria com as cartas.

"Grande ideia!", Thorpe exclamou.

Mas Bessell então percebeu que seu plano tinha uma falha fundamental. Se Holmes alegasse ser representante de algum jornal da Rua Fleet, seria fácil para Scott apenas pegar um telefone e checar se era verdade. Mas e se Holmes dissesse que era de outra publicação, como *Der Spiegel*, como Thorpe sugeriu? Scott nunca se incomodaria de checar uma revista alemã. Por um breve instante, ocorreu a Bessell que Holmes então teria de encarnar um jornalista alemão, algo que talvez estivesse além de suas habilidades de dissimulação. Ao mesmo tempo, outra questão ainda maior o perturbou: por que diabos Holmes aceitaria se envolver naquilo, afinal?

"Ah, ele fará qualquer coisa que a gente pedir", Thorpe disse. "Adora estar na nossa companhia. Sempre diz a todos os seus amigos em Manchester que está indo a Londres para visitar o líder dos Liberais!"

Ainda que Holmes gostasse de se misturar aos glamorosos e poderosos, havia algo além. Desde o primeiro momento em que eles se viram em Oxford, ele tinha adorado Thorpe. Mas a presunção de Bessell de que Holmes e Thorpe fossem amantes talvez já não fosse tão certeira. Muito embora eles certamente compartilhassem alguns parceiros sexuais, não estava assim tão claro que houvesse algo entre os dois. Afinal, para Thorpe, sua relação com Holmes era de bem menos admiração. Muito embora Thorpe gostasse muito da companhia de Holmes, ele só o considerava alguém útil de se ter por perto – ele seria mais uma pessoa de confiança, que poderia limpar a bagunça caso Thorpe fizesse das suas e não quisesse deixar rastros.

Uma semana depois, Holmes foi a Londres e ligou para Thorpe, sugerindo que se encontrassem. Os três almoçaram juntos no salão de jantar dos *"strangers"*, que era usado na Câmara dos Comuns para receber visitantes em eventos. Durante o almoço, Thorpe explicou que estava com um problema e talvez Holmes pudesse ajudar. Como Thorpe previra, o amigo ficou feliz de ser útil. No entanto, o entusiasmo de Holmes logo murchou quando ele ouviu o que teria de fazer. Inclusive destacou que Scott provavelmente nem acreditaria nele, se ele simplesmente aparecesse em Kent dizendo ser um jornalista que queria comprar a história.

Thorpe pacientemente explicou que ele precisaria ser mais sutil. O primeiro passo seria arranjar um jeito de Holmes ver Scott uma primeira vez para que pudesse reconhecê-lo posteriormente. Aquilo não seria problema, Bessell disse. Ele poderia arranjar para que Scott comparecesse em seu escritório em dada hora. Tudo o que Holmes teria de fazer era esperar sem ser notado do outro lado da rua, olhando fixo para a janela do escritório de Bessell no segundo andar. Quando Scott estivesse de saída, Bessell faria sinal.

"E o que eu devo fazer então?", Holmes quis saber.

Thorpe sugeriu que ele deveria se aproximar de Scott e perguntar se ele tinha um isqueiro. Então, teve uma ideia melhor. "Ah, isso! Diz pra ele que você é gay e se ofereça para pagar uma bebida."

Como Holmes tinha bastante experiência em pegar homens na rua, disse que seria bem fácil fazer isso.

"Talvez você tenha de dormir com ele para conseguir as cartas", Thorpe avisou.

Já antevendo mais complicações, Bessell interveio rapidamente para dizer que era uma má ideia. Para sua surpresa, Thorpe concordou. Talvez fosse mais seguro basear a história inteira em dinheiro: quanto ele pensava que Scott iria querer pelas cartas? Bessell ponderou que duzentas libras seriam o suficiente – mas se esqueceu da notória sovinice de Thorpe.

"É demais", Thorpe já foi reclamando. "Pensei em algo como 25 libras."

Em meio a mais resmungos de Thorpe, todos chegaram ao valor de cem libras. Naquela mesma tarde, a secretária de Bessell escreveu a Scott pedindo que fosse a Londres na semana seguinte. Na noite anterior à chegada de Scott, Bessell e Thorpe se encontraram brevemente perto do escritório de Thorpe na Câmara. Thorpe disse que jantara com Holmes pouco antes e que eles tinham combinado os detalhes de tudo o que deveria acontecer.

"Eu disse a David que ele precisa pegar essas cartas", Thorpe disse. "Como ele vai fazer isso não importa, mas ele precisa pegá-las."

A princípio, Bessell presumiu que Thorpe estivesse dizendo que Holmes precisaria mesmo fazer sexo com Scott. Mais uma vez, começou a dizer que seria uma ideia terrível e tudo mais, mas Thorpe começou a balançar a cabeça impacientemente. Falando de maneira bem deliberada, explicou: "Eu disse a David para não se deter por *nada*".

Thorpe então entrou em seu escritório, deixando Bessell lá fora se questionando sobre o que ele queria dizer. Com toda certeza, não estava insinuando que Holmes se utilizasse de força para conseguir as cartas... ou será que estava? Então, só por um segundo, outro pensamento ainda mais descabido passou pela mente de Bessell. Imediatamente ele o desconsiderou, dizendo a si mesmo – não sem razão – que ele só pensara naquilo por estar sob pressão demais e, por isso, inclinado a ter todo tipo de ideia absurda.

Na manhã seguinte, Bessell estava esperando em seu escritório conforme combinado. Quinze minutos antes do horário em que Scott deveria chegar, Bessell olhou pela janela e viu David Holmes parado do outro lado da rua. Longe de passar despercebido, estava muito bem plantado, ereto, olhando fixamente à frente como se fosse um guarda real do Palácio de Buckingham. Não era um bom presságio, Bessell pensou.

Como de costume, Scott chegou exatamente na hora. Mas não foi sua pontualidade que mais causou impressão em Bessell; foi sua aparência. Desde a última vez em que tinham se encontrado, Scott havia passado por uma transformação incrível. Estava bem vestido, trajando um terno na moda e claramente muito caro. Até vinha trazendo uma maleta. Mas não era só isso. Seus maneirismos também haviam mudado.

Ele não mais gaguejava nem tremia de ansiedade, e estava agora relaxado e bem seguro. Sua carreira como modelo tinha passado por uma transformação súbita, segundo ele disse. Estava conseguindo muito trabalho e ganhando um bom dinheiro. Da maleta, tirou um maço de fotos em preto e branco que o mostravam usando diversos tipos de roupa em poses variadas. Também mostrou a Bessell seu portfolio com seus dados: "Altura 1,80 m. Peito 96 cm. Cintura 76 cm".

Bessell ficou muito bem impressionado, especialmente quando Scott lhe disse que não mais precisaria daquele empréstimo semanal. Mas o melhor de tudo é que ele também não parecia mais guardar rancor de Thorpe. "Nunca vou esquecer Jeremy", ele disse. "Mas estou feliz agora e não quero pensar nele."

Aproveitando o momento, Bessell o lembrou da conversa de ambos no banco de trás do táxi em Dublin – na qual Scott tinha dito que ainda mantinha algumas cartas de Thorpe e até as tinha mostrado ao Padre Sweetman. Se aquelas cartas caíssem em mãos erradas, as consequências seriam um tanto desagradáveis. Bessell então deixou no ar uma sugestão

tão leve quanto um guardanapo de papel: não seria uma boa ideia se Scott o deixasse cuidar daquelas cartas?

No começo, Scott pareceu confuso. Então seu rosto voltou ao normal. Ele realmente se lembrava da tal conversa, e também era verdade que ainda tinha algumas cartas de Jeremy Thorpe. No entanto, ele as tinha destruído na mesma ocasião em que queimara seu passaporte. Enormemente aliviado, Bessell disse a Scott que estava maravilhado com o fato de a nova carreira do rapaz estar indo tão bem e pediu que ele o mantivesse informado sobre mais progressos. Com isso, apertaram-se as mãos e Scott foi embora.

Assim que ele saiu, Bessell correu até a janela e começou a balançar os braços, para a surpresa de sua secretária, Sheila Skelton. Holmes, que ainda estava lá esperando na calçada oposta, deu um pulo como se tivesse sido cutucado por um ferro de marcar gado e se pôs a atravessar a Pall Mall. De súbito, um pensamento passou pela cabeça de Bessell: não havia mais qualquer razão para Holmes puxar conversa com Scott; se ele tentasse fazer isso, só instigaria as suspeitas do rapaz. Ele então mudou seu gesto para um de convocação, chamando Holmes com urgência.

Parado no meio da rua, Holmes olhou bem para ele sem entender. Por fim, captou a mensagem e foi ao escritório de Bessell. Lá, tudo foi explicado.

"E você acreditou quando ele disse que destruiu as cartas?", Holmes perguntou.

Bessell tinha pensado bem naquilo. No passado, tinha achado Scott emocionalmente perturbado demais, a ponto de estar delirante, mas nunca precisara supor que ele estivesse mentindo.

"Sim", respondeu. "Sim, acreditei."

Holmes também ficou aliviado – ainda que não pelas mesmas razões. "Devo dizer que, quando vi esse Scott, questionei as preferências de Jeremy."

Depois que Holmes saiu, Bessell sentiu um alívio enorme. Mais um obstáculo embaraçoso foi tirado do caminho por meio da negociação. Dessa vez, ele se permitiu ter esperança de que aquela seria a última vez.

13

ATIRANDO EM UM CACHORRO DOENTE

Foi de propósito que Bessell não perguntou demais a respeito das novas circunstâncias de Scott, pensando que talvez fosse melhor não saber. Como ele bem supôs, as coisas eram mesmo complicadas. Depois de anos de idas a hospitais psiquiátricos, Scott tinha se jogado de cabeça na cena Swinging London que se formava na capital. Uma das vantagens de ser modelo profissional, conforme ele logo descobriu, era a de que ele era constantemente convidado a festas e conhecia pessoas diferentes.

Por meio de amigos na Irlanda, ele foi apresentado a quatro moças que moravam em um apartamento grande na Praça Earls Court. Entre elas havia uma restauradora de arte da Galeria Tate chamada Sue Myers. Ela e Scott logo ficaram mais próximos – ou, no caso dela, bastante enamorada. Poucas semanas depois de eles se conhecerem, ele se mudou para o apartamento – na verdade, para dentro do quarto dela. Mas eles não faziam sexo. Scott sentia que ela não era do tipo com quem ele deveria ter apenas um caso. "Eu a respeitava demais para isso. Ela era adorável; tivemos uma sintonia imediata." A história da vida amorosa de Myers era por si mesma um tanto complicada; ela tinha tido um bocado de relacionamentos insatisfatórios com homens bem mais velhos.

Certa noite, uma das outras garotas, Catherine Oliver, perguntou se Scott gostaria de ir ver Margot Fonteyn dançar em Sadler's Wells. Um amigo dela e de Myers também iria com eles, pelo que ela disse. O tal amigo era um jovem chamado Conway Wilson-Young, um ex-aluno do Colégio Eton extremamente rico, de vinte e poucos anos e com uma casa na Belgrávia. Scott e Wilson-Young deram uma boa olhada um para o outro e sentiram uma afinidade imediata. Depois da apresentação, os três foram às coxias e conheceram Margot Fonteyn em seu camarim. Ela era amiga dos pais de Wilson-Young.

Logo no dia seguinte, Scott se mudou do apartamento em Earls Court para a casa de Wilson-Young na Praça Chester. Em seus momentos mais equilibrados, Scott conseguia enxergar que seu novo namorado era um problema: "Seu humor variava muito, ele era intolerante e estava acostumado a ter tudo do seu jeito". Ainda assim, Scott estava caído tanto por Wilson-Young quanto por seu estilo de vida. Ao descobrir que Scott gostava de música erudita, Wilson-Young o levou a Bayreuth para assistir a uma ópera de Wagner, e depois a Salzburgo para um pouco de Mozart. No caminho, comprou uma Mercedes esportiva novinha cor de chocolate. Quando Scott disse que tinha adorado o carro, Wilson-Young o deu a ele – muito embora Scott jamais tivesse aprendido a dirigir.

Quando retornaram, foram à casa dos pais de Wilson-Young em Barham, Suffolk. Na manhã seguinte, Sue Myers apareceu de surpresa. Ao entrar no quarto de Wilson-Young, encontrou os dois na cama e imediatamente caiu em prantos. Foi o começo de um fim de semana tenso. As coisas não melhoraram quando eles voltaram a Londres. Wilson-Young e Scott discutiam o tempo inteiro e, no fim, Scott decidiu voltar para a Irlanda por um tempo – contrariando a agência de modelos com a qual tinha contrato, a Bonnie's, em Kensington, que já o tinha agendado para diversas sessões de fotos.

De Dublin, Scott escreveu para Sue Myers pedindo que ela fosse para lá e ficasse um tempo. Ela largou tudo e pegou um avião para ficar ao lado dele, mas ainda assim o relacionamento continuou platônico. Sentindo-se revigorado depois desse tempo afastado, Scott voltou a Londres no fim de novembro de 1968 e foi direto ao apartamento da Praça Earls Court. Presumiu que poderia retomar a carreira de modelo do ponto onde a tinha deixado, mas logo levou um choque e tanto. Durante sua ausência, os trabalhos que tinham o seu perfil simplesmente sumiram. Por mais que ficasse bem nas fotos, Scott tinha ganhado uma reputação de alguém em quem não se podia confiar.

Mais uma vez, escreveu para Peter Bessell em busca de ajuda. Àquela altura, Bessell já tinha percebido que Scott e Thorpe tinham mais em comum do que poderiam ter presumido. Os dois gostavam de abdicar da responsabilidade em nome de seu comportamento impulsivo, esperando que outra pessoa fosse aparecer para consertar tudo. O problema para Bessell era que ele estava empacado no meio dos dois tentando o tempo todo deixar ambos felizes.

Em 3 de dezembro, escreveu de volta para Scott uma resposta muito cuidadosamente articulada, se apiedando da mais recente reviravolta na sorte do rapaz: "Sinto muito por saber de sua experiência desagradável em Dublin. Vou aos Estados Unidos amanhã e espero encontrar uma forma de ajudá-lo de algum modo mais permanente. De qualquer forma, ficarei feliz em vê-lo quando retornar. Estou anexando cinco libras a esta carta para ajudá-lo nas dificuldades mais imediatas, e a Srta. Skelton vai enviar mais sete libras na semana que vem. Por favor, não fique desesperançoso quanto ao futuro. Estou confiante de que conseguiremos arranjar alguma coisa para você. Desde já, meus sinceros votos de um feliz Ano Novo".

Assim que Scott leu a carta, mostrou-a a Sue Myers. Como de costume, ela se mostrou simpática e disposta a fazer o que pudesse para evitar que ele novamente caísse em depressão. Naquela noite, dormiram juntos pela primeira vez.

Dois dias depois, Jeremy Thorpe pediu a Peter Bessell que o acompanhasse até seu escritório na Câmara dos Comuns. Como fizera antes, Bessell foi logo se deitando no sofá de veludo verde, enquanto Thorpe ia para sua cadeira habitual atrás da mesa. Depois de alguns minutos, Thorpe perguntou se ele estava sabendo de alguma notícia de Norman Scott.

Bessell disse que tinha, e que a notícia não era boa: a carreira de Scott como modelo parecia ter ido para o buraco mais uma vez.

"Diabos", Thorpe disse. "Achei que não ouviríamos mais falar dele."

Continuou dizendo que não sabia se algum dia se veria livre de Scott. Perguntou se Bessell tinha alguma ideia de como era viver em constante estado de apreensão. Afundado em sua cadeira, Thorpe fez um gesto de desespero com as mãos em direção à janela. Admitiu que, em diversas ocasiões recentes, vinha imaginando que aquele caso um dia iria destruí-lo.

Bessell já tinha visto Thorpe deprimido, mas nunca em tal estado. Fez o que pôde na hora para confortá-lo, dizendo que estava confiante de que agora podia manter Scott sob controle e impedir que ele tomasse alguma atitude impulsiva. Mas Thorpe apenas balançou a cabeça e continuou olhando pela janela. Bessell ainda estava tentando pensar em algo que pudesse dizer para deixá-lo mais seguro quando, para seu alívio, o sino do Parlamento – o Division Bell – tocou, chamando os parlamentares à Câmara para uma votação.

Thorpe disse que eles deveriam continuar a conversa mais tarde. Cansado, e também já farto da negatividade de Thorpe, Bessell decidiu que daria uma desculpa e escaparia à francesa. A caminho da Câmara, ambos foram ao banheiro. Mais uma vez, o comportamento de Thorpe pareceu estranho a Bessell. Primeiro, ele foi abrindo todas as portas das cabines para ver se não tinha mais alguém ali. Quando viu que não havia, se juntou a Bessell no mictório.

"Que tal se a gente conseguisse um emprego para ele em outro país?", sugeriu.

Bessell, é claro, já tinha tentado fazer isso, sem sucesso. Apenas para dar corda a Thorpe, disse que voltaria a olhar essa possibilidade. Quando foram entrando na Câmara, ele percebeu que Thorpe ainda parecia preocupado. A cabeça estava baixa e o rosto sério. Imediatamente após a votação, Thorpe pegou Bessell pelo braço e o levou de volta a seu escritório, eliminando suas chances de fuga. Mais uma vez, sentou-se afundado na cadeira.

De acordo com o relato de Bessell, foi nesse momento que Thorpe disse: "Peter, precisamos nos livrar dele". Bessell teve uma sensação horrível de que sabia muito bem o que Thorpe estava pensando, mas decidiu fingir que não entendeu.

"O quê, você está falando de matá-lo?", perguntou.

Thorpe inspirou profundamente, empurrou a cadeira para longe da mesa e ficou de pé.

"Isso", disse.

Caminhou até o armarinho de bebidas e se serviu de um copo largo de uísque. Ofereceu uma bebida a Bessell, mas ele recusou.

Thorpe então sorveu o copo inteiro de um gole só.

"Então...?", perguntou.

Bessell ficou abalado com a proposta. Sempre soubera que Thorpe adorava apelar a fantasias. Era algo que Bessell acreditava estar intimamente associado à sua habilidade como imitador. Thorpe não apenas gostava de interpretar diferentes papéis, mas também gostava de realmente vivê-los, e com isso enterrar sua própria identidade. Longe de diminuir com a idade, esse hábito tinha se entranhado ainda mais. Quanto mais sucesso Thorpe tinha, mais compulsivamente ele imitava as pessoas, adotando seus maneirismos e se disfarçando por detrás de personagens. Até mesmo sua persona pública era vista por Bessell como um exercício de imitação. "Quando se voltava para o público televisivo ou estava diante de alguma audiência grande, ele tomava um tom de voz diferente, e aqueles que o conheciam intimamente reconheciam na hora que estavam vendo uma representação exagerada dele próprio."

Só que agora Bessell suspeitava seriamente de que Thorpe não estava fantasiando ou fingindo ser alguém que não era. Para ganhar tempo, ele se levantou e caminhou pela sala.

"Jeremy, isso é ridículo", disse.

"Não há outra solução", Thorpe respondeu.

O que mais perturbava Bessell era o quanto Thorpe parecia controlado ao dizer aquilo. Bessell começou a dizer o quanto ele soava absurdo. Será que ele realmente compreendia o que estava propondo?

"Nenhuma pessoa sã conversa sobre assassinato, e certamente não dois parlamentares na Câmara dos Comuns."

Mais uma vez, Thorpe disse que não havia outra solução. O risco tinha ficado alto demais. E se Scott decidisse vender sua história a algum jornal? Thorpe estaria claramente arruinado. Bessell decidiu mudar de abordagem. Como será que ele queria executar esse plano, então?

"Teria de ser com um tiro", Thorpe disse.

Ao ver a expressão no rosto de Bessell, ainda disse: "Peter, isso não é pior do que atirar em um cão doente".

Aquilo era demais, mesmo para alguém de caráter às vezes duvidoso como Bessell. "Com toda certeza é muito pior do que atirar em um cachorro doente", ele disse a Thorpe. "Scott pode ser um merdinha, mas ainda é uma pessoa."

Thorpe não disse mais nada; apenas se sentou, ponderando. Preocupado que o tivesse respondido mal, Bessell retornou à questão da praticabilidade da coisa. Como ele se livraria do corpo depois do crime?

"Em Nova York, creio que eles o jogam no rio", Thorpe disse.

Aquilo seria mais complicado do que parecia, Bessell foi avisando, pelo fato de que os rios norte-americanos eram mais profundos e agitados que os ingleses. Thorpe então disse que tinha lido recentemente em um jornal que alguém tinha se livrado de um corpo nos Estados Unidos cobrindo-o de cimento de secagem rápida durante a construção de uma nova estrada.

Bessell salientou que, se ele tinha lido a respeito, isso significava que alguém tinha descoberto o corpo.

"Oh...", Thorpe balbuciou, e então ficou em silêncio.

De repente, teve outra ideia. "Uma mina de estanho!", exclamou. Pulou e pegou Bessell pelos ombros. "Essa é a resposta." Scott seria jogado em uma mina de estanho. Havia diversas delas abandonadas por toda a Cornualha, todas com fossos muito profundos. Ninguém jamais encontraria um corpo ali.

Naquele momento, Bessell disse que estava indo embora. Visivelmente irritado, Thorpe desejou boa-noite rispidamente. No entanto, Bessell não foi diretamente para casa. Andou até o estacionamento do New Palace Yard, onde seu carro estava. Dirigiu até o portão e em volta da Praça do Parlamento. Quando estava na metade do círculo, mudou de ideia. Tempos depois, quando analisou esse comportamento e tentou explicá-lo, Bessell disse que olhou para cima e viu a luz no alto do Big Ben. De algum jeito estranho, a luz lhe pareceu um sinal, convocando-o a voltar.

Dirigiu pelo New Palace Yard outra vez, parou o carro e foi ao salão de chá. Lá, comprou uma xícara de chá e se sentou. Perguntou-se se Thorpe estaria mesmo falando sério. Enquanto fumava um cigarro, começou a suspeitar que sim. Já tinham se passado quase quatro anos desde aquele primeiro almoço no Ritz. Durante aquele tempo, Thorpe tinha ficado cada vez mais obcecado com Scott e com os danos que ele poderia lhe causar. No começo, ainda falava de Scott com certa dose de afeição. Mas não era mais assim. Agora só havia medo. Além disso, Bessell suspeitava que Scott sabia muito bem como Thorpe estava vulnerável agora que era líder do partido, e que aquele reaparecimento dele nas vidas dos dois era mais do que mera coincidência.

Bessell terminou seu chá e voltou ao salão dos parlamentares. Já não se sentia mais cansado. Em vez disso, sua cabeça acelerava com todas aquelas perguntas. Se Thorpe estava falando sério mesmo, o quanto ele – Bessell – estaria disposto a ajudá-lo? Estaria mesmo preparado para ser cúmplice de homicídio?

Ao olhar para cima, viu uma estátua de David Lloyd George, o maior líder que seu partido já tivera, de pé na entrada da Câmara. Era uma estátua de que Bessell sempre gostara, em parte porque, tal como Thorpe, ele também era um profundo admirador de Lloyd George, e em parte também porque a estátua era um tanto dramática, com Lloyd George apontando o dedo com os lábios entreabertos, como se as palavras estivessem fluindo de sua boca. Mas agora o tal dedo apontando parecia ter algo de acusador. Bessell se perguntou o que "O Velho", como Lloyd George era conhecido em seu partido, teria achado daquela conversa mais cedo.

Então, se levantou e caminhou de volta aos agora desertos corredores que iam rumo ao escritório de Thorpe. Achou que as chances de que ele já tivesse ido embora fossem grandes e nem se importou em bater na porta antes de entrar. Mas Thorpe ainda estava sentado, bem afundado em sua cadeira, segurando o queixo com a mão. Por um momento, Bessell pensou que ele tinha adormecido ali. E Thorpe então levantou a cabeça bem devagar.

PARTE DOIS

PARTE DOIS

14
A SOLUÇÃO DEFINITIVA

"A pessoa certa para fazer isso é David."

Bessell percebeu que Thorpe estava falando em um tom especialmente monocórdio. E também seus olhos pareciam estar tão profundos que tinham se recolhido para o fundo da cabeça. Sob tais circunstâncias, Bessell sentiu que precisava saber com absoluta clareza o que Thorpe estava propondo. Estaria ele sugerindo a sério que David Holmes matasse Norman Scott?

"Bom, eu não posso fazer isso porque ficaria óbvio demais. E o mesmo quanto a você, então não temos mais ninguém a não ser David."

Pelo que ele já tinha visto do comportamento de David Holmes quando tentou se fazer discreto na Pall Mall para seduzir Scott, Bessell suspeitava de que aquela seria a última pessoa que ele imaginaria capaz de cometer um assassinato perfeito.

"Isso é loucura", disse. "David é muito fraco."

Thorpe concordou que Holmes não era mesmo um candidato dos mais fortes, mas repetiu que ele era provavelmente o único.

"Não vejo razão pela qual David não poderia fazer isso se for devidamente instruído."

Bessell não estava convencido. "E ainda assim ele daria jeito de melar tudo", disse confiante.

Mas Thorpe se recusava a ceder. Disse que pretendia ligar para Holmes logo na manhã seguinte e perguntar se ele podia ir vê-los. E o que Bessell teria para fazer na semana seguinte? Àquela altura, ele poderia facilmente ter inventado uma desculpa – já que inclusive ainda estava precisando passar uns bons períodos nos Estados Unidos –, mas não o fez. Em vez disso, disse a Thorpe que não tinha planos de viajar. Com aquilo, ambos disseram boa-noite pela segunda vez naquela noite. Enquanto dirigia para casa, Bessell já não mais se perguntava se Thorpe estava falando sério. Com relação à outra pergunta que se fizera naquela noite – o quanto estaria preparado para ajudá-lo –, aquela ainda estava rodando continuamente em sua cabeça.

Norman Scott passou o Natal de 1968 como convidado dos pais de Sue Myers em sua enorme casa estilo rainha Anne em Spilsby, Lincolnshire. Ao chegar vestindo um terno de veludo púrpura, não causou uma primeira boa impressão. E as seguintes não foram nada melhores. Os pais de Myers claramente o consideraram um vagabundo e mal conseguiram tolerar sua presença. Na manhã de Natal, Scott desceu as escadas e encontrou um presente com seu nome na mesa da cozinha. Sua primeira reação foi a de pensar que era um gesto de boa vontade, uma tentativa de deixar a relação entre eles em condições mais amenas. Essa percepção não durou muito. Ao rasgar o papel de presente, Scott encontrou uma caneca de louça. Impressa na lateral, apenas uma palavra: "Estricnina".

Bessell pensou que havia uma chance, ainda que pequena, de que o recesso de fim de ano pudesse trazer um pouco de juízo à cabeça de Thorpe. Mas, mal o Parlamento voltou a funcionar em janeiro de 1969, Thorpe já apareceu para dizer a ele que David Holmes estava para chegar a Londres e que eles deveriam se encontrar. Na hora em que Bessell chegou ao escritório de Thorpe, Holmes já estava lá – mais uma vez sentado perfeitamente ereto, Bessell percebeu. Thorpe pediu para que Bessell trancasse a porta e depois fez um gesto em direção à cadeira. Na verdade, ele já tinha começado a explicar seu plano, e tinha inclusive dedicado um bom tempo a pensar nos detalhes. Holmes deveria revisitar seu papel como repórter da revista *Der Spiegel*. Assim como antes, começaria um papo com Scott. Só que, dessa vez, diria que seu editor estava em viagem à Inglaterra e hospedado na Cornualha. Holmes então se ofereceria para levar Scott de carro até lá para ambos se encontrarem com o editor e selarem o acordo.

Enquanto falava, Thorpe ia desviando os olhos de Bessell para Holmes e vice-versa. Nenhum dos dois disse uma palavra. Depois de chegar à Cornualha, Holmes deveria levar Scott a um bar, deixá-lo bêbado, colocá-lo no banco de trás, dirigir até Bodmin Moor e então matá-lo. O silêncio quando Thorpe acabou de falar foi tão intenso que Bessell sentiu que deveria dizer alguma coisa para quebrá-lo.

"E como?", ele perguntou.

"É bem fácil quebrar o pescoço de alguém", Thorpe disse de maneira despreocupada.

Para provar o que estava dizendo, ele se levantou, deu a volta por detrás de Bessell e enrolou o braço no pescoço dele. Segurando o cotovelo com a outra mão, fez um movimento abrupto bem vertical. Naquele momento, Bessell se perguntou a sério, pela primeira vez, se Thorpe teria ficado louco. Tentou explicar enfaticamente a quantidade de falhas naquele plano. E se Holmes não conseguisse esganar Scott completamente? O que faria?

O silêncio se fez mais uma vez.

"Acho que você tem razão", Thorpe disse por fim. "Nesse caso, David, você terá de dar um tiro nele."

Depois de atirar em Scott, Holmes deveria vasculhar os bolsos dele e tirar qualquer coisa que pudesse identificá-lo. Restaria então arrastar o corpo de Scott pela charneca e deixá-lo cair em um fosso de mina situado convenientemente. Então Thorpe se lembrou de dar um aviso importante. "A propósito, vocês sabem que, quando alguém sofre morte violenta, sempre defeca como resultado? Precisam se lembrar disso."

Por mais desagradável que fosse pensar nisso, Bessell pensou que, sob tais circunstâncias, aquela consideração era largamente desimportante. Então, fez mais uma objeção: arrastar o corpo de um homem adulto e grande – ele se lembrou das medidas de Scott em seu portfólio – pela charneca aberta no breu da noite seria muito mais difícil do que Thorpe estava fazendo parecer. Além disso, quase certamente deixaria um rastro de sangue.

"Muito bem", Thorpe disse abruptamente, mudando o tom da conversa mais uma vez. "Terá de ser veneno."

Depois de levar Scott ao bar, Holmes deveria despejar discretamente veneno em sua bebida. E agora era a vez de Holmes – que não tinha dito nada até o momento – apontar outra falha. "Não seria bem esquisito se ele caísse do banco do bar mortinho da silva?" Sem querer, Bessell começou a rir. Depois que começou, achou difícil parar. "Não se preocupe, David", disse entre arfadas. "Você pode se desculpar com o garçom e pedir que ele te indique a mina mais próxima."

Holmes também começou a rir, sem dúvida de nervoso. Thorpe, no entanto, não riu. Apenas ficou olhando fixamente para ambos até que se recompusessem. "Teria de ser um veneno de ação lenta", disse. "É apenas uma questão de se pesquisar, David." Thorpe então disse que precisava sair para uma reunião e sugeriu que os dois continuassem a discutir o plano.

Sentado na cafeteria dos *"strangers"*, Bessell perguntou o que Holmes achava daquilo. Ainda claramente chocado, Holmes apenas balançava a cabeça e dizia "Inacreditável!" em voz embargada. Chegou até a dizer que não pensava que Thorpe realmente queria aquilo. Bessell tentou se convencer de que Holmes estava certo, afinal ele conhecia Thorpe melhor do que qualquer outra pessoa. Mas, só por acaso, sugeriu que ambos levantassem tantas objeções quanto possível na esperança de que Thorpe acabasse por perder o interesse. Holmes concordou que seria a melhor atitude. Antes de se despedirem, trocaram telefones. Daquela forma, ambos concluíram que poderiam conversar pelas costas de Thorpe.

Por mais obscuros que fossem os pensamentos de Thorpe, sua face pública permanecia alegre como sempre. O filho de Jeremy e Caroline Thorpe, Rupert, nasceu em 12 de abril de 1969. Quando ele foi batizado doze semanas depois, na capela da Câmara dos Comuns pelo Arcebispo de Canterbury, Thorpe estava esfuziante como de costume, posando para fotografias da imprensa com a criança nos braços. Para a cerimônia, o bebê estava envolto em uma manta de batismo de renda-de-bruxelas que tanto a irmã de Thorpe, Lavinia, quanto sua mãe e sua avó haviam usado em seus batizados. Quanto a Thorpe, usava um fraque que pertencera ao pai com um enorme cravo na casa do botão. Os padrinhos foram David Holmes e o parlamentar Liberal Eric Lubbock. A esposa do Arcebispo, Joan Ramsey, foi a madrinha. Entre os demais convidados estavam Peter e Pauline Bessell.

Mas nada, nem mesmo a paternidade, podia desviar Thorpe de seu curso. Nas semanas seguintes, por diversas vezes ele se referiu à ideia que começara a apelidar de "O Problema Escocês" (um trocadilho com o nome de Scott) ou "A Solução Definitiva" – uma frase que perturbava Bessell por ecoar a desagradável "solução final" nazista. Thorpe dissera a ele que tinha decidido ser melhor que Holmes não tentasse envenenar Scott no bar. Seria melhor oferecer a bebida já de um frasco batizado com a substância letal. Como Holmes e Thorpe concordaram nisso, Bessell imediatamente identificou um problema: Scott não acharia estranho se Holmes não desse um trago do mesmo frasco?

Thorpe admitiu que eram necessários mais alguns ajustes finos, embora permanecesse convencido de que o plano em si funcionaria. Por que Holmes estaria demorando tanto em sua pesquisa de venenos de ação lenta? Não deveria ser assim tão difícil. Bessell vociferava e enfeitava, mas Thorpe permanecia irredutível. Insistiu que os três, juntos, precisavam conversar um pouco mais para acertar os preparativos.

Na vez seguinte em que Thorpe viu Bessell, disse a ele que Holmes estaria chegando a Londres na semana seguinte. Os três deveriam se encontrar no escritório dele. Mais uma vez, Bessell se armou para outro encontro esquisito. Mas então chegou uma notícia que o deixou alarmado – uma notícia que ele tinha certeza de que mudaria tudo. Dois dias antes de Holmes chegar, a secretária de Bessell disse a ele que Scott tinha ligado naquela manhã. Não tinha pedido para falar com Bessell, e apenas deixou um recado. Era bastante simples. Dizia somente que ele tinha se casado.

15
FADADO À DESTRUIÇÃO

Em 13 de março de 1969, quase exatamente um ano depois do casamento de Jeremy Thorpe, Norman Scott se casou com Sue Myers no cartório de Kensington. O casamento de Scott foi bem menos glamoroso. Houve poucos convidados. A mãe de Sue se recusou a comparecer, assim como a irmã, Belinda, e o marido ator, Terry-Thomas. A mãe de Scott nem mesmo foi convidada. Depois da cerimônia, foi servido um café da manhã em um restaurante chamado L'Artiste Affamé, na Rua Old Brompton; não é de todo inapropriado ressaltar que o restaurante era quase vizinho de porta do mais notório clube gay de Londres, o Coleherne.

Para manter as tradições, o pai da noiva, Capitão Myers, um australiano bruto, fez um discurso – mas nem um pouco tradicional. O Capitão declarou sem meias palavras que o casamento estava fadado ao fracasso. Quando Sue se despediu do pai depois da refeição, ele a abraçou e disse: "Ah, minha querida, queria que você viesse para casa comigo em vez de acompanhar esse horrendo homossexual".

O ódio de Myers por Scott era agravado pelo fato de que Sue estava grávida de dois meses. Provavelmente, ela nunca teria se casado se não fosse por isso. Assim que soube que estava grávida, decidiu fazer um aborto – algo que então já podia ser feito legalmente, depois da Lei do Aborto de 1967. Por mais apaixonada que estivesse por Scott, Sue sabia o suficiente a respeito dele para perceber que ele não era um tipo confiável. A mãe adorou que ela tivesse optado pelo aborto, inclusive tendo se oferecido para pagar pelo procedimento. Mas Scott pensava diferente. Mesmo que sua fé religiosa tivesse variado muito de intensidade ao longo dos anos, ele ainda se considerava um católico devoto o bastante para crer que o aborto era moralmente errado. Não apenas quis que Sue mantivesse o bebê como fez questão de que ele nascesse na estabilidade de um casamento. Sendo assim, fez o que considerava decente e pediu a mão dela.

Sob o efeito dos hormônios e se permitindo acreditar que Scott poderia mudar com o tempo, Sue aceitou. O plano inicial de Scott era de eles se casarem na capelinha da Catedral de Westminster, mas o Capitão Myers nem quis saber disso; tinha também fé religiosa o bastante para não querer aquela união de sua filha abençoada por Deus. Muito embora Belinda, irmã de Sue, e o marido Terry-Thomas não tivessem comparecido à cerimônia, mandaram para o casal um generoso presente: o empréstimo de seu sítio em Milton Abbas, Dorset, por um ano. Em vez de continuar pagando aluguel em Earls Court, os (agora) Scott decidiram se mudar para o sítio e sublocar o apartamento.

Mas seu idílio campestre durou pouco. Com apenas uns dois meses de casados, ficaram sem dinheiro. Sem qualquer dúvida a respeito de o que seus pais pensavam daquele casamento, Sue concluiu que não seria apropriado pedir emprestado a eles. Para piorar, ficou sabendo que não poderia requerer os benefícios que o governo dava às jovens mães sem o cartão de seguridade social de Scott, ainda que ela tivesse o seu próprio devidamente em dia. Como Peter Bessell tinha antes prometido que olharia a história do cartão extraviado, Scott mais uma vez escreveu para ele perguntando se tinha alguma notícia. Era uma carta que Bessell temia um dia receber, já que não tinha feito absolutamente nada a respeito do assunto, em parte por inércia mesmo e em parte porque não queria arranjar mais problemas. Agora, preocupado com a possibilidade de Scott não trabalhar em nada, Bessell escreveu para David Ennals, ministro de Estado do Serviço Social, dando a ele uma versão resumida do que tinha acontecido.

A resposta de Ennals não foi nada encorajadora. Sua única sugestão era a de que Scott deveria se inscrever para conseguir um cartão de emergência em seu posto local de assistência ao desempregado. Era a última coisa que Bessell queria. Se Scott seguisse adiante com um processo dessa natureza, era bastante provável que em algum momento começasse a falar de Thorpe.

E então chegaram notícias ainda piores. Em 27 de agosto, a secretária de Bessell contou a ele que tinha recebido um telefonema desesperado de Scott. Naqueles dias, ele e Sue estavam tão na miséria que vinham vivendo com os legumes que conseguiam colher dos campos em volta do sítio. Depois de perder a fé na habilidade de Bessell de conseguir resolver qualquer problema, Scott tentou ligar para Thorpe em sua casa na vila de Cobbaton, em Devon do Norte. Ele havia conseguido o número no Clube dos Liberais em Barnstaple. Da primeira vez em que tentou, não houve resposta, mas na vez seguinte Caroline atendeu.

Em estado de quase histeria, Scott começou a despejar problemas: "Eu disse a ela 'Não sei se você sabe que preciso pegar meu cartão de volta'." Sem dúvida se perguntando, àquelas alturas, do que ele estaria falando, Caroline perguntou: "Mas por que Jeremy estaria com o cartão?", ao que Scott respondeu: "Bom, ele era meu empregador. Nós éramos amantes. Você agora tem um bebê e deve saber como é para a minha mulher ficar sem dinheiro".

Fez-se silêncio. Então ela respondeu: "Não quero saber de nada a respeito disso. Isso tudo é nojento", e, por fim, "Com licença", e pôs o telefone no gancho.

Estava óbvio que Bessell deveria fazer alguma coisa para manter Scott sob controle. Mas o quê? Depois de passar horas ao telefone, conseguiu arranjar para que Scott recebesse fundos de emergência do escritório local do Serviço Social em Weymouth. Naquela tarde, Scott ligou para o escritório dele. Bessell começou a explicar que tudo o que ele precisava fazer era ir a Weymouth e suas dificuldades mais imediatas seriam todas sanadas.

Presumindo que era só mais uma tentativa de afastá-lo, Scott ficou ainda mais furioso. Disse que, se Bessell não conseguisse que ele e Sue ganhassem os benefícios integrais, ele procuraria um jornal e venderia sua história. Bessell pensou que nenhum jornal de respeito iria querer chegar perto de uma história daquela por medo de ser processado por difamação. Por outro lado, não era um risco que ele queria correr. Antes que Bessell pudesse dizer mais qualquer coisa, Scott bateu o telefone. Pesaroso, Bessell escreveu para ele outra carta. Ela começava com "Caro Norman, com relação à nossa conversa ao telefone esta tarde, parece que a ligação caiu..."

Insistiu que estava fazendo tudo o que podia para conseguir o cartão de emergência para que Scott e sua esposa pudessem obter os benefícios temporários. E então deixou transparecer algo que estava a meio caminho entre um pedido e uma ameaça: "Seria um grande erro se você pusesse tudo a perder da maneira como me sugeriu ao telefone, e espero que, para seu próprio bem e a despeito de sua ansiedade, aceite meus conselhos".

Bessell terminou com o seguinte: "Já conversei com Jeremy Thorpe e o informei a respeito da presente situação". Na verdade, Bessell ainda não tinha falado nada com Thorpe sobre essas notícias mais recentes. Decidira manter o amigo tão no escuro quanto possível, no caso de os pensamentos de Thorpe, tal como pombos-correios, decidirem voltar àquela história de "solução definitiva". Talvez Bessell estivesse exausto, ou talvez tenha sido apenas descuidado mesmo. Seja como for, em todas as cartas que escrevera a Scott, aquela era a única que mencionava Thorpe nominalmente.

Scott não precisou ir até Weymouth para pegar seu dinheiro. Um representante do Departamento de Saúde e Seguridade Social foi até sua casa. Scott disse a ele que nunca tinha carimbado seu cartão do seguro, uma vez que seu ex-empregador – Jeremy Thorpe, com quem ele havia morado – prometera fazê-lo.

"E em qual condição o senhor morou com o Sr. Thorpe?", o homem quis saber. "Como secretário particular?"

Scott respondeu: "Não. Como amantes".

Uma semana depois, Sue Scott recebeu seu cheque do benefício. Naquela tarde, foi à cidade vizinha de Blandford depois de dizer a Scott que precisava comprar roupas para o bebê. Mas, enquanto estava lá, ela mudou de ideia. Em vez de roupas, voltou com um vestido indiano preto cheio de espelhos, quatro livros da Penguin e uma dúzia de penas de pavão. Scott sentiu que aquele não era um bom sinal, mas atribuiu o desvario à ansiedade causada pelo nascimento do bebê, que se avizinhava. Quando perguntou o que tinha acontecido com a história das roupas de bebê, ela disse que ele não precisava se preocupar; afinal de contas, eles agora receberiam um cheque toda semana e sempre poderiam comprar qualquer coisa mais tarde.

Mas os cheques não chegaram toda semana. Receberam dois, de quinze libras cada, e então eles pararam de vir. Os cheques de Londres também pararam, já que os inquilinos alegaram que não tinham mais como pagar.

Sue já estava com quase oito meses de gravidez e se sentindo totalmente farta – não só da vida longe da cidade como também de Scott. Decidida de que preferiria encarar a desaprovação dos pais a ficar onde e como estava, foi ter o bebê em Lincolnshire. Scott não foi convidado a acompanhá-la. Em vez disso, ele e sua cadelinha whippet, Emma, foram para o apartamento de Earls Court, onde ele conseguiu despejar os inquilinos.

Em 18 de novembro de 1969, Diggory Benjamin Scott nasceu. No dia seguinte, Norman Scott viajou para o norte para ver seu filho. Relutantemente, seus sogros ofereceram uma cama. Ele acabou ficando para passar o Natal. Ainda que não tenha tido nenhuma caneca de estricnina dessa vez, o clima não foi nada melhor que o de antes. Em janeiro, Norman, Sue e Benjamin – como ele ficaria conhecido a vida toda – retornaram para Londres e se mudaram para o apartamento de Earls Court. Lá, os Scott viveram uma vida cada vez mais infeliz e isolada, com os nervos em frangalhos pela vida difícil somada aos cuidados com o bebê.

No entanto, tiveram uma visita inesperada. A Sra. Josiffe, mãe de Norman, foi ver seu neto. Como ela nunca tinha sido nem um pouco afetuosa com ele nem mesmo quando ele era garoto, Scott ficou bastante cético quanto aos motivos da mãe. Assim, resolveu pregar uma peça nela para deixar claro o quanto ela estava de fato desinteressada em conhecer a criança. Quando ela chegou, Benjamin estava dormindo no quarto do casal. Enquanto a Sra. Josiffe conversava com Sue, Scott correu até o outro quarto, vestiu Emma com um gorrinho de bebê e a colocou dentro do carrinho.

Então, pediu que a mãe fosse até lá.

A Sra. Josiffe olhou para dentro do carrinho e não apenas não notou nada de errado como começou a dizer o quanto era encantador o menino Benjamin. Logo que parou de fazer seus barulhinhos de agradar bebê, Scott gritou "Emma!", e a cadelinha pulou do carrinho ainda usando o gorro. A Sra. Josiffe deu um grito de susto e desmaiou. Nunca mais voltou.

Logo ficou claro para Scott que Sue estava sofrendo de depressão pósparto. Ela raramente saía de casa, estava cada vez mais sem ânimo e começou a passar a maior parte do dia na cama. Scott também ficou deprimido. A única boa notícia era a de que os cheques voltaram a aparecer e ele agora recebia quinze libras toda semana do Departamento de Seguridade Social. Por algumas semanas, chegou a consultar um psicoterapeuta até decidir que não podia mais bancar as quatro libras que custava cada sessão. Em vez de terapia, recorreu a um coquetel de antidepressivos e remédios para dormir.

Enquanto isso, o estado de Sue continuava a se deteriorar. Certo dia, Scott encontrou uma carta que ela tinha escrito para si própria, na qual explicava com muita clareza o quanto ela se sentia mal: "Ele se deita ao meu lado nesta cama, imóvel. Tento acordá-lo diversas vezes, querendo que ele me abrace. Mas ele fica deitado lá, entupido de calmantes. Fico pensando no quanto seria fácil ir até o banheiro e cortar os pulsos, e de manhã eu estaria morta. Essa existência miserável toda acabaria".

Então, o casal teve outro visitante inesperado. Logo depois de voltar de um cruzeiro ao redor do mundo, Conway Wilson-Young chegou com um presente de casamento atrasado: uma cafeteira elétrica. Convidou os dois para jantar naquela mesma noite em sua casa na Praça Chester. Sue recusou o convite, mas Scott foi e passou a noite. Na manhã seguinte, ligou para Sue e disse o que tinha acontecido. "Tentei explicar a ela como eu precisava de calor humano e de acordar ao lado de alguém." No que diz respeito a desculpas para sua infidelidade, aquela era uma das mais fracas, mas Sue disse que ele podia voltar sob uma condição: que parasse de ver Wilson-Young. Scott concordou e voltou ao apartamento da Earls Court.

Dois dias depois, estava tomando conta de Benjamin quando percebeu que Sue estava sentada na cama chorando. Quando perguntou a ela qual era o problema, ela não quis dizer. Foi nesse ponto que Scott surtou. Apanhou um cinzeiro e o lançou na parede. "Eu disse 'Está vendo o que acabei de fazer? Você não vê como deixei este lugar bonito? Não tenho trabalho nem dinheiro, mas fiz tudo o que eu podia assim mesmo...'"

Naquela tarde, Sue e o bebê pegaram um trem para Lincolnshire. Ela e Scott continuavam a se falar por telefone, e dias depois ela escreveu uma longa carta, dizendo que ainda o amava e que estava voltando para Londres. Para comemorar seu retorno, Scott convidou alguns amigos em comum para uma festa improvisada. Mas Sue nunca apareceu, e, depois de algumas horas, os amigos começaram a dar desculpas e ir embora. Por volta de meia-noite, Scott ligou para a casa dos pais dela. Sue atendeu. Quando ele perguntou o que tinha acontecido, fez-se um longo silêncio. Então ela disse: "Não vou voltar. Está tudo terminado".

16

DE VOLTA À ESCURIDÃO

Durante os anos 1960, as finanças do Partido Liberal cambalearam entre sucessivas crises. Logo que se tornou líder, Jeremy Thorpe estava determinado a conseguir para o partido um benfeitor rico. Acreditava que tudo o que impedia os Liberais de retomar o poder era a falta de um fundo de reservas bem sólido. "Se pelo menos pudéssemos conseguir um milionário que abrisse sua carteira...", ele dizia constantemente a Peter Bessell.

Mas os milionários se provavam elusivos. O Reverendo Timothy Beaumont achava que já tinha feito tudo a seu alcance para manter o partido solvente, assim como Sir Felix Brunner. Então, em maio de 1969, um salvador inesperado apareceu do nada. Jack Hayward era um homem de duas fortunas. Uma tinha vindo das empresas de engenharia de seu pai; a outra, ele mesmo tinha erguido a partir da construção de um porto em águas profundas na ilha Grande Bahama, no Caribe.

Apesar de morar nas Bahamas, Hayward era apaixonadamente próbritânico de um jeito quase maníaco. Graças a ele, os habitantes de Grande Bahama agora podiam andar em ônibus vermelhos de dois andares. Ele também foi o responsável por providenciar que retratos da Rainha da Inglaterra fossem pendurados em todas as repartições do governo. Como resultado, ficou conhecido como "Union Jack" Hayward – um apelido que remetia à bandeira do Reino Unido e de que se orgulhava tremendamente.

Em abril de 1969, Hayward estava lendo um exemplar do *Daily Telegraph* em casa, em Freeport, quando viu uma matéria sobre um movimento para salvar a ilha de Lundy, no Canal de Bristol, e torná-la um santuário de pássaros. Uma das pessoas por detrás do tal movimento era Jeremy Thorpe. Naquela mesma noite, Hayward ligou para Thorpe em sua residência em

Londres. Caroline atendeu o telefone e explicou que Jeremy tinha saído para jantar. Ele perguntou, então, se poderia voltar a ligar mais tarde.

Na hora em que Hayward ligou outra vez, Caroline e Jeremy já tinham ido se deitar. Mas qualquer irritação que Thorpe tenha sentido ao ouvir o telefone tocar tão tarde logo se dissipou quando Hayward disse a ele que pretendia se envolver no movimento. Caroline, no entanto, achou a coisa toda muito suspeita, o tempo todo balançando na frente dele um papel no qual escrevera "Como você sabe que ele não é um enviado dos cientologistas?".

O que Hayward queria saber era quanto os donos da ilha estavam querendo.

"Bem, acredito que a conseguiríamos por 125 mil libras", Thorpe disse.

"Muito bem", Hayward respondeu. "Conte comigo."

"O quê?", Thorpe perguntou incrédulo. "Você quer dizer para o valor integral?"

Hayward confirmou que era. "Acontece que eu estava com um tantinho guardado naquela época", ele relatou tempos depois. Na verdade, ele acabou pagando 150 mil libras pela ilha. Depois que a negociação foi efetivada, uma cerimônia de ação de graças foi celebrada na pequena igreja que ficava na ilha. Hayward se sentou no banco da frente com os Thorpe logo atrás. Ainda que fosse um conservador ferrenho, Hayward ficou bastante impressionado com Thorpe. Sempre tivera uma visão intensamente romanceada da Inglaterra e queria muito que o país viesse a ser governado por alguém com coragem e visão. Alguém que abraçasse o mundo moderno, mas que também, como ele, prestasse reverência às tradições. Durante a cerimônia, ele se inclinou para trás e sussurrou: "Jeremy, você tem de ser nosso próximo primeiro-ministro".

"Está nos planos", Thorpe respondeu.

Uma oportunidade como aquela não poderia passar em branco. Antes que Hayward voltasse para as Bahamas, Thorpe perguntou se ele, por acaso, não teria mais daquele tal dinheirinho guardado.

"Quanto você tem em mente?", Hayward perguntou.

Thorpe engoliu em seco. "Talvez a mesma quantia?"

Dessa vez, Hayward hesitou. Antes de se comprometer, quis saber em que o dinheiro seria gasto. Será que alguém poderia fornecer um plano detalhado? Mas é claro, Thorpe respondeu; ele colocaria seu assessor mais habilitado em finanças para elaborar aquela estratégia de gastos. Então ligou para Bessell, que estava em Nova York, e disse que ele deveria ir à Grande Bahama assim que possível com um plano plausível já elaborado.

Naturalmente, Bessell fez exatamente o que lhe foi pedido. Se já não soubesse que Hayward era um multimilionário, nunca teria descoberto pelo jeito como o homem vivia. Tudo bem que Hayward tivesse um Rolls-Royce, mas o carro já tinha lá seus quinze anos de uso. Quanto à casa, era modesta no tamanho e mobiliada com "sofás comuns" e "mesas de boa procedência". Bessell de imediato gostou de Hayward, que lhe pareceu um sujeito bastante decente. Hayward também pareceu se dar bem com Bessell. O encontro correu muito bem e, algumas semanas depois, um cheque de 150 mil libras, nominal a Jeremy Thorpe, chegou – a maior contribuição individual ao Partido Liberal desde os anos 1920.

Em vez de depositar o dinheiro na conta do partido, Thorpe decidiu abrir uma nova conta que seria controlada apenas por um grupo de Liberais da elite, incluindo ele próprio e Bessell. Disse que, daquela forma, ele poderia manter um melhor controle sobre os gastos. E também significava que eles não precisariam cobrir as outras dívidas do partido, já que estavam todos vinculados a outras contas.

A viagem de Bessell a Nova York tinha sido bem-sucedida de outra maneira também. Uma noite, ele estava jantando com um amigo no Oak Room do Hotel Plaza. Em outra mesa, avistou alguém que conhecia em companhia de uma morena muito bonita.

"Queria conhecer aquela ali", Bessell disse a seu amigo.

O amigo disse que ele deveria ir até lá e se apresentar. De perto, Bessell viu que a mulher era "ainda mais bonita que de longe". Pelo resto da noite, bombardeou seu amigo com perguntas a respeito dela. O nome da mulher era Diane Kelly, e ela tinha 29 anos. Era também casada. Mas nem tudo era má notícia; sabia-se que ela e o marido vinham tendo constantes problemas conjugais.

Alguns dias depois, Diane se juntou a Bessell e seu amigo para jantar. Além de ter um ótimo entendimento de assuntos internacionais e um genuíno interesse pelas artes, ela era, como Bessell percebeu em tantos tons de aprovação, "essencialmente amável e feminina". Depois do jantar, ele a levou a seu apartamento em Long Island. Na porta da casa, apenas se cumprimentaram e disseram boa-noite. Por mais que Bessell fosse um mulherengo, era também um romântico, e a ideia de cortejar vagarosamente tinha para ele grande apelo. Ele entendera que Diane não era o tipo de mulher que simplesmente cairia na cama dele. Ao contrário, qualquer tentativa de dar um próximo passo dentro daquele relacionamento necessitaria de uma boa dose de paciência. Enquanto dirigia de volta a Manhattan, Bessell se preparou para a longa jornada que se anunciava.

Pouco antes de deixar Nova York, conversou por telefone com um homem chamado Norman Graham com quem fizera negócios anos antes. Graham explicou que estava lançando uma nova empresa. Ela não tinha lá um nome muito glamoroso – Plastic Carton Corporation of America, ou algo como Corporação de Embalagens Plásticas dos Estados Unidos – e nem fabricava um produto glamoroso, apenas espuma plástica. No entanto, essa espuma podia ser transformada em itens que Graham previa que dominariam o mundo em breve: caixas plásticas de ovos. Perguntou se Bessell estaria interessado em tocar o braço britânico de sua companhia.

Naquele ponto de sua vida, Bessell provavelmente venderia ovos na caçamba de um caminhão se acreditasse que aquela era sua maior chance de conseguir dinheiro. Tentando não soar afoito demais, deu o melhor de si para deixar implícito que sempre tivera admiração por espuma plástica. Os dois então se encontraram e logo acertaram os termos de sua parceria. Quando Bessell retornou a Londres, sua vida tinha mudado de duas formas. Não apenas ele estava apaixonado como também era agora o orgulhoso proprietário de 20% da subsidiária britânica da empresa de espuma plástica. Sentia com toda sinceridade que o caminho de volta à prosperidade seria forrado por embalagens plásticas para ovos.

Bessell voltou a Nova York na primeira oportunidade que teve, e logo ligou para Diane e a convidou para jantar. Percebeu quando ela disse de um jeito bem óbvio que teria de consultar seu marido. Mas acontece que o tal marido estava em viagem de negócios e os dois realmente se encontraram. No entanto, "não houve qualquer mudança naquela formalidade amigável que experimentamos na ocasião anterior". Não apenas isso não desanimou Bessell como o deixou ainda mais entusiasmado.

De sua parte, Diane estava intrigada, se é que estava ciente de onde estava se metendo. "Na faculdade, me formei em Ciência Política. Então dá para imaginar o quanto achei interessante esse parlamentar britânico bem ali na minha frente. Além disso, claro, ele também tinha boa aparência e uma mente muito sagaz. Era gentil, se importava com direitos humanos, usava a língua inglesa como apenas um inglês consegue – de maneira encantadora e persuasiva – e tinha um ótimo senso de humor."

Na época em que Norman Graham foi a Londres oito meses depois para discutir a construção de uma grande fábrica em Devon para produzir as tais embalagens plásticas de ovos, a persistência de Bessell já tinha finalmente valido a pena: Diane e seu marido tinham decidido se divorciar, e ela e Bessell estavam prestes a se tornarem amantes.

Bessell e Graham passaram muitos dias conversando com potenciais investidores. As reuniões iam bem. Ao apresentar uma perspectiva de criação de oitocentos novos empregos em uma área de alto desemprego, Bessell conseguiu persuadir o conselho do distrito rural de Liskeard, em seu curral eleitoral de Bodmin, a comprar dez acres de terra nos arredores da cidade. O conselho então facilitou ao máximo a concessão de permissão para a construção de uma fábrica naquele local.

Só que, durante o tempo em que passaram juntos, Bessell notou algo em Graham que não tinha percebido antes. Entre as refeições, Graham sempre colocava uma pilulazinha branca sob a língua. Quando Bessell perguntou o que elas eram, Graham contou que eram comprimidos de nitroglicerina que ele tomava para controlar um probleminha no coração. Tinha tido um ataque cardíaco anos antes e o médico prescrevera aquilo. Mas não havia nada com que se preocupar, ele assegurou a Bessell. Absolutamente nada mesmo.

Em 18 de maio de 1970, o primeiro-ministro Harold Wilson, na esteira de uma onda de aprovação da opinião pública e de um orçamento aprovado para o ano, anunciou que uma eleição geral seria convocada para 18 de junho, dali a apenas cinco semanas. Para Jeremy Thorpe, o risco não podia ser mais alto. Era sua primeira eleição como líder do partido e o primeiro grande teste de seu apelo junto à nação. Com as finanças do Partido Liberal agora em melhores condições do que vinham por mais de meio século, ele não tinha motivo algum para não se sair bem.

Depois de muito confabularem, os membros de seu comitê eleitoral apareceram com um slogan que estavam convencidos de que era vencedor e que investia em Thorpe uma aura quase messiânica: "Fé, Esperança e Jeremy". Contrataram dois helicópteros para transportar membros graúdos do partido país afora, enquanto o mais moderno aparelho de telex foi instalado nos escritórios dos Liberais. O próprio Thorpe trabalhou incansavelmente durante a campanha; com frequência, dezessete horas por dia. Comparado a seus dois rivais – Wilson e Heath – ele se fazia uma figura arrojada e meio pirata, com seu chapéu *homburg* e seus coletes de abotoamento duplo, mergulhando em meio às multidões para apertar as mãos de estranhos como se eles fossem amigos íntimos separados havia muito tempo. A imprensa o adorava e, pelo menos assim pareceu, também a população.

O único tropeço na campanha de Thorpe aconteceu em Cheadle, Cheshire, quando uma manifestante carregando um cartaz ficou perto demais do rotor do helicóptero, que ainda rodava. Primeiro, a lâmina partiu o cartaz em dois; em seguida, Thorpe viu, horrorizado, uma moita de cabelo embolado caída no chão. Pensando que a mulher tivesse sido escalpelada, e já vislumbrando como isso apareceria em desastrosas manchetes nos jornais, Thorpe e Caroline imediatamente pularam do helicóptero... e descobriram que a peruca da mulher tinha sido arrancada pelos ventos causados pelo helicóptero.

Devido às suas dificuldades financeiras, Peter Bessell não mais atendia como parlamentar. Como presente de despedida, Thorpe deu a ele dois volumes encadernados em couro com os registros oficiais de seu Projeto de Lei dos Transportes de 1968. O projeto acabou por ser aprovado, mas em versão bem mais diluída e com pouca semelhança com o que Bessell tinha lutado para construir.

O primeiro volume veio com uma dedicatória:

Para Peter,

Meu caro amigo e leal colega, esta é uma pequena lembrança dos seis anos em que servimos juntos na Câmara dos Comuns. À parte seus devotados serviços prestados ao seu eleitorado em Bodmin, estes volumes celebram sua maratona em elaborar este Projeto de Lei dos Transportes, na qual você conseguiu estabelecer novo recorde para um único parlamentar, ao fazer 1.400 emendas e correções e mais de 500 discursos e interpelações.

De seu colega, com carinho,
Jeremy

17
O PREÇO DE UM TÍTULO VITALÍCIO

Com o dia das eleições se aproximando, Peter Bessell se sentia cada vez mais abandonado. Graças às suas embalagens de ovos, sua situação financeira já não era tão periclitante quanto antes, mas ele ainda tinha uma boa lembrança de como era ser jogado para escanteio e ser forçado a apenas assistir enquanto seus colegas participavam dos comícios. Ele queria muito fazer algo para ajudar. Mas parecia que seus dias tinham passado em definitivo. Também não ajudou o fato de a Associação Liberal de Bodmin ainda não ter entendido seus motivos para não mais concorrer. E, por último, havia o esforço de levar uma vida dupla: enquanto fingia que era bem casado com sua esposa Pauline, em Devon, passava também boa parte de seu tempo com Diane em Nova York.

Certa noite, a menos de uma semana da eleição, ele estava para sair de casa em Devon quando o telefone tocou. Bessell atendeu e uma voz do outro lado disse: "Aqui é o Sr. Hetherington".

O nome não significava nada para ele.

O homem disse que queria falar a respeito "de Jeremy e de como ele tinha cuidado de seu amigo Norman Scott".

Bessell continuou com muita cautela. Disse apenas que Scott era uma dentre as muitas e muitas pessoas que Thorpe tinha ajudado ao longo dos anos.

O Sr. Hetherington deu uma risada seca. Perguntou se Thorpe tinha ajudado todas aquelas pessoas a virarem homossexuais.

Rapidamente, Bessell tomou postura mais elevada. A sugestão que aquela pessoa fazia era "ultrajante", assim como altamente difamadora. Será que ele não sabia que Jeremy Thorpe era um homem muito bem casado e pai de família?

Hetherington deu outra risada. "Norman me contou que o senhor cuidou dele porque ficou enojado com o que Thorpe fez com ele."

Em meio a toda a conversa, Bessell vasculhava seu cérebro tentando identificar por que a voz daquele homem parecia familiar. Vagamente, se lembrou de que, cerca de um ano antes, alguém tinha ligado para seu escritório alegando ser o padrasto da esposa de Scott, Sue. Na verdade, Sue Myers não tinha padrasto nenhum. Aquele homem, que não tinha deixado nome, alegou também que a vida da moça tinha sido arruinada por sua associação com Scott. Como resultado, Thorpe devia a ela alguma responsabilidade moral e, conforme o homem deixava implícito, também financeira.

Pelo pouco que Bessell conseguia lembrar, a voz era a mesma. Da primeira vez, ele não tinha levado a sério o interlocutor, mas agora começava a se questionar. As dúvidas de Bessell só fizeram aumentar quando o homem disse: "A mulher de Norman me deu três cartas que Thorpe escreveu para ele anos atrás".

Será que era verdade? Se fosse, isso significaria que Scott mentira quando disse que tinha destruído as cartas que ainda guardava.

Bessell perguntou o que o homem queria.

Hetherington disse que tinha escrito um panfleto que informava, em linhas gerais, o que tinha acontecido entre Norman Scott e Jeremy Thorpe. Seu plano era sair de carro por Devon do Norte na noite antes da eleição e distribuir tantas cópias daquele panfleto quanto possível. Então, fez-se uma reviravolta que Bessell não tinha como antever. Aparentemente sob a falsa impressão de que Bessell seria simpático à causa de Scott, Hetherington pediu a ajuda dele para a distribuição.

Bessell fez o possível para parecer calmo. Imaginou que sua única esperança seria se apossar tanto das cartas que Hetherington dizia ter como do tal panfleto. Isso significava, claro, que eles teriam de se encontrar. Era uma sexta-feira à noite, e ainda faltavam cinco dias para a eleição geral.

"Por que não bebemos alguma coisa na segunda à noite?", Bessell sugeriu. Hetherington concordou e disse que voltaria a ligar no domingo para combinarem os detalhes.

Bem cedo na manhã seguinte, Bessell ligou para Thorpe. "Ah, meu Deus!", Thorpe disse. "O que vamos fazer?"

Por "nós", é claro que Thorpe queria dizer "você". Por mais que Bessell desejasse voltar ao cenário da política naqueles dias, aquilo não era nem um pouco o que ele tinha em mente. Mesmo assim, sabia que teria de bolar um plano. Thorpe e Caroline estavam convidados para o chá de domingo à tarde, e Bessell precisaria pensar em algo até lá.

Durante todo o sábado, Bessell ficou sentado e pensativo. Quando chegou sua hora de dormir, pensou que talvez tivesse encontrado uma solução. Quando Hetherington ligou na manhã seguinte, Bessell perguntou onde ele planejava fazer as cópias de seus panfletos. Para sua surpresa e alívio, Hetherington disse que não sabia. Ele sairia de carro de Londres e pretendia encontrar na Cornualha algum lugar que fizesse o serviço quando ele chegasse. Era justamente o que Bessell queria ouvir. Por que então Hetherington não o deixava ajudar? Bessell o encontraria na balsa Saltash à meia-noite de segunda e então o levaria até o escritório dos Liberais em Liskeard, onde havia uma máquina de fotocópia.

"Não vai haver ninguém lá?", Hetherington quis saber.

"Não àquela hora da noite", Bessell assegurou. "E eu tenho a chave."

Naquele sábado à tarde, quando os Thorpe chegaram para visitar na hora do chá, as duas esposas ficaram dentro de casa enquanto Bessell e Thorpe saíram para caminhar no jardim. Bessell explicou o que esperava que acontecesse. Depois que Hetherington chegasse a Saltash, Bessell o levaria até Liskeard e então, de alguma maneira que ainda não estava clara para ele, o persuadiria a se desfazer das cartas.

Thorpe não estava convencido. "Ele não vai te dar. Seria um tolo de confiar em você assim."

Bessell admitiu que seu plano dependia de Hetherington ser um pouco mais ingênuo do que o normal, mas ainda assim sentia que a estratégia podia dar certo.

"O infeliz não vai se desfazer de sua evidência", Thorpe disse, andando de um lado para o outro no jardim. E se aquilo não funcionasse? Será que Bessell tinha um plano B? Só conseguia pensar que eles talvez tivessem de ir à polícia.

Thorpe parou e o encarou. "Você está sugerindo que procuremos a polícia para dizer que o merdinha do Scott tem evidências?"

Bessell chamou a atenção para o fato de que a homossexualidade não era mais ilegal e então, pelo menos sob aquela perspectiva, Thorpe não tinha nada a temer. "Não estou falando da lei", Thorpe disse. "Essa história vazaria em dois minutos e as fofocas começariam ali mesmo na delegacia." Ofendido pelo tom do colega, Bessell perguntou se ele tinha alguma ideia melhor. Thorpe disse que, sim, tinha. "Encontre-o na balsa, faça-o entrar no seu carro e, em vez de ir a Liskeard, vá para as charnecas e mate-o lá."

Bessell já tinha experimentado *déjà vu* diversas vezes antes, mas nunca de um modo tão incisivo quanto aquele. Pela primeira vez, começou a se perguntar se Thorpe tinha se tornado um maníaco homicida.

Ao perceber a reação, Thorpe o lembrou da responsabilidade maior. "Peter, você precisa fazer isso. Não é apenas por Devon do Norte; é pelo partido inteiro."

Com a eleição acontecendo dali a apenas alguns dias, Bessell sabia que precisava fazer alguma coisa para impedir que Thorpe se desesperasse. Então disse: "Jeremy, dou minha palavra de que vou encontrar um jeito de acabar com esse perigo". Foi deliberadamente tão vago quanto possível. No entanto, Thorpe não estava engolindo.

"Você compreende que isso significa matá-lo?"

"Não aceito isso", Bessell disse. "Mas se você está dizendo que todas as alternativas vão falhar, bom, aí é outra história."

No entender de Thorpe, o momento para tal atitude já era aquele mesmo. "Como você vai matá-lo?", perguntou.

"Prefiro não discutir isso", Bessell disse educadamente.

"Tem uma arma?"

De fato, Bessell possuía mesmo uma arma, mas era uma antiguidade, um rifle esportivo que ele nunca tinha usado. Nem tinha certeza se a agulha estava em condição de uso. Pensou que era melhor manter aquele pensamento só para si mesmo.

"E quanto a veneno?"

"Não, claro que não."

Então Bessell se lembrou de que, na verdade, tinha sim um pouco de veneno. "Tenho um pouco de tricloroetileno", disse. Explicou que era um fluido de limpeza a seco que, em outros tempos, fora usado como anestésico, como o éter. Thorpe não tinha a menor ideia do que fosse tricloroetileno, mas sabia tudo sobre éter.

"Não poderia ser melhor! Embeba um lenço com isso, aperte no rosto dele e ele vai apagar."

"Jeremy", Bessell disse simplesmente. "Isso é assassinato!"

Thorpe olhou para ele. "Peter, não é nada pior do que matar um cachorro doente."

Aquelas também eram palavras que Bessell nunca mais queria ouvir de novo.

"Depois que ele estiver desmaiado, vai ser fácil", Thorpe prosseguiu. "Acerte-o na cabeça com alguma coisa pesada. E você já sabe como se livrar do corpo – jogando na mina de estanho."

Depois daquilo, entraram de volta na casa. Fizeram seu jantar e então Bessell e Pauline levaram os Thorpe de carro até o Hotel Pencubitt, em Liskeard, onde passariam a noite. No caminho, Thorpe se virou para trás do banco do passageiro, onde estava, e, aparentemente sem motivo, perguntou a Pauline, que estava ao lado de Caroline: "Você gostaria de ser uma 'Lady Bessell'?".

Pauline ficou surpresa demais para responder qualquer coisa.

"Acho que o velho Bessellinho aqui ficaria bem em uma túnica de arminho", Thorpe continuou.

Todos riram, mas Thorpe insistiu que estava falando sério. "Peter deve ser o próximo Par Vitalício dos Liberais."

Bessell não disse nada. Não desgostava da ideia de ser um Lorde Bessell; muito pelo contrário. À parte tudo o mais que o título trazia, aquilo poderia instigar investidores a colocar mais dinheiro em sua companhia de espuma de plástico. Mas ele não pôde evitar a pergunta que rondou em sua cabeça: seria aquela uma recompensa por matar Hetherington?

Assim que Bessell saiu de casa logo depois das 11 horas na noite seguinte, com a desculpa de ir conferir se os pôsteres dos Liberais para as eleições não estavam sendo arrancados, percebeu que estava morrendo de medo. Ainda não tinha ideia de como iria persuadir Hetherington a lhe entregar as cartas. Também não tinha pensado no que fazer caso Hetherington partisse para a violência. Dirigindo seu Triumph 2000 pelas escuras vias da Cornualha, se perguntou se seria possível dialogar com ele e apelar para algum lado bom de sua natureza – presumindo que ele tivesse algum. Se Hetherington fosse em frente com seu plano de panfletagem, aquilo poderia varrer os Liberais do mapa, assim como a carreira de Thorpe. Será que era isso mesmo que ele realmente queria?

Na hora em que Bessell chegou em Saltash, decidiu que conversar seria a melhor coisa a fazer.

Já era quase meia-noite e as ruas estavam desertas. Assim que ele entrou com o carro em um estacionamento no terminal da balsa, viu um homem alto e corpulento na calçada. O homem estava indo na direção oposta, mas, quando Bessell encostou, ele parou. Então recomeçou a andar mais vagarosamente.

Bessell abaixou o vidro. "Sr. Hetherington?"

Ele era mais velho do que Bessell esperava. Já tinha seus cinquenta e tantos e os cabelos espessos muito brancos. Estava vestindo um terno de tweed com uma jaqueta esportiva, e em uma das mãos levava uma bolsa à moda antiga. Quando entrou no carro, pousou as mãos nos joelhos.

"Quanto tempo daqui até Liskeard?", Hetherington perguntou.

Bessell notou que seu hálito cheirava a álcool e que ele parecia nervoso. Em vez de seguir direto para o local combinado, Bessell sugeriu que eles parassem um pouco e conversassem. Hetherington concordou. Cerca de 5 km depois de saírem de Saltash, Bessell levou o carro a um acostamento e apagou os faróis.

"Presumo que o senhor queira ver as cartas", Hetherington disse.

Abriu a bolsa e tirou quatro folhas de papel. Bessell acendeu as luzes internas do carro. Três das folhas estavam escritas à mão e a quarta era datilografada. A luz interna não era muito mais forte que uma vela, mas, ao examinar a primeira carta, Bessell percebeu logo de pronto que algo estava errado. Thorpe sempre escrevia suas cartas em papel timbrado da Câmara dos Comuns, ou então em papel azul especialmente impresso por ele com o brasão de sua família. No entanto, aquelas cartas estavam escritas em papel branco comum e... ainda assim a letra parecia a de Thorpe.

"Meu caro Norman...", ele começou a ler. A carta não era comprida e, em uma olhada rápida, não parecia conter nada de incriminador. Mas estava assinada "Com amor, Jeremy". A segunda era mais longa. Mas, mais uma vez, Bessell notou algo de estranho. Thorpe tinha o hábito de abreviar certas palavras quando escrevia suas cartas, como "vc" em vez de "você" e "tb" no lugar de "também". Mas não havia abreviações ali.

Em seguida, Bessell pegou a página escrita à máquina. Ela tratava em linhas gerais de como Scott e Thorpe tinham sido amantes, como Thorpe tinha feito de Scott um homossexual e de como Scott tinha recentemente se casado com Sue Myers. Tudo muito condizente com a verdade, mas Bessell começou a suspeitar ainda mais. Tinha quase certeza de que aquelas cartas eram falsificações.

Perguntou como o homem as tinha conseguido. Hetherington respondeu que tinham vindo de um amigo da esposa de Scott, mas se recusou a dizer qualquer coisa mais.

"E quanto o senhor acha que esse conjunto de documentos vale?", perguntou Bessell.

Hetherington nem hesitou. "Cinco mil libras."

Bessell disse que estava fora de questão. Começou a explicar que os Liberais nem mesmo tinham tanto dinheiro e menos ainda em uma época de eleição como aquela, dali a dois dias. Hetherington não disse nada. Apenas recolheu os papéis e os colocou em cima da bolsa. Bessell ligou o carro e continuou na direção de Liskeard. Estava chegando à cidade de Callington quando Hetherington subitamente disse: "Muito bem, Sr. Bessell. Vou aceitar duas mil libras".

Bessell teve o cuidado de não responder logo de pronto.

"Sr. Hetherington", ele disse, "considere fechado".

Hetherington quis saber quando veria o dinheiro.

"Agora à noite mesmo!", Bessell disse impetuosamente. "O senhor pode ter esse dinheiro agora à noite. Tenho um escritório em Plymouth e, por acaso, o cofre hoje tem uma quantia considerável."

Mais uma vez, ele estava blefando. Não havia dinheiro nenhum em seu escritório em Plymouth; nem mesmo havia cofre. Mas Bessell pensou que estaria menos vulnerável em Devon, onde as vias eram mais bem iluminadas e a cidade era maior. Dando meia volta com o carro, seguiu para Plymouth com a intenção de parar assim que visse um policial. Mas antes quis ter certeza de que Hetherington era mesmo uma fraude. Perguntou se ele conhecia Norman Scott.

Hetherington deu nova risada. "Ah, conheço ele muito bem."

Como já tinha comprovado vezes antes, Bessell sabia muito bem como jogar uma isca falsa. "Nunca confio em homens louros", disse.

Hetherington passou a mão pelo cabelo branco. "Eu mesmo era louro", disse com certo pesar.

"Louro como Scott?", Bessell perguntou casualmente.

"Ah, não tão louro", Hetherington respondeu.

Aquilo liquidava o assunto. Norman Scott pode ter sido muitas coisas em sua vida, mas nunca, jamais, nem mesmo em seus dias de modelo, tivera cabelo de qualquer outra cor que não fosse completamente preto. Quando chegaram a Plymouth, era 1 hora da manhã. Bessell parou perto da estação de trem. Logo ao lado, viu um policial. Bessell disse a Hetherington que precisava pegar algo no porta-malas, saiu e pegou sua maleta. Dentro, havia um envelope com algum dinheiro vivo que ele sempre levava para o caso de alguma emergência.

Depois de entrar no carro, estendeu ao homem o envelope.

"Sr. Hetherington, está vendo isto aqui?"

Hetherington disse que sim.

Dentro havia duzentas libras, Bessell disse em seguida. Então, deixou cair o envelope entre ele mesmo e a porta do motorista, onde Hetherington não tinha como alcançar. Disse que, se o homem entregasse as tais cartas, poderia ter aquele dinheiro. Mas, se ele se recusasse, Bessell sairia dali diretamente até o policial e diria que estava sendo chantageado.

Hetherington pareceu não acompanhar o raciocínio de começo. "O que você quer dizer com isso?", perguntou.

"Exatamente o que acabei de dizer."

Então, sem aviso, Hetherington disse: "Seu desgraçado... Vai se foder! Ah, vai se foder!".

Abrindo a porta do passageiro, Hetherington saiu esbaforido, passou pela frente do carro e foi até a porta do motorista. Então, abriu a bolsa e jogou os documentos pela janela aberta antes de apanhar o envelope que agora estava na mão de Bessell.

"Você que se foda!", gritou. "Vou pegar vocês todos um dia desses. Suas bichas, é isso que vocês são! Vocês todos, suas bichas malditas!"

Com sua bolsa embaixo do braço, saiu correndo em meio à noite para jamais ser visto ou ouvido de novo.

No caminho de volta à Cornualha, Bessell se sentiu bem consigo mesmo como havia muito não se sentia. Não apenas tinha pensado rápido como também tinha demonstrado admirável cabeça fria durante uma crise. E, mais importante ainda, tinha salvado o partido – e seu líder – de um desastre quase certo. Na estrada, parou em outro acostamento. Com o isqueiro do carro, pôs fogo em todos os papéis que Hetherington tinha jogado nele. Eram quase 3 horas da manhã quando chegou em casa. Depois de colocar o alarme para as 7h45, foi dormir.

Às 8 horas, telefonou para Thorpe e disse que o problema agora já estava resolvido. Não deu muitos detalhes.

"Maravilha!", Thorpe disse.

Apenas duas coisas ainda nublavam a sensação de vitória de Bessell. A primeira era que cada vez mais pessoas pareciam saber da história de Thorpe com Scott. E a segunda era que, quando um perigo se fez iminente, a reação imediata de Thorpe foi, mais uma vez, pensar em assassinato.

18

DE MAL A PIOR

As eleições gerais de 1970 foram um desastre para Jeremy Thorpe e os Liberais. Depois de gastar mais de 100 mil das 150 mil libras que Jack Hayward tinha doado para a campanha, eles só ganharam seis cadeiras, em contraposição às doze que tinham das eleições de 1966. Os helicópteros, as máquinas de telex, os pôsteres com "Fé, Esperança e Jeremy", tudo tinha sido em vão.

Também foi um desastre para Harold Wilson, que tinha interpretado muito mal o humor do eleitorado. Pela primeira vez na Inglaterra, pessoas de 18 anos ou mais podiam votar – antes disso a idade mínima era de 21 anos. Wilson estava convencido de que a esmagadora maioria desse novo eleitorado votaria nos Trabalhistas. Mas o que eles queriam mais do que tudo, e que ficou comprovado, era mudança. Wilson não foi o único a fazer a previsão errada; todas as pesquisas também se enganaram. Uma semana antes da eleição, a maior parte delas apontava os Trabalhistas pelo menos dez pontos percentuais à frente. Mas, na manhã da eleição, o *Daily Telegraph* sentiu o cheiro de uma mudança que se avizinhava. "As esperanças de os Conservadores ganharem as eleições de hoje estão elevadas, amparadas em muito nos votos das donas de casa".

Fosse pelo voto das donas de casa ou pelo dos recém-empoderados adolescentes, a maioria Trabalhista de mais de cem cadeiras foi varrida. O partido terminou com 288 cadeiras, enquanto os Conservadores conseguiram 330. Às 5h05 da tarde de 18 de junho, Harold Wilson e sua esposa Mary saíram da residência oficial, no número 10 da Rua Downing, pela porta dos fundos. Uma hora depois, Ted Heath entrou na rua sob um coro de "Ele é um bom companheiro" da multidão que o esperava.

Na noite da eleição, Peter Bessell foi convidado a representar o Partido Liberal durante a cobertura televisiva da BBC, sob o comando de Robin Day. Sentado nos Estúdios Lime Grove, foi observando, horrorizado, os monitores enquanto as cadeiras Liberais iam caindo uma após a outra. Então, chegou a notícia de que, em Devon do Norte, o resultado tinha sido tão apertado que seria necessária uma recontagem. Thorpe apareceu na tela de TV na frente da prefeitura de Barnstaple com o rosto lívido. Quando o resultado da recontagem foi anunciado, ele apareceu como vencedor por uma margem de apenas 369 votos, comparados aos 1.166 de quatro anos antes. Muitas pessoas da região disseram que, se não tivesse sido pela campanha de Caroline em favor do marido, Thorpe teria perdido seu cargo.

O resultado no antigo curral eleitoral de Bessell, Bodmin, só foi anunciado na hora do almoço do dia seguinte. Àquela altura, ele tinha conseguido dormir umas poucas horas e retornado aos estúdios da BBC. Foi Robin Day quem o informou de que o resultado acabara de chegar. Em vez de dizer diretamente, Day apenas lhe entregou um papel. Bessell pensou que estivesse preparado para o pior, mas também estava errado. Os Conservadores tinham virado a maioria que ele antes tinha, de dois mil, e ganharam por quase quatro mil votos de diferença. Quando Day pediu a ele um comentário no ar, Bessell simplesmente disse que estava "com o coração partido". Day aguardou, claramente esperando que ele dissesse mais alguma coisa, mas Bessell simplesmente não conseguiu. Somente bem mais tarde se deu conta de que havia lágrimas correndo em seu rosto naquele momento.

O próprio Thorpe lutou para ficar de bom humor. Disse o seguinte a seu amigo e antigo parlamentar Humphry Berkeley, principal apoiador da Lei de Crimes Sexuais: "Ainda tenho minha cadeira, um garotinho lindo e uma esposa que eu amo". Mas foi mais honesto com Bessell, admitindo que não tinha explicação para o que acontecera. "*Pedro*, por que a nossa velha magia não funcionou desta vez?"

Era uma pergunta que Bessell ainda estava se fazendo dez dias depois quando ele e Pauline compareceram ao jantar anual da Associação das Nações Unidas no Guildhall, em Londres. Thorpe também deveria comparecer. Quando os Bessell entraram no Guildhall, um dos organizadores os interpelou.

"Os senhores já souberam da Sra. Thorpe?", ele perguntou.
"Caroline?", Pauline disse. "O que tem ela?"
"Ela morreu hoje à tarde em um acidente de carro."

Naquela manhã, os Thorpe queriam voltar de Devon para Londres em seu Ford Anglia verde. No entanto, tinham tanta bagagem que decidiram que faria mais sentido se Thorpe e Rupert, agora com onze meses, pegassem o trem. Caroline os deixou na estação e então voltou ao seu sítio para terminar de fazer as malas.

Quando estava dirigindo na A303, em Hampshire, seu carro subitamente mudou de pista para a direção contrária. Bateu de frente com um caminhão de treze toneladas, colidiu com ainda mais um carro e voou a mais de três metros de altura antes de aterrissar com o teto no chão. A Sra. Elizabeth George, de Basingstoke, foi uma das primeiras a chegar ao local: "Era terrível. Ela estava levando um monte de cravos brancos e eles estavam espalhados no chão todo. O carro estava de cabeça para baixo e completamente destruído". Caroline ficou presa nas ferragens. Conseguiu falar brevemente com os policiais que a estavam tentando soltar, mas, na hora em que finalmente chegou uma ambulância do Hospital de Basingstoke, ela morreu de ruptura do baço.

Naquela tarde, Thorpe fazia um discurso na Câmara, congratulando o presidente por sua reeleição. Depois, ele e dois colegas foram até seu escritório conversar sobre como se fariam presentes politicamente com apenas seis cadeiras. Estavam lá havia pouco tempo quando então veio uma batida leve da porta. O Superintendente de Polícia pediu que Thorpe fosse lá fora um instante. Quando entrou de volta, Thorpe não disse nada; apenas desmaiou em uma cadeira.

Por mais que os motivos de Thorpe ao se casar com Caroline tivessem sido cínicos, não havia qualquer dúvida de que ele tinha passado a amá-la profundamente. Sua morte o destruiu: "Senti como se minha própria vida tivesse acabado ali". Também o fez questionar a natureza da existência, mesmo que ele não fosse normalmente um homem introspectivo. Falando a um programa religioso da Rádio BBC, disse: "A não ser que você creia na ressurreição, creio que esta vida aqui é apenas uma piada muito ruim... Não pode ser que as pessoas simplesmente morram. Tem de haver um propósito".

O velório de Caroline, organizado por David Holmes, foi realizado no jardim da casa deles em Cobbaton. Simultaneamente, um funeral público aconteceu em Barnstaple, onde pessoas em silêncio forraram as ruas. Durante o memorial, o violinista Yehudi Menuhin tocou a *Partita n. 2 para violino solo*, de Bach. Qualquer insatisfação que se formara quanto ao desempenho de Thorpe como líder do partido durante a campanha eleitoral foi deixada de lado por ocasião da onda de simpatia que se formou por ele.

Mas, nas semanas seguintes, seus amigos e colegas começaram a ficar alarmados. Ainda que Thorpe sempre tivesse manifestado intenso carinho por seu filho Rupert, agora estava obcecado pelo bem-estar do garoto, insistindo que deveria passar com ele todo o tempo que pudesse. Quando ia a Westminster, ficava vagando em meio a uma névoa de luto, fazendo reuniões e comparecendo a funções mal se dando conta de onde estava. Na investigação da morte de Caroline, apareceram sugestões de que ela também pudesse estar em algum estado de transe quando morreu. O motorista do caminhão com quem ela colidiu, Brian Knock, disse que ela estava "olhando para o chão no interior do carro" quando invadiu a outra pista. No entanto, o passageiro do caminhão, Stephen Blythe, contradisse essa história. "Quando vi aquele Anglia, ele já estava coisa de meio metro depois da linha branca divisória. A motorista parecia estar olhando diretamente para a frente sem notar para onde estava indo. Pensei na hora que era como se ela estivesse sonhando acordada. Parece que, na hora em que ela percebeu que estava de frente com o caminhão, balançou a cabeça como se finalmente entendesse o que estava para acontecer."

Desde então, houve muita especulação a respeito do que pode ter acontecido antes de Caroline sair com destino a Londres. De acordo com uma teoria, Norman Scott teria aparecido na casa logo depois de Thorpe pegar o trem e, com muito mais detalhes que antes, teria contado tudo sobre o relacionamento dos dois. Esse seria o motivo pelo qual ela estava olhando em linha reta de maneira aparentemente tão distraída.

Scott sempre insistiu que a única vez em que falou com Caroline foi quase um ano antes. Naquela ocasião, Thorpe conseguiu convencê-la de que não havia qualquer verdade na história. Mas o que de fato parece claro é que, tomado de luto e tentando desesperadamente encontrar uma explicação para o que aconteceu, Thorpe passou a acreditar que Scott teve alguma responsabilidade pela morte de Caroline.

Por mais que Thorpe tenha ficado perturbado com o acontecido, havia uma determinada coisa que Bessell sentiu que deveria contar a ele assim mesmo. Ao chegar ao apartamento de Thorpe, viu, abismado, que o lugar tinha sido transformado em uma espécie de altar de adoração a Caroline. Olhando para as fotos dela que cobriam as paredes, Bessell ficou mais preocupado do que nunca com o estado emocional de Thorpe. "Na melhor das hipóteses, ele não estava nada bem. Na pior, aquilo podia ser interpretado como uma manifestação da obsessão mórbida de Thorpe pela morte."

Bessell disse a Thorpe que, pouco antes da morte de Caroline, Scott tinha deixado um recado com sua secretária comunicando que estava se divorciando. Além de previsível, isso era também perigoso; Scott poderia usar os depoimentos do divórcio para começar a falar de seu relacionamento com Thorpe. O melhor jeito de neutralizar Scott, pelo que Bessell pensava, era encontrar para ele um advogado muito bom que o convencesse da bobagem que seria tornar pública alguma declaração. Bessell sugeriu que mandassem uma carta a Scott, chamando-o para seu escritório. Lá, ele gentilmente o indicaria a um advogado da confiança do próprio Bessell, um homem chamado Leonard Ross.

Thorpe concordou, mas disse que seria uma solução apenas temporária. Então, soltou as palavras que já eram familiares: "Precisamos apelar para a solução definitiva". Enquanto Bessell falava sobre como Scott poderia ser persuadido a ir para os Estados Unidos com uma promessa de emprego – antes de levar um tiro ou ser envenenado ou espancado até a morte com uma pá e depois largado nos pântanos da Flórida – sua mente começou a voar.

Ele já vinha sobrecarregado com seus próprios problemas. Os planos da empresa de embalagens de construir uma fábrica na Cornualha tinham estagnado. Norman Graham acreditava ter patenteado seu método de produzir a espuma plástica que seria usada para produzir as revolucionárias caixas de ovos. O problema era que duas companhias farmacêuticas americanas tinham apresentado oposição ao pedido de patente e se preparavam para produzir sua própria espuma.

Naquelas circunstâncias, Bessell achou que seria prudente separar a filial britânica da companhia de sua matriz americana. Na tentativa de dar mais segurança aos investidores, que ficaram alarmados com o que poderia acontecer, ele se ofereceu pessoalmente como fiador, tornando-se assim responsável por quaisquer perdas. Até aquele momento de sua vida, Bessell já tinha cometido uma quantidade significativa de erros na área financeira. Aquele gesto, no entanto, se provaria o mais desastroso de todos.

Quando Scott apareceu no escritório de Bessell, ficou claro que ele tinha passado por mais uma transformação. Todo aquele brilho aparente que ele tinha conquistado, toda aquela segurança frágil tinham ambos desaparecido. Agora, ele parecia mais em frangalhos do que nunca. Em boa parte, isso era devido ao fato de ele estar tomando tantos comprimidos que passava longos períodos em um estupor semiconsciente. Semanas antes, Sue Myers e seus dois meios-irmãos tinham ido a Londres com uma van de mudanças. Entraram no apartamento e levaram toda a mobília. Scott só ficou sabendo na hora em que finalmente conseguiu acordar e descobriu que estava tudo vazio, a não ser pela cama onde estava dormindo.

Scott também estava ainda mais perturbado com o pedido de divórcio – feito por Sue, com entusiasmado apoio dos pais – do que Bessell tinha suposto. Mas, comatoso ou não, ele tinha bolado um novo plano. Os donos do apartamento queriam reformá-lo e ofereceram a Scott 1.500 libras para que ele se mudasse o quanto antes. Em uma edição do jornal *The Times*, ele tinha visto um anúncio de um galpãozinho de moinho para alugar em uma vila chamada Tal-y-bont, no norte de Gales. Ainda que nunca tivesse ido ao lugar nem conhecesse ninguém lá, Scott, achou a casinha linda. Também vinha sentindo vontade de mudar de ares. Se tudo corresse bem por lá, ele poderia abrir uma escola de equitação.

Bessell também nunca tinha ido a Tal-y-bont, mas o lugar parecia seguramente longe o bastante de Londres. Antes que Scott partisse para Gales, Bessell o aconselhou a ir ter com o advogado Leonard Ross, a fim de discutir o divórcio – depois de persuadir o tipicamente relutante Thorpe a pagar pelos serviços de Ross. Scott concordou. Sua maior preocupação, segundo ele explicou, era tentar a custódia de Benjamin.

Pessoalmente, Bessell acreditava que as chances de isso acontecer eram próximas de zero, já que audiências de família não viam com bons olhos os homossexuais promíscuos com problemas mentais comprovados. Mas disse a Scott assim mesmo que daria um jeito de pagar o aluguel da nova casa, por meio de Leonard Ross. Também disse, só de passagem, que talvez tivesse como ajudar Scott a montar sua almejada escola de equitação.

Então, algo aconteceu que tirou todos os outros pensamentos da cabeça de Bessell. Em outubro de 1970, Norman Graham caiu morto com um ataque do coração fulminante. Seus credores entraram em pânico, a Corporação de Embalagens Plásticas dos Estados Unidos foi à falência e Bessell se viu atolado em débitos da ordem de mais de meio milhão de dólares.

19

O GRANDE PÂNTANO

Em 5 de fevereiro de 1971, Norman Scott ganhou uma carona de um amigo para Tal-y-bont; o tal amigo, como era de se prever, era um negociante de diamantes com o qual ele tinha recentemente começado um caso. Também no carro estavam suas duas cadelinhas whippet, Emma e Kate, um afghan hound chamado Maçã e um gato. Tal-y-bont era um lugar bem acolhedor para os não conformistas da sociedade. No século XIX, tinha sido lar da maior colônia de artistas do País de Gales. Mas era de se duvidar que as pessoas de lá já tivessem visto alguém como Norman Scott.

Não era apenas seu ar taciturno e saturnino que o diferenciava de todos; era também o modo como se vestia. O guarda-roupa de Scott ainda consistia de roupas que ele tinha ganhado em sua carreira como modelo de fotos de moda. Em Londres, ele seria apenas outro jovem moderninho andando na rua. Entretanto, em Tal-y-bont, seus ternos de veludo e suas camisetas psicodélicas com colarinhos enormes o faziam parecer que ele tinha acabado de sair de uma máquina do tempo.

No começo, os habitantes locais foram educados com ele, mas mantendo distância. Não que isso incomodasse Scott; ele já tinha se acostumado com a desaprovação geral havia muito tempo. Além disso, Tal-y-bont era justamente o que ele vinha procurando. Ele adorou a casinha, que se provou tão bonita quanto ele imaginara pela descrição no jornal. Também gostou do ar fresco e da beleza selvagem das paisagens. Livre das complicações da vida em uma metrópole, ele até começou a largar um pouco os comprimidos.

Mas, mais uma vez, seu idílio campestre não durou muito. Logo depois de chegar, Scott recebeu um cheque de 25 libras de Bessell, enviado por

Leonard Ross – e foi tudo. As semanas se passaram sem que nenhum outro cheque entrasse, e Scott acabou atrasando o aluguel. Junto com a conta bancária, também seu estado mental começou a declinar, ao ponto de que ele chegou a tomar uma overdose de Mogadon, um calmante, e foi passear na montanha que ficava atrás de sua nova casa, meio na espera de que pudesse morrer de frio. Caindo de sono, gelado, mas ainda vivo, foi encontrado pelo dono da oficina mecânica local, Keith Rose.

Rose e sua mulher acolheram Scott e ouviram ansiosamente enquanto ele contava sobre como todos os seus problemas tinham advindo de seu relacionamento com Thorpe. Eles então o encorajaram a telefonar para Bessell e explicar o que estava se passando. Bessell, na defensiva, disse que preferia não falar daquilo por telefone e pediu que Scott fosse mais uma vez até Londres. Na manhã seguinte, um envelope chegou à sua casinha nova, contendo dez libras para cobrir as passagens de trem.

Como de costume, Bessell estava cheio de desculpas – desculpas que agora já pareciam a Scott como flagrantemente insinceras. Ele explicou que Thorpe ainda estava completamente tomado pelo luto enquanto ele mesmo estava em um momento de imensa, mas temporária, dificuldade financeira. Scott não se abalou. Exigiu saber do dinheiro de seu aluguel. E aquela tal ajuda para montar a escola? Com a possibilidade de ter de lidar com um Norman Scott enfurecido, Bessell prontamente deu um passo atrás. Prometeu pagar os aluguéis atrasados e dar o dinheiro para a escola de equitação. O montante se provaria duvidoso: Scott insistia que Bessell prometera a quantia de cinco mil libras, enquanto Bessell alegava que eram só quinhentas.

Scott voltou a Tal-y-bont se sentindo seguro de que mais um cheque logo chegaria. Só que não chegou. A única coisa que aconteceu foi que, no dia 7 de abril, Bessell enviou a ele uma carta: "Caro Norman, sinto muito em lhe dizer que não consegui levantar o dinheiro que você precisa e agora preciso partir em viagem urgente aos Estados Unidos...".

Quando Keith Rose viu isso, ficou com tanta raiva por Scott que decidiu escrever diretamente a Jeremy Thorpe na Câmara dos Comuns: "A situação financeira do Sr. Scott é crítica neste momento. Ele ainda tem amigos que querem ajudá-lo, mas obviamente essa situação precisa ser resolvida. Creio ser de seu maior interesse fazê-lo". Normalmente, Thorpe teria passado algo assim diretamente a Bessell. Mas Bessell estava mesmo em viagem aos Estados Unidos, então ele pediu a um secretário pessoal,

Tom Dale, que respondesse. Ainda que a assinatura tenha sido a de Dale, o tom de desprezo era bem o de Thorpe: "Até onde o Sr. Thorpe está ciente, ele não conhece esse Sr. Norman Scott. No entanto, ele acredita que o Sr. Van de Brecht de Vater (*sic*) conhecia um Sr. Norman Josiffe que pode ser a mesma pessoa. O Sr. Thorpe me incumbiu de informar-lhes de que não tem qualquer obrigação pendente com relação a essa pessoa".

Para Scott, aquela carta foi um tapa na cara. Ficou ainda mais deprimido. Um mês depois, estava novamente sem um tostão. Mudou-se da casa de moinho e foi morar em um trailer abandonado ali perto mesmo. Mas mais uma vez sua incrível capacidade de fazer as pessoas se apiedarem dele veio ajudá-lo. Uma mulher chamada Gwen Parry-Jones, que já tinha trabalhado como subchefe do correio local, ficou amiga dele e permitiu que ele ficasse no sítio que era de sua propriedade sem pagar aluguel.

Gwen Parry-Jones tinha seus 50 e poucos anos. Seu marido, um soldado da guarda galesa, tinha morrido dois meses antes. Ela vinha de uma família religiosa muito devota e era tida por todos como uma mulher de princípios morais muito rígidos – jamais entraria, por exemplo, no bar local. Gentil, vulnerável e dona de o que Scott descreveu certa vez como "um rosto muito próprio de um Modigliani", Parry-Jones também se mostrou uma boa ouvinte. Pelo que ele insistiu em enfatizar em sua versão, os dois logo começaram um caso por iniciativa dela: "Ela realmente se insinuou para mim". Seja como for, Scott não era exatamente um participante desinteressado; a confusão sexual nunca antes o inibira de fazer nada.

Não demorou para que os dois passassem a andar de mãos dadas pela vila. Notícias do *affair* entre a senhora viúva de meia-idade e o jovem de humor estranho eletrizaram a pequena Tal-y-bont. Se já suspeitavam muito de Scott no começo, agora o estranhavam ainda mais. O próprio Scott pensou que, se é que Parry-Jones percebia as reações das pessoas, estava apaixonada demais para demonstrar: "Acho que ela estava imensamente orgulhosa de que aquele garotinho jovial tivesse aparecido em sua vida justo quando ela pensava que tinha chegado ao fim".

Além de boa ouvinte, Parry-Jones era também uma ávida apoiadora dos Liberais. Por anos, tinha tido boas relações com o pai de Emlyn Hooson, cujo curral eleitoral, Montgomeryshire, não era muito longe dali. Convencida, tal como os Rose, de que todos os problemas de Scott advinham de seu relacionamento com Jeremy Thorpe, Parry-Jones decidiu que tomaria uma atitude efetiva. Escreveu a Emlyn Hooson e, sem entregar o nome de Thorpe, disse que um jovem que ela conhecia tinha sofrido horrivelmente como resultado de um relacionamento que tivera com "um colega Liberal". Ao tentar ocultar o caso, esse colega até então não identificado tinha não apenas arruinado a vida do jovem como também danificado a reputação do partido.

A resposta de Hooson não escondia de modo algum o quanto ele ficara alarmado com a notícia. Datada de 19 de maio de 1971 e com uma advertência de "confidencial" escrita no envelope, a carta começava com o seguinte: "Prezada Sra. Parry-Jones, agradeço-lhe muito por sua carta recente com tal conteúdo perturbador. Considerando que as pistas que me deu até agora foram extremamente sérias, com relação às alegações e à conexão com esse cavalheiro que a senhora menciona, penso que é absolutamente essencial que me informe de mais detalhes e que tenha evidências do que afirma...".

Em sua carta de volta, Parry-Jones preferiu não dar os tais detalhes. Contudo, ela escreveu o seguinte: "Por favor, diga ao Sr. Bessell que o Sr. Norman Scott está em situação grave e que, se ele tem alguma decência, irá cumprir a promessa feita a ele imediatamente". Essa sentença pareceu a Hooson como algo carregado de sentidos escondidos. Ele sugeriu que ela fosse se encontrar com ele em sua cidade naquele fim de semana. Dada a seriedade das alegações, Parry-Jones sentiu que seria ainda mais apropriado se ela e Norman Scott fossem pessoalmente à Câmara dos Comuns. Hooson concordou e o encontro foi combinado para a semana seguinte, na tarde de 26 de maio.

Em Nova York, Bessell tinha embarcado em uma frenética rodada de reuniões com diversos bancos, tentando persuadi-los a manter o braço inglês de sua companhia funcionando. Mas, em todos os casos, a resposta foi a mesma: a empresa estava acabada e a única escapatória para Bessell de seus credores seria ele mesmo se declarar falido.

Depois que Bessell já estava lá havia alguns dias, David Holmes ligou para ele para dizer que também estava em Nova York. Por que então eles não almoçavam juntos? Sentindo que aquilo poderia distraí-lo dos muitos problemas, Bessell aceitou na hora. Eles se encontraram, por sugestão de Holmes, no Hotel Algonquin. Nos anos 1920, aquele tinha sido o lar da Mesa Redonda Algonquin, um clube de jantares informal no qual se encontravam as mais notáveis figuras literárias daqueles tempos – Dorothy Parker, Robert Benchley e o dramaturgo George S. Kaufman – para trocar tiradas geniais.

A conversa entre Holmes e Bessell tinha bem menos brilhantismo. Começaram falando sobre como a continuada imersão de Thorpe em seu luto agora recendia a autoindulgência. "Ele está chafurdando nisso", Holmes disse um tanto sinceramente. Bessell perguntou – talvez não sem uma ponta de esperança – se Thorpe não estaria a caminho de um colapso nervoso. Holmes achou que não, mas disse que pensava que ele estivesse mostrando sinais de estar se tornando perigosamente obsessivo. Na ausência de Bessell, Thorpe mais uma vez ficou atormentando Holmes para que ele se saísse com outro plano viável para assassinar Scott. O que eles iriam fazer?

Como sempre, Bessell gostou da companhia de Holmes. Mais importante que isso, considerava-o uma pessoa respeitável. Com seus pesados óculos pretos e seu ar de fastidiosa discrição, Holmes não parecia o tipo de pessoa que se misturaria a assuntos duvidosos. Mas, ao mesmo tempo, Bessell também o considerava uma pessoa quase impossível de ser lida. Os hobbies de Holmes – óperas de Mozart e uma coleção de miniaturas antigas – eram tão conservadores quanto sua aparência. Houve vezes em que Bessell se perguntou se aquilo não seria tudo um disfarce elaborado para esconder a verdadeira natureza do homem. Ainda assim, mesmo que Holmes fosse um enigma, nunca tinha parecido a Bessell que ele fosse um enigma dos mais inteligentes.

Tanto quanto Thorpe e Scott tinham mais em comum do que gostariam de admitir, também Bessell e Holmes iam por esse caminho. Ambos idolatravam Thorpe. Enquanto Holmes se rebaixava mais como um escravo em sua devoção, Bessell já provara que poderia colocar o bem-estar de Thorpe acima do seu se a ocasião assim exigisse. Mas será que estariam preparados a ir assim tão fundo para ajudar Thorpe? Era uma pergunta que Bessell fez com frequência a si mesmo a partir daquele momento de sua vida. A única explicação que ele pôde elaborar foi a de que Thorpe tinha uma capacidade notável de inspirar não apenas lealdade em seus amigos como também algo muito maior do que isso – algo como uma voluntariedade de se lançar ao perigo, até mesmo de se sacrificarem em prol dele.

Sem a presença de Thorpe no Algonquin, havia algo de ridículo em eles discutirem a proposta de assassinato de Scott. Afinal de contas, Bessell nem mesmo tinha tentado ludibriá-lo a se mudar de Tal-y-bont para os Estados Unidos. E, mesmo que tivesse, era bem improvável que Scott fosse algum dia conseguir um visto. Thorpe, no entanto, tinha a nítida impressão de que Scott já estava a caminho dos Estados Unidos, ou pelo menos pensando em ir.

No fim daquele almoço, ambos se saíram com algo que julgaram ser um plano viável. Se ambos pudessem persuadir Thorpe de que já tinham feito tudo a seu alcance para matar Scott, ou mandar matá-lo, era possível que ele concluísse que o assassinato não era a solução. Mas, para que o plano funcionasse, era imperativo que dessem a Thorpe tantos detalhes quanto possível. Precisavam convencê-lo de que já ficara provado que era arriscado demais contratar um matador profissional. Em vez disso, o próprio Holmes faria o serviço. Então, eles diriam que alguma coisa saiu errado e eles tiveram de abandonar a ideia.

Por mais distraído que estivesse, Bessell podia ver que aquele não era um plano nada bom – na verdade, parecia ter quase tantos buracos quanto substância. Mas, sem conseguir pensar em nada melhor, decidiu seguir adiante com aquilo mesmo. Em dois dias, estaria viajando à Flórida para conversar com mais bancos, e Holmes disse que iria até lá também para que eles se encontrassem e discutissem melhor o assunto.

Como combinado, se encontraram na entrada do Hotel Howard Johnson, em Fort Lauderdale. Antes de entrarem, Holmes pediu a Bessell que desse uma olhada no banco de trás de seu carro alugado. Lá havia um revólver.

Bessell ficou olhando horrorizado.

"Mas, David, por quê?", perguntou.

Holmes abriu a porta e pediu que ele olhasse melhor. Quando o fez, Bessell percebeu que era uma réplica de brinquedo. Em outras circunstâncias, até teria pensado que era uma boa piada. No entanto, naquela hora, aquilo só o deixava mais intranquilo. A sensação só fez aumentar quando eles entraram em um café e Holmes desdobrou um enorme mapa da Flórida sobre a mesa. Apontou para uma área grande, aparentemente inabitada, no meio do estado, entre Fort Lauderdale a leste e Naples a oeste. Bessell viu que aquele lugar era chamado de pântano Big Cypress. Holmes disse que estava indo dar uma olhada naquele pântano naquela tarde mesmo para que pudesse descrevê-lo para Thorpe.

Bessell o avisou para tomar cuidado com cascavéis. Holmes estremeceu e admitiu que tinha fobia de cobras.

"David", Bessell disse. "Já está bem claro que você não foi talhado para essa história de matar alguém."

Naquela noite, Bessell decidiu que ele também iria dar uma olhada no tal pântano. Se era para Thorpe acreditar que eles já tinham feito tudo a seu alcance para matar Scott, então ele e Holmes teriam de ser capazes de enfrentar um interrogatório. Enquanto foi dirigindo para o pântano em meio ao ar pesado da noite, viu nos fachos de seus faróis que havia trincheiras profundas dos dois lados da pista estreita e mal iluminada. Percebeu que um corpo poderia facilmente ser jogado naquelas trincheiras e ficar ali por semanas ou meses sem ser descoberto – ou então ser comido pelos jacarés.

Bessell se pegou pensando como seria se Scott estivesse realmente com ele no carro ali, naquela hora. Pensou em como pararia em algum lugar predeterminado no meio de lugar nenhum. Holmes então sairia da escuridão e atiraria na cabeça de Scott. "Imaginei como seria jogar o corpo pesado, ainda quente, naquela vala onde criaturas da noite roeriam e mordiscariam a carne putrefata."

Ao dirigir de volta para West Palm Beach, onde estava hospedado no Holiday Inn, Bessell foi tomado por uma súbita sensação de desesperança. Pensou em todas as promessas que fizera, todas as mulheres que tinha desapontado, todos os desastres financeiros que tinha deixado por onde passou – na bagunça incrível que tinha feito de tudo em sua vida. Depois da escuridão opressora do pântano Big Cypress, as placas de neon e as ruas muito iluminadas de West Palm Beach pareciam outro mundo. Mas ainda assim o ânimo de Bessell não melhorou.

No restaurante do hotel, ele se sentou e escolheu um prato. Um trio começou a tocar em um canto do salão e vários casais mais velhos se levantaram e começaram a dançar. Na mesa de Bessell, havia uma vela acesa dentro de um globo vermelho de vidro. Uma mariposa teimava em voar em volta do globo, chegando cada vez mais perto da chama. Logo antes de as asas dela pegarem fogo, Bessell se inclinou e apagou a vela. Naquele instante, tomou uma decisão. Ele não conseguia mais continuar daquele jeito. Não queria continuar mais nada. Iria se matar.

20

UMA MORTE IMPREVISTA

Quase dez anos antes, em novembro de 1961, quando Norman Scott se sentou pela primeira vez no Salão St. Stephen, dentro do Palácio de Westminster, olhou para cima e viu a figura de Jeremy Thorpe se curvando sobre ele com os braços abertos. Agora, observava outra figura cruzar o piso preto e branco até onde ele e Gwen Parry-Jones estavam sentados aguardando. A mulher se apresentou como Helen Roberts, secretária de Emlyn Hooson, e explicou que, infelizmente, o Sr. Hooson fora chamado com urgência em outro lugar e não estaria de volta até o começo da noite. Perguntou se eles se importariam de conversar com David Steel, o líder dos Liberais.

Scott suspeitou de que se tratava de mais um ardil, outra tentativa de impedi-lo de falar. Mas, se ambos já tinham ido tão longe, não havia muito sentido em voltar o caminho todo até Gales. Momentos depois, os dois foram conduzidos até o escritório do político, onde Steel, um escocês elegante, se encontrava sentado atrás de uma grande mesa. Quando eles entraram, ele se levantou. A primeira impressão que teve de Scott não foi favorável. "Ele mancava, tinha um aperto de mão ensebado, parecia suar demais e falava de forma muito suave e hesitante, dando a clara impressão de estar passando por um colapso nervoso... Em resumo, me deu a impressão de ser uma daquelas pessoas que não se encaixam de jeito nenhum em momento algum da vida e estão sempre prontas para culpar os outros pelos seus infortúnios."

De sua parte, o próprio Scott admitiu que estava em "um estado emocional alterado", enquanto Gwen Parry-Jones estava "estupefata e nervosa". A reação imediata de Steel foi a de considerar Scott um lunático e fazer pouco dele. Ainda assim, pensou que seria melhor se pelo menos ouvisse o que ele tinha a dizer. Muito embora Hooson já tivesse informado Steel a respeito das cartas de Parry-Jones, o político pediu a Scott que contasse sua história em suas próprias palavras, esperando que isso fosse esclarecer melhor as coisas. Scott prontamente se afundou na litania de desastres que o tinham acometido, mas, em vez de tornar as coisas mais claras, foi deixando tudo cada vez mais confuso, segundo a impressão de Steel. Como a segunda carta de Parry-Jones mencionara Peter Bessell, tanto Steel como Hooson presumiram que era ele o tal "colega Liberal" que tinha agido mal. Considerando o histórico de Bessell, não seria surpresa nenhuma, mas, já que ele não era mais um parlamentar, qualquer dano ao partido seria mínimo naquele momento.

Mas logo a terrível verdade dos fatos atingiu Steel. Não era de Bessell que Parry-Jones estava falando – era de Jeremy Thorpe. E mais: Scott aparentemente tinha cartas que sustentavam suas alegações. Montes de cartas, que ele começou a tirar de uma mala e entregar a Steel. Nessa hora, Scott se lembrou de Steel começar a ficar branco. "Foi extraordinário; o sangue literalmente foi se esvaindo das faces dele." Steel viu que todas as cartas vinham de Bessell e se referiam a um pagamento regular que Scott vinha recebendo, sem que ficasse claro o porquê. Uma carta em particular se sobressaía. Continha a seguinte sentença: "Já conversei com Jeremy Thorpe e o informei a respeito da presente situação".

Havia mais cartas, segundo Scott alegava; cartas de amor escritas para ele por Thorpe. Quando Steel ouviu isso, uma única pergunta ficou ressoando em sua cabeça: será que o suarento e gaguejante Scott estaria falando a verdade? Tal como qualquer outro parlamentar Liberal, Steel também tinha ouvido os rumores sobre a vida particular de Thorpe, mas os tinha ignorado, presumindo que não fossem verdadeiros ou que fossem irrelevantes para sua carreira política. Mas, se Thorpe vinha realmente pagando Scott regularmente, aquilo mudava tudo. Muito embora Steel ainda não estivesse inclinado a acreditar, pelo menos uma coisa que Scott disse soava como verdade. "Foi quando ele descreveu como Jeremy tinha batido em sua porta de manhã e perguntado como ele preferia seus ovos. Achei aquilo muito genuinamente Thorpe."

Steel disse que gostaria de consultar outros colegas parlamentares. Perguntou se eles poderiam, então, se encontrar no dia seguinte. Scott disse que ficaria feliz de fazê-lo, mas que Gwen Parry-Jones tinha de retornar ao País de Gales. No momento em que Hooson voltou à Câmara naquela noite, Steel o convocou até seu escritório. Mais uma vez – agora nas palavras de Hooson – Steel estava "branco como papel".

"Não é sobre Bessell", ele explicou. "É sobre Jeremy."

Decidiram que a única coisa a fazer era falar diretamente com Thorpe, mas ele estava ausente naquela época, em visita à Zâmbia. Para complicar ainda mais, o feriado de Pentecostes estava chegando e Steel tinha planejado fazer uma peregrinação pela região de Fife, Escócia, com sua mulher e os dois filhos pequenos.

No dia seguinte, 27 de maio, Scott voltou à Câmara para o que, de fato, foi um interrogatório conduzido por Steel e Hooson. Mais uma vez, Scott mencionou as cartas que Thorpe enviara a ele. Naturalmente, Hooson e Steel queriam ver as tais cartas, mas Scott disse que elas não estavam mais em suas mãos, pois ele as tinha entregado à polícia lá em dezembro de 1962. Assim como Steel, Hooson também teve uma inclinação a considerar Scott como apenas um louco. "Formei uma impressão forte de que Norman Scott tinha verdadeira fixação por Jeremy Thorpe, algo como uma menininha desiludida", ele disse tempos depois.

Já Steel não estava mais tão certo disso. Agora que tinha visto Scott outra vez, revisara sua opinião inicial. Podia ver que o rapaz tinha mesmo uma tendência à histeria, mas não apresentava nenhum sinal óbvio de loucura. Antes que Scott saísse, Steel e Hooson perguntaram se ele poderia voltar uma terceira vez depois do feriado. Sentindo que finalmente estava chegando a algum lugar, e sem nenhuma pressa em voltar para o País de Gales, Scott concordou.

Como eminente advogado, Hooson tinha bons contatos na polícia. Conseguiu rastrear Edward Smith – antes apenas inspetor, agora inspetor-chefe –, um dos dois policiais com os quais Scott alegava ter conversado em 1962. Smith confirmou que um depoimento acontecera de fato e que Scott tinha entregado algumas cartas. Essas cartas, pelo que ele sabia, foram repassadas ao MI5. Ao ouvir isso, uma pequena sombra de dúvida começou a aparecer na cabeça de Hooson. Assim que Thorpe voltou a Londres, Hooson o chamou e exigiu uma explicação. Thorpe foi muito franco quanto a ter encontrado Scott, mas insistiu que apenas tentara ajudá-lo. Se era esse o caso, Hooson perguntou, como Scott tinha sido capaz de descrever a decoração da casa da mãe de Thorpe em Oxted, assim como a do velho apartamento em Marsham Court?

Considerando que Thorpe tinha acabado de chegar de um voo vindo da Zâmbia, até que se saiu muito bem na resposta. Admitiu que, sim, Scott o tinha visitado em algumas ocasiões, mas nada de sexual jamais tinha acontecido entre os dois. Hooson não ficou convencido. Disse que uma investigação completa envolvendo as autoridades do partido teria de acontecer. Aquele seria o único jeito de se chegar ao âmago daquele assunto. E isso, claro, era a última coisa que Thorpe queria. Sugeriu que eles deveriam se encontrar no dia seguinte em seu escritório na Câmara dos Comuns. Sem nunca perder a fé em seus poderes de persuasão, Thorpe sentia que era perfeitamente capaz de desarmar aquela situação e fazer a cabeça de Hooson.

Mas Hooson se provou mais resistente do que o líder antecipara. Quanto mais ouvia, mais suspeitava de que Thorpe estava mentindo. Sua reunião logo se tornou uma discussão pesada. Hooson repetia que deveria haver uma investigação. Thorpe retaliou ameaçando usar seus contatos para acabar com a carreira de Hooson como advogado, sem nunca especificar como. Depois de um tempo, os dois se acalmaram, mas Hooson ainda queria uma confirmação. O que aconteceria se a história de Scott se provasse verdadeira? Thorpe renunciaria como líder?

"É claro", Thorpe respondeu bruscamente. "Mas não é, e não vou."

A peregrinação de Steel se provou bem menos relaxante do que ele queria. Toda noite, ele parava em algum telefone público e ligava para Emlyn Hooson para perguntar o que estava acontecendo. Ficou sabendo que Thorpe tinha cedido à investigação, sob a condição de que ele nomeasse quem iria presidi-la. Pelo que ele propôs, essa pessoa seria Lorde Byers, líder dos Liberais na Câmara dos Lordes. Byers tinha um histórico militar muito distinto e uma carreira próspera como empresário. Entretanto, não era um homem reconhecido por ter muito tato ou sutileza.

À noite, Steel ficava acordado durante suas andanças pela Escócia, preocupado com o que iria acontecer. Quando retornou de viagem, uma data para o inquérito já tinha sido acertada. Às 2 horas da tarde de 9 de junho de 1971, Scott foi conduzido ao escritório de Lorde Byers na Câmara dos Lordes. À frente dele, estavam o próprio Lorde, Emlyn Hooson e David Steel sentados a uma mesa oval de carvalho. Scott contou depois que estava muito nervoso naquele dia. "Em minha criação, sempre me disseram para respeitar os mais velhos, e ali estavam aquelas três figuras tão distintas. Foi extremamente intimidador."

Steel vinha esperando que Byers adotasse um discurso conciliador, pois já tinha visto como Scott podia facilmente ficar inflamado. Mas também sabia que Byers não era exatamente do tipo que usaria um quebra-nozes se houvesse uma marreta disponível. E, de fato, Byers foi bastante agressivo desde o momento em que Scott entrou, e só foi ficando ainda mais à medida que a reunião avançou. Quando Scott terminou de contar sua história, Hooson perguntou por que ele estava atrás de vingança contra Thorpe.

Não era uma vingança, protestou Scott; ele apenas queria seu cartão do seguro de volta. E, mais que isso, entre lágrimas àquela altura, ele disse que ainda amava Thorpe, mesmo sentindo que tinha sido muito maltratado por ele. Aquilo foi demais para Byers. Socando a mesa, disse que Scott não era nada além de um chantagista barato. Disse também que o rapaz era mentalmente instável e precisava de tratamento imediato. Afinal, onde estavam aquelas cartas de Thorpe que Scott alegava ter – as tais cartas que continham revelações tão danosas? Não havia nenhuma razão boa o bastante para que ele não as apresentasse ali.

Byers possivelmente esperava que Scott fosse desmoronar de vez naquela hora e sumisse para nunca mais retornar. Se era mesmo o caso, então tinha subestimado o rapaz. Como Steel suspeitava, Scott tinha constituição bem mais vigorosa do que aparentava. "Quem foi moralmente chantageado fui eu!", Scott gritou. Xingou Byers de "velho pomposo". Insistiu que tinha mesmo evidências de seu caso com Thorpe e pretendia pôr as mãos nelas outra vez.

Scott então saiu da sala bruscamente, batendo a porta e deixando seus três interrogadores sentados em silêncio. Depois de tudo, Steel comentou secamente que "a conversa não tinha sido nada útil".

Por mais que Scott tenha ficado com raiva, pelo menos aprendeu uma lição importante: nenhuma autoridade acreditaria nele a não ser que ele pudesse provar seu relacionamento com Thorpe. Isso significava que ele teria de pegar de volta as cartas que tinha deixado com a polícia em 1962. Por isso, assim como Emlyn Hooson tinha feito, ele decidiu ir atrás do inspetor-chefe Edward Smith.

Foi até a delegacia de Lucan Place, em Chelsea, onde tinha dado seu depoimento original, e descobriu que Smith tinha sido transferido para a delegacia de Southwark. Deixou um recado pedindo que ele ligasse e voltou ao apartamento onde estava hospedado. Pouco depois, Smith ligou. Combinaram de se encontrar em Southwark no dia seguinte. Quando Scott chegou, foi levado a uma sala de interrogatório onde Smith estava aguardando junto a um policial mais velho e mais graduado, o superintendente-chefe John Perkins.

Scott presumira que o encontro não duraria muito, e que conseguir as cartas de volta seria algo simples. Estava errado nas duas coisas. Primeiro, foi informado de que deveria prestar um depoimento formal.

Perguntou o porquê.

Smith não quis dizer, mas alegou que "isso vai ajudá-lo no futuro".

Mais uma vez, Scott entrou nos detalhes de seu relacionamento com Thorpe – mais detalhes do que em qualquer outra vez, aliás. À medida que o depoimento transcorria e as perguntas ficavam cada vez mais incisivas, ele percebeu que a polícia estava suspeitando de que ele tentava chantagear Thorpe.

Depois de ser interrogado por dez horas, Scott teve de assinar seu depoimento – de 33 páginas – e foi liberado. Já era 1h da manhã. O superintendente-chefe Perkins o levou para casa. No caminho de volta, Scott assinalou que ainda não tinha recebido suas cartas de volta.

"Ah, não acho que você algum dia vá vê-las de novo", disse Perkins.

No dia seguinte, Scott voltou ao norte do País de Gales, mais convencido do que nunca de que havia misteriosas forças obscuras agindo contra ele. Enquanto isso, seu depoimento foi parar no escritório do comissário-assistente da polícia metropolitana da Scotland Yard. Lá, foi enfiado em um cofre de ferro usado para guardar documentos altamente sigilosos – o mesmo cofre que ainda continha o depoimento dado por Scott à polícia em 1962.

Para a irritação de Thorpe, Emlyn Hooson ainda estava farejando a história, tentando descobrir o que de fato acontecera. Na esperança de acabar com aquela investigação, Thorpe foi ter com Reginald Maudling, o Secretário do Interior dos Conservadores. Os dois sempre tinham se dado bem – ambos eram membros de um clube de jantares exclusivo, o Other Club, fundado por Winston Churchill – e se encontravam a cada duas semanas no Hotel Savoy. Depois de passar a Maudling um relato extremamente alterado de seus problemas com Scott, Thorpe explicou que estava para fazer um depoimento formal a respeito do inquérito conduzido por Lorde Byers. Mas, antes de fazê-lo, queria saber se a polícia estava de posse de alguma outra informação sobre Scott.

Maudling o aconselhou a ir direto a Sir John Waldron, o comissário da polícia metropolitana. Waldron ficou feliz em ajudar. Disse que a polícia não tinha nenhum detalhe do histórico psiquiátrico de Norman Scott, o que deu a Thorpe carta branca para pintá-lo como um degenerado fantasista. Tanto Waldron como Maudling concordaram em confirmar que o depoimento de Thorpe batia com a verdade. Presumindo que Waldron tenha lido o arquivo policial de Thorpe – e é impensável que não o tenha feito – é bem provável que ele tenha visto que o depoimento era um balaio de meias-verdades e mentiras deslavadas. Mas, fora algumas pequenas alterações, não fez qualquer objeção ao documento.

Em 13 de julho de 1971, Thorpe escreveu uma carta confidencial a Reginald Maudling:

Caro Reggie,

Sou muito grato a você por seu interesse e pela ajuda no caso de Scott. Pelo que Byers, Steel e eu sabemos, o caso está encerrado. Para intensa irritação nossa, Hooson, cujos motivos não são inteiramente altruístas, está determinado em seguir bisbilhotando para descobrir se consegue desencavar alguma coisa. Ele já inclusive sugeriu que eu deveria renunciar à liderança e talvez ao meu próprio mandato.

Frank [Lorde Byers] acha que a melhor forma de convencê-lo de que ele está apenas buscando sensacionalismo sem propósito é apresentar os fatos em uma carta confidencial minha para Frank, e ela ficaria de posse do destinatário, mas seria mostrada a Hooson. Um rascunho dessa tal carta que pretendo enviar se encontra anexa a esta. Antes de eu fazê-lo, no entanto, gostaria de ter certeza de que ela reflete corretamente sua lembrança de nossas conversas e também das que tivemos com Sir John Waldron.

Para finalizar, gostaria também de anexar, em minha carta particular a Frank, um bilhete rápido seu e um de Waldron (ou apenas um bilhete seu em nome de ambos), dizendo que o conteúdo é um resumo fidedigno. Nada mais que isso será necessário. Nem preciso dizer que isso ficaria nos arquivos de Frank e seria tratado como totalmente confidencial.

Sinto muito pelo incômodo. Mas a primeira lição a ser aprendida em política é a de que ninguém pode ser tão desleal quanto seus próprios colegas!

Sempre seu amigo,
Jeremy

É bem possível que Maudling tenha suspeitado de que o relato de Thorpe não era correto nem abrangia todos os fatos. Mas sua resposta chegou perto de ser um endosso perfeito sem sê-lo:

Caro Jeremy,

Obrigado por me mostrar sua carta a Frank Byers. Mostrei-a ao comissário. Nenhum de nós vê qualquer razão para discordar do relato.

R.M.

No entendimento de Thorpe, no entanto, aquilo era mais que suficiente. Com toda a satisfação, desfilou a carta de Maudling na frente de Frank Byers e Emlyn Hooson, dizendo que ela provava conclusivamente que não havia base para as alegações de Scott. Depois de seu enfrentamento com Scott, Byers só podia mesmo acreditar satisfeito. Ao passo que Hooson ainda tinha suas dúvidas, não havia muito que ele pudesse fazer sem evidências, como contou a Gwen Parry-Jones em uma carta:

Obviamente, minha principal preocupação, e também a do Sr. Steel, é com as alegações muito sérias feitas contra um de nossos colegas em posição eminente, e que são veementemente negadas por essa mesma pessoa. Por outro lado, o jovem conta uma história bastante convincente e está claramente em um estado mental de muito estresse, então a questão da confirmação se torna muito importante.

Dois dias depois, Gwen Parry-Jones respondeu. Apenas um mês antes, ela estava ansiosa em erguer sua foice para defender Scott. Mas agora alguma coisa tinha mudado. Um quê de cautela – talvez até de desilusão – tinha tomado conta dela. "No começo, a vila o aceitou bem", ela escreveu sobre Scott, e então continuou:

> ... mas depois todos ficaram desconfiados e começaram a evitá-lo. Como faço muito trabalho voluntário, achei que era minha obrigação tentar, do jeito mínimo que posso, arranjar para ele algumas refeições e apenas me sentar e ouvir sobre seus problemas. Em todas as vezes, ele foi um perfeito cavalheiro comigo e não pude ver qualquer intenção sinistra da parte dele – a não ser aquelas que ele acredita haver em sua mente, sobre seu passado cheio de culpas –, e era uma batalha constante aquela que ele travava para provar que queria uma vida mais dentro do normal, de modo que ninguém mais pode ajudá-lo a crescer e se tornar um homem a não ser ele mesmo.
>
> Por favor, se possível, não apresente nenhuma acusação contra ele. Ele não vai mais incomodá-los.
>
> Muito obrigada, e sinto por ter dado ainda mais trabalho à já tão atribulada vida dos senhores.
>
> Sinceramente,
Sra. L.G. Parry-Jones

Logo depois que Norman Scott voltou de Londres, ele e Gwen Parry-Jones foram morar juntos. Tal-y-bont inteira ficou estarrecida com aquilo. Na esperança de tirar a cabeça de Scott do caso com Thorpe e das cartas desaparecidas, ela deu a ele quinhentas libras para ajudar a montar um centro de montaria em pôneis. A iniciativa deu certo, com Scott ensinando grupos de crianças a montar. Mas a vida doméstica se provou bem mais frágil. Qualquer sonho que Parry-Jones tinha de que seu relacionamento pudesse funcionar logo desapareceu. Ficou dolorosamente óbvio que os sentimentos dela eram muito mais fortes que os dele. "Eu acho que ela estava apaixonada por mim, mas eu não estava por ela", ele diria depois.

Ela ficou cada vez mais deprimida e, depois de algumas semanas, se mudou de volta para a casa onde morava antes. Duas semanas depois, uma carta chegou à casa de Scott endereçada a Parry-Jones. Pensando que poderia ser urgente, ele a abriu. A carta vinha de uma mulher que agora comandava a central dos correios em Tal-y-bont. Escrevia para contar que a tia de Parry-Jones vinha tentando entrar em contato, mas as tentativas não tinham dado em nada, e a tia estava preocupada. Pedia para que Parry-Jones entrasse em contato o quanto antes.

Ao ler isso, imediatamente Scott sentiu que "algo estava terrivelmente errado". Telefonou para a mulher dos correios e pediu que ela chamasse a polícia. Quando a polícia foi à casa de Parry-Jones, tocou a campainha repetidas vezes, mas não teve resposta. Ao arrombarem a porta, encontraram-na em seu quarto no andar de cima. Estava morta, deitada na cama. A calefação ainda estava ligada e o corpo já estava bastante decomposto, tornando difícil identificar quando ou como ela tinha morrido.

Pelo que Scott podia dizer, Parry-Jones tinha se matado, desgostosa com toda a corrupção política que encontrara. A vida toda, ela tinha tido muito respeito pelos políticos, mas, depois da visita de ambos a Londres, sua fé tinha sido severamente abalada, segundo o relato de Scott. Era possível também que isso tivesse a ver com o estado mental dela naqueles últimos tempos, ainda que isso não combinasse muito com o conteúdo de sua última carta a Emlyn Hooson. Também era possível que ela ainda estivesse de luto pelo marido, que tinha morrido menos de um ano antes. Mas é difícil afastar a suspeita de que o que Parry-Jones mais sentiu em seu fim de vida tenha sido humilhação. Afinal, ela tinha, muito publicamente, se amigado com um homem bem mais jovem, e pouco tempo depois o relacionamento tinha desmoronado. Em seus próprios olhos, e talvez aos de toda Tal-y-bont, ela tinha feito um grande papel de palhaça.

Se o pessoal da vila antes tinha tentado acolher Scott, agora era a vez de eles literalmente virarem as costas para ele. Os agendamentos para o centro de montaria simplesmente acabaram. Circularam até rumores de que Scott teria matado Parry-Jones. Um homem relatou ter visto um objeto grande caindo pelo lado da van de Scott. Pelo que o homem alegava ter visto, Scott saiu e, olhando para os lados, desconfiado, apanhou o objeto e o colocou de volta na caçamba. A implicação clara disso era a de que ele tinha tentado mover o corpo de Parry-Jones. A polícia investigou e não descobriu qualquer evidência que o conectasse à morte.

Ainda assim, Scott se sentia responsável. "Senti como se a tragédia se abatesse sobre todas as pessoas a quem eu me associava", ele escreveu depois. No inquérito sobre a morte, feito pelo legista de Bangor, ele foi chamado como testemunha. A Sra. Parry-Jones era "uma excelente mulher, uma pessoa de muita moral", ele declarou. Além disso, a morte dela nunca teria acontecido se ela não o tivesse conhecido. Mas ele não parou por aí. Scott continuou falando, mesmo sem precisar, e descreveu como a Sra. Parry-Jones o tinha acompanhado à Câmara dos Comuns para tentar resolver os problemas dele – problemas que eram resultado direto do relacionamento homossexual que ele tivera com o líder do Partido Liberal, Jeremy Thorpe.

Alarmado com aquele falatório desenfreado, o legista, Sr. E. Pritchard-Jones, tentou calá-lo: "Quando ele começou a fazer aquelas estranhas alegações contra o Sr. Thorpe, pensei 'Não quero saber de nada disso'". Relutantemente, Scott ficou em silêncio. Ainda que traços dos sedativos Mogadon e Librium tenham sido encontrados no corpo de Parry-Jones, o legista Pritchard-Jones concluiu que ela tinha morrido por envenenamento por álcool.

"A Sra. Parry-Jones tinha mesmo problemas mentais. Mas não posso alegar aqui que haja evidência clara de comportamento autodestrutivo, e o curso de ação mais seguro é assinalar a causa da morte como ainda em aberto."

Por acaso, um jornalista local chamado Derek Bellis calhou de estar presente justo naquele dia. Bellis conhecia bem histórias grandes; nove anos antes, tinha entrevistado os Beatles quando eles tocaram seis noites seguidas no Cinema Odeon em Llandudno. O escritório do legista de Bangor, contudo, não era exatamente uma rica fonte de notícias. Bellis só estava lá porque estava testemunhando em outro inquérito, o de um homem que tinha morrido num acidente de esqui. Chegou cedo e se sentou, esperando no fundo da sala, apenas ouvindo sem querer o que acontecia em volta. Tão logo Scott se pôs a tagarelar, Bellis se sentou ereto na cadeira, perplexo, rapidamente escreveu uma nota e correu para ligar para todos os jornais de Londres com quem tinha contato.

1. Jeremy Thorpe, compreensivelmente pensativo e espremido em sua cadeira pelo colega parlamentar Liberal Cyril Smith.

2. Peter Bessell, o dono de um rosto que lembrava "um piso mal revestido".

3. Jeremy Thorpe e Caroline Allpass no dia de seu casamento, em maio de 1968.
"Se este é o preço que precisarei pagar para liderar este velho partido, então eu pagarei."

4. David Holmes, aqui, muito bem protegido da chuva que se avizinhava.

5. Norman Scott. "Ele era simplesmente divino", conforme Thorpe disse a Bessell.

6. Andrew "Gino" Newton: piloto de avião, pistoleiro e desafeto de cachorros.

7. A face pública de George Carman. Ele era um homem bem diferente disso quando fora dos tribunais.

8. A indomável Marion Thorpe, ferrenha como sempre na defesa de seu marido.

21
UM PLANO SIMPLES

Peter Bessell sabia exatamente como iria se matar. Primeiro, tomaria um comprimido do calmante Mandrax. Ele já vinha usando aquilo por meses e descobriu que eles não apenas o deixavam grogue como também tiravam toda a sua ansiedade. Então, iria de carro até um lugar isolado onde havia um trecho de estrada reta, apertaria o acelerador até o fundo e bateria contra uma árvore.

Era mais provável que o veredito acabasse sendo o de morte acidental, e assim apareceria no inquérito. Como resultado disso, sua família receberia o seguro de vida que ele tinha feito anos antes – se sua morte aparecesse como suicídio, a companhia de seguros nunca pagaria. Além disso, todos seriam poupados da dor de saber que ele tinha tirado a própria vida.

Ele sabia também que queria morrer em um lugar onde considerasse o clima ameno. "Queria sentir o calor do sol, ouvir o som do mar e ver um céu de veludo sobre mim." Mas, enquanto dirigia por estradinhas da Flórida, procurando algum trecho reto e longo com uma árvore perfeitamente sólida, Bessell percebeu que havia mais uma coisa que ele queria fazer antes de morrer. Considerando as circunstâncias, era um último desejo um tanto fora do comum: ele queria ver Jack Hayward outra vez.

Na manhã seguinte, ligou para marcar o encontro e então comprou passagens de um voo para a Grande Bahama. Hayward o encontrou no aeroporto em seu Rolls-Royce com a bandeira Union Jack tremulando no capô. Sentado no terraço e observando a praia, Bessell contou a Hayward tudo sobre seus problemas financeiros e como ele tinha a intenção de se matar logo no dia seguinte. Mesmo que tenha ficado chocado com a revelação, Hayward não pareceu nada surpreso. Talvez ele tivesse intuído que Bessell era alguém cuja moral era bem mais atrelada ao estado de sua conta bancária.

Mas Bessell explicou que não tinha ido à Grande Bahama para discutir suas dificuldades. Tinha viajado porque queria fazer um último gesto grande por Jeremy Thorpe. Contou a Hayward em linhas gerais o que tinha acontecido entre Thorpe e Norman Scott – como o relacionamento tinha dado desastrosamente errado e como ele mesmo, Bessell, vinha dando dinheiro a Scott, semanalmente, em nome de Thorpe. Depois da morte de Bessell, Scott precisaria se voltar para outra pessoa em busca de ajuda; caso contrário, acabaria procurando Thorpe diretamente. E isso ele não podia deixar acontecer. Propôs dizer a Scott que procurasse Leonard Ross, seu advogado. Mas era possível que, de vez em quando, "pequenas somas em dinheiro pudessem se fazer necessárias".

E será que Hayward providenciaria isso?

Sim, disse Hayward, ele o faria, contanto que sua identidade permanecesse um segredo. "Pode contar comigo, Peter. Não acredito que você não consiga encontrar um jeito de sair dessas suas dificuldades, mas, seja lá o que aconteça, não se preocupe com esse sujeito, esse Scott. Mas, se ele descobrir quem eu sou, vai achar que encontrou um poço sem fundo!"

Hayward então voltou a conversa para os problemas de Bessell. Será que ele poderia fazer algo para ajudar? Bessell ficou bastante tocado pela oferta. No entanto, disse que tinha tomado sua decisão e que nada poderia tirá-lo daquele curso.

"Bom, você conhece seus negócios melhor que ninguém, Peter", Hayward disse. "Mas, se mudar de ideia, sabe onde me encontrar."

Insistiu em levar Bessell de volta ao aeroporto. Os dois então se despediram com um aperto de mãos. A última coisa que Bessell viu quando já estava dentro do avião esperando para decolar foi Hayward de pé na pista acenando. Ao voltar para Palm Beach, Bessell se preparou para morrer. Decidiu que o dia seguinte seria seu último. Mas, naquela noite, sob o calor sedutor da Flórida, ele foi tomado por outro desejo ainda mais forte: queria muito ver Diane Kelly outra vez. "Tocá-la, senti-la perto de mim, olhar em seus olhos maravilhosos e me recordar do calor de seus braços em torno de mim. Se apenas eu pudesse roubar da vida mais um fim de semana sozinho ao lado dela, a morte seria bem mais fácil de encarar."

Abalado por essa visão em sua mente, Bessell pareceu ter ouvido a voz de Hayward, como se vinda de longe, reiterando o que ele dissera antes: "Se mudar de ideia, sabe onde me encontrar".

Na manhã seguinte, a primeira coisa que Bessell fez foi correr para o aeroporto e agendar novo voo para a Grande Bahama. Dessa vez, apareceu de surpresa. Perguntou a Hayward se ele realmente acreditava naquilo que tinha dito. Hayward insistiu: completamente. Por que então eles não se encontravam em Nova York na semana seguinte para discutir o que ele podia fazer para ajudar?

Quando Hayward chegou a Nova York, Bessell tinha passado o fim de semana com Diane Kelly e toda a ideação suicida tinha desaparecido. Isso se deveu em muito ao fato de ele poder vê-la de novo, mas não apenas isso. O pai de Kelly também tinha se oferecido para ajudar. Disposto a ver sua filha feliz, Fred Miller, um contador bastante rico, estava preparado para bancar um escritório em Nova York para Bessell e começar uma subsidiária americana da "Peter Bessell Ltda". Quanto a Hayward, concordou em cobrir um saque de dez mil libras no banco e ainda emprestar 25 mil.

Já havia meses que os credores de Bessell na empresa de embalagens plásticas vinham exigindo furiosamente seu dinheiro. Agora, armado com essa nova injeção de fundos, ele tinha como persuadi-los a aceitar um pagamento imediato de parte da dívida, com o restante vindo mais tarde. A tempestade tinha passado, ou pelo menos assim parecia. Mais uma vez, Bessell foi capaz de levantar a cabeça e sentir o sol batendo em sua pele enrugada.

Quando a matéria de Derek Bellis sobre o falatório de Scott no escritório do legista de Bangor chegou à Rua Fleet, o escritório de Thorpe foi incitado a comentar. "As alegações do Sr. Scott já foram exaustivamente investigadas e não existe qualquer centelha de verdade nelas", disse a declaração oficial. "Ele inclusive tem um histórico de instabilidade mental." No momento em que os editores viram a expressão "instabilidade mental", todos deram para trás. A matéria jamais foi publicada.

Mas Thorpe já tinha outra cobertura indesejada da imprensa com a qual teria de lidar. Em maio de 1971, o jornal *The Times* noticiou o seguinte: "Há considerável surpresa em círculos Liberais acerca da recomendação feita por Jeremy Thorpe para que Simon Mackay, tesoureiro-adjunto dos Liberais escoceses, se torne um Par Vitalício. Muito embora Mackay tenha disputado três eleições parlamentares por Galloway, muitos membros do partido ao sul da fronteira escocesa jamais ouviram falar dele. Alguns inclusive consideram um tanto intrigante que o Sr. Thorpe não tenha indicado alguém mais conhecido dentro do partido, como Desmond Banks, ex-presidente dos Liberais, ou Peter Bessell, que foi durante muito tempo parlamentar por Bodmin".

Bessell também estava intrigado. Quando perguntou a Thorpe o que estava acontecendo, o líder explicou que tivera de mudar seus planos. Mesmo que Simon Mackay fosse alguém obscuro, era também bastante rico e tinha prometido doar aos Liberais 25 mil libras. Era um dinheiro de que o partido precisava desesperadamente depois de gastar boa parte dos 150 mil de Jack Hayward na campanha eleitoral. Qualquer irritação que Bessell tenha sentido por conta daquilo não durou muito; a perspectiva de voltar a ser solvente significava muito mais para ele do que a nomeação para Par Vitalício.

Thorpe decidiu usar parte do dinheiro de Mackay em uma nova transmissão televisiva do partido. Ele acreditava muito na ideia de que o partido deveria tentar se comunicar com os eleitores mais jovens, e então promoveu uma discussão a respeito de qual seria o melhor formato para passar a mensagem política. Não está claro quem primeiro sugeriu que ele deveria aparecer em frente a uma plateia de convidados junto ao *disc jockey* Jimmy Savile, mas Thorpe abraçou essa ideia de todo o coração. Sob qualquer ponto de vista, os dois formavam uma dupla bastante peculiar: Savile vestido todo de preto com seu cabelo oxigenado chamando a atenção como se fosse um enchimento de colchão vazando, enquanto Thorpe aparecia em um terno cinza-claro com um extravagante penteado para disfarçar a careca que começava a aparecer.

Em certo momento, um membro da audiência perguntou se era permissível na Inglaterra alguém quebrar as leis. Os dois vigorosamente balançaram a cabeça. "Acredito que este país é uma democracia onde as pessoas não têm qualquer desculpa para quebrar a lei", Thorpe respondeu. "Há suficientes institutos democráticos aos quais se recorrer sem que seja necessário quebrar a lei." Savile fez que sim com a cabeça ao ouvir.

Quarenta anos depois, Jimmy Savile seria postumamente desmascarado como o mais notório abusador infantil da história da Inglaterra. Na época dessa transmissão, sua carreira como predador sexual estava em seu momento mais prolífico. Quanto a Thorpe, ele já tinha repetidamente discutido maneiras pelas quais Norman Scott deveria ser assassinado. E, de acordo com Bessell, ele também tinha acabado de vender uma indicação a Par Vitalício em troca de doação política, um crime punível com até dois anos de prisão.

Enquanto isso, no sul do País de Gales, Leo Abse tinha encontrado outra causa pela qual lutar. Cada vez mais preocupado com a explosão populacional, tinha se convencido de que a melhor solução era uma forma de contracepção até então largamente ignorada: a vasectomia. No Reino Unido, a lei que ditava sobre o assunto era um tanto confusa. Teoricamente, cirurgiões que fizessem a operação poderiam ser processados por prejudicar a habilidade de um homem em um combate corpo a corpo. Quando Phillip Whitehead, um recém-eleito parlamentar Trabalhista, anunciou que pretendia apresentar um projeto de lei para a legalização da prática, Abse ofereceu seu apoio.

De começo, Whitehead pensou que aquela era uma oferta que ele deveria recusar sem pensar duas vezes. Inevitavelmente, Abse tinha suas próprias teorias a respeito de por que o Parlamento não tinha ainda tratado do assunto a contento. Disse que isso se devia a um certo "desespero erotogênico" que, segundo ele, assombrava a Inglaterra de então. Mais especificamente, seria um resultado do "complexo de castração" que aparentemente afligia muitos dos membros homens do Parlamento, se não todos.

"É claro que existe uma curiosa ambivalência na atitude de um homem com relação a seus órgãos e os impulsos sexuais... O órgão masculino é tido, na tradicional moral cristã, como uma fonte de impureza e de pecado, tratado com desprezo e sempre com tentativas de ser estritamente controlado; ainda assim, ele pode ser também uma fonte de orgulho, intimamente conectado à nossa autoestima, dignidade e poder. E poucos são mais preocupados com o poder, e mais prestigiosos, que os políticos."

Não sem razão, Whitehead considerou que focar tão diretamente na relação entre o homem e seu órgão sexual faria mais mal que bem. O apoio de Abse a facilitar a obtenção de vasectomias ainda trazia a reboque um bocado de condicionais um tanto embaraçosas. Por exemplo, ele pensava que era essencial que os homens que optassem pela cirurgia fossem cuidadosamente entrevistados antes, para filtrar aqueles que não desejam o procedimento para fins contraceptivos, e sim porque "tinham um desejo neurótico de autorrebaixamento".

Mais uma vez, Whitehead considerou que o número de homens que iriam querer uma vasectomia para suprir fantasias masoquistas seria provavelmente muito baixo. Mas, ao mesmo tempo, sabia que seu projeto tinha muito mais chances de ser aprovado se tivesse um veterano de campanhas o apoiando. Além disso, Abse estava muito entusiasmado; seria difícil pará-lo àquele ponto. Para o assunto ser tratado corretamente, Abse sentia que precisava fazer algo radical. Durante a segunda leitura, em janeiro de 1972, ele deliberadamente tentou "roubar o projeto e capturar todas as manchetes a respeito".

Diferentemente de Alasdair Mackenzie, cujas preocupações sobre a homossexualidade de Thorpe tinham alarmado Bessell, Abse não era conhecido pela brevidade de seus discursos; na verdade, era o contrário. Naquela ocasião, entretanto, ele se superou, fazendo o discurso mais longo de toda a sua história na Câmara. Para conseguir o impacto desejado, escolheu variar a tonalidade de sua voz, mudando de quase latidos indignados para ameaçadores trovoadas graves. A linguagem que escolheu também foi um tanto dramática e cheia do que ele chamou de "ilustrações macabras".

Durante seu discurso que parecia atirar para todos os lados, Abse abordou assuntos tão diversos quanto "as perversões altamente propaladas do triste Laurence da Arábia", o filme *Laranja mecânica*, então recentemente estreado, e as práticas de mercado da London Rubber Company, fabricante da marca de camisinhas Durex – "um monopólio sinistro". Terminou com um apelo: "Sabedoria é aquilo que nós, homens, aprendemos com nossos erros, e há necessidade de usar de sabedoria aqui".

Quando Abse finalmente se sentou, Laurie Pavitt, o parlamentar Trabalhista por Willesden West, o parabenizou por sua eloquência que era páreo apenas para "sua elegância em termos de vestimenta" – ainda que, como o próprio Pavitt tenha confessado, ele mesmo às vezes não tinha certeza de que lado Abse estava defendendo em sua argumentação.

Mas a estratégia de Abse funcionou e, no fim, o projeto foi aprovado por votação apertada. Depois de parabenizar Phillip Whitehead por ter alcançado a "maturidade política", um Abse satisfeito foi embora, esperando que a nova legislação "talvez tivesse levado um pouco mais de alegria familiar ao país".

Em Manhattan, Peter Bessell estava sofrendo de seu próprio "desespero erotogênico". Depois de resolver que seguiria vivendo, decidiu que seria melhor fazer algo a respeito de sua caótica vida amorosa. Mesmo que agora estivesse tendo um caso completo e declarado com Diane Kelly, ainda se encontrava casado com Pauline. As coisas ficaram ainda mais complicadas quando Pauline conseguiu emprego nas Nações Unidas, em Nova York. Pesando suas opções, Bessell decidiu que sua única opção ali era a honestidade. Afinal, quaisquer ilusões que Pauline algum dia tivera com relação a seu marido já tinham desaparecido anos antes de qualquer forma. Mesmo assim, ela ainda o amava e ficou bastante chateada com a novidade que ele veio trazendo. No fim, decidiram que Pauline ficaria no apartamento alugado enquanto Bessell e Diane iriam morar em outro.

Uma tarde no outono de 1972, Bessell estava em casa quando o telefone tocou. Era Thorpe. Estava em estado de enorme animação. "Respire fundo, Bessellinho", disse. "Vou me casar outra vez, e agora é com a realeza! Bem, quase..."

"Meu Deus!", Bessell exclamou.

Na verdade, ele já sabia havia alguns meses que Thorpe vinha se encontrando com Marion, a Condessa de Harewood. Nascida Marion Stein, em Viena, fugiu da Áustria com os pais logo antes da Segunda Grande Guerra. Na Inglaterra, Stein se tornaria uma pianista de sucesso antes de se casar com o primo em primeiro grau da Rainha, o Duque de Harewood. Nem todos do círculo do duque aprovaram o casamento, em grande parte pelo fato de ela ser judia. Um membro da família real descreveu a situação como ela não tendo acrescentado nada, exceto o piano Steinway. Mas a Condessa e a Rainha sempre se deram bem – eram quase da mesma idade – e continuaram a se encontrar mesmo depois que o duque fugiu com outra musicista, a violinista Patricia Tuckwell.

Agora, lá estava Thorpe prestes a anunciar seu noivado. Queria saber: "Bem, o que isso vai fazer pela imagem do líder do Partido Liberal?".

Não muito, Bessell suspeitava, já que o esnobismo não era um dos pecados típicos dos Liberais. No entanto, ele também concluiu que aquilo finalmente assinalava o fim do "sentimentalismo nada salutar" de Thorpe por Caroline.

O segundo casamento de Thorpe seguiu um padrão parecido com o primeiro. Foi uma união modesta em 14 de março de 1973, no cartório de Paddington – dessa vez com seu consultor financeiro Robin Salinger como padrinho – seguida, quatro meses depois, por uma exuberante celebração nada modesta. Em cartões escritos a ouro com o brasão de Thorpe, quase mil pessoas foram convidadas a comparecer a uma noite musical na Opera House, em Covent Garden. Mais uma vez, ouviram-se críticas de que Thorpe estava ostentando demais. Dessa vez, Thorpe foi mais bruto com relação a elas. "Não dou a mínima", disse ao *Sunday Times*. "Cada um que aprenda a cuidar da própria vida."

O casal iniciou sua lua de mel em Nova York. Durante sua estadia, Thorpe e Bessell passaram um dia juntos. Ainda sentindo falta da vida na Câmara dos Comuns, Bessell queria saber de todas as notícias e fofocas. E Thorpe tinha muito a contar. No outubro anterior, o Partido Liberal tinha conseguido uma vitória eleitoral dramática em Rochdale, Lancashire, virando uma maioria Trabalhista de mais de cinco mil votos. Os analistas ficaram divididos a respeito de o que teria causado essa vitória. Alguns acreditavam que ela se devia largamente ao apelo fora do comum do candidato Liberal; um cidadão lancastriano enormemente gordo e bronco chamado Cyril Smith, popularmente conhecido como "Big Cyril". Outros viram isso como indicativo bem claro de que os eleitores estavam cada vez mais desencantados com os dois partidos principais.

Seis semanas depois, os Liberais tiveram outra vitória em uma eleição suplementar. Em Sutton e Cheam, venceram com uma margem de 33%. Agora estava claro que algo significativo estava acontecendo. Thorpe acreditava que havia uma possibilidade real de que as próximas eleições gerais pudessem resultar em um Parlamento dividido e que ele – ou melhor, o Partido Liberal – deteria o poder de desequilibrar as coisas.

Depois de um tempo, a conversa entre Thorpe e Bessell se virou da política para outro assunto quase igualmente interessante: suas respectivas vidas amorosas. Bessell contou a ele tudo sobre Pauline e Diane. De sua parte, Thorpe comentou como estava feliz com Marion. Não apenas ela tinha bons contatos como também compartilhava com ele o gosto por boa música, era bastante leal e já tinha formado um laço forte com o filho dele, Rupert. Nem tudo havia mudado, no entanto. Thorpe admitiu que ainda tinha aventuras homossexuais sempre que podia.

"E Marion desconfia de alguma coisa?", Bessell perguntou.

"Com certeza não", Thorpe respondeu, e era exatamente daquele jeito que ele pretendia que continuasse. Como tinha feito antes com Caroline, Thorpe tinha certa vez levantado o assunto de maneira vaga, só que agora a reação tinha sido ainda mais extrema.

"Ela ficou chocada?", Bessell quis saber.

"Pior", Thorpe admitiu. "Ficou enojada."

Como sempre, Bessell adorava a companhia de Thorpe. Não apenas ela o energizava como também o fazia se sentir valorizado. E adorava ainda mais agora que Thorpe tinha abandonado aqueles planos loucos de matar Norman Scott. Antes, David Holmes dissera a Bessell que Thorpe tinha acreditado na história que eles inventaram, a respeito de como tinham tentado executar o crime e falhado. Holmes alegou que os dois tinham conseguido atrair o rapaz à Flórida, com a intenção de dar um tiro nele e largar o corpo no pântano. Infelizmente, Scott não tinha aparecido, e por isso eles desistiram. De todas as desculpas já oferecidas para alguém não matar outro alguém, aquela deveria estar entre as mais esfarrapadas. Mesmo assim, aparentemente tinha sido o suficiente para acabar com todos os pensamentos de Thorpe naquele sentido.

Então, logo antes de Thorpe voltar ao seu hotel, parou e pôs a mão no ombro de Bessell. "A propósito", começou dizendo, "ainda temos um assunto inacabado, como você bem sabe".

"O que você quer dizer?"

"O 'Problema Escocês'. Nunca vou me sentir seguro com ele andando por aí."

De Nova York, os Thorpe pegaram um voo para a Grande Bahama, onde seriam recebidos por Jack Hayward. Enquanto estavam lá, Hayward e Thorpe conversaram um bocado a respeito do assunto que tinham começado a discutir meses antes. Hayward mencionou que estava pensando em vender muitas de suas propriedades em Freeport, e Thorpe casualmente plantou uma ideia. Por que não deixar Peter Bessell intermediar o negócio?

Não era uma sugestão inteiramente altruísta. Se as coisas corressem bem, Bessell e Thorpe ganhariam belas comissões, talvez até algo como um milhão de dólares cada. Hayward concordou com a ideia em princípio, e Bessell até já tinha conversado com um diretor da corporação Mobil

Petróleo. Presumindo que fossem atendidas certas condições, a Mobil estava disposta a tomar parte no negócio.

Então, com uma previsibilidade sombria, o desastre mais uma vez se abateu. Bessell estava convencido de que a compra de uma extensa propriedade em Bronxville, uma cidadezinha no estado de Nova York, seria a fonte de sua fortuna. Ficou tão convencido disso, aliás, que colocou todo o dinheiro do pai de Diane só nesse negócio. Mas o acordo de compra simplesmente estagnou depois de certo ponto e os bancos ameaçaram sair do negócio caso a papelada não fosse assinada em até quatro semanas. Bessell se viu novamente em uma posição já familiar demais: aquela de estar à beira da ruína. Mais uma vez, seus pensamentos se voltaram para aquele longo trecho de estrada reta com uma árvore em algum ponto.

Em 12 de dezembro de 1973, Bessell pegou um voo para Londres e foi visitar Thorpe em sua nova casa na Praça Orme. Era uma casa em estilo georgiano enorme, feita de pedra, ao lado de Kensington Gardens. Marion a tinha recebido como parte do acordo de divórcio. Depois do jantar, ela deixou os dois amigos sozinhos. Bessell contou a Thorpe sobre sua mais recente tragédia financeira e disse que, se não arranjasse quase meio milhão de dólares até o fim de janeiro, estaria acabado. O que poderia fazer? De começo, Thorpe não conseguiu pensar em nada. Pediu a Bessell para voltar na noite seguinte. Naquele meio tempo, ele tentaria pensar em alguma coisa.

Quando Bessell voltou, o próprio Thorpe o atendeu à porta. Tinha um sorriso de uma orelha à outra.

"Entre", disse. "Já sei!"

Thorpe tinha elaborado um plano. Assim que ele começou a explicá-lo, Bessell teve de admitir que se tratava de um ótimo plano. Era tremendamente ousado. Envolvia pedir a Jack Hayward um adiantamento na comissão da venda das propriedades de Freeport. Bessell então poderia usar sua parte do dinheiro para pagar seu débito na compra do tal terreno. Só havia um pequeno obstáculo: para conseguir o dinheiro, eles teriam de fingir que a negociação com a Mobil estava indo adiante. Ao passo que não havia qualquer razão para acreditar que isso não fosse acontecer naturalmente, também não havia garantia alguma de que fosse.

Bessell tentou não pensar no que aconteceria se essa parte também fosse pelo ralo. Mas, por outro lado, se tudo corresse bem, sua vida se transformaria outra vez. "Não haveria mais aquilo de acordar de manhã e fumar um cigarro atrás do outro enquanto me forçava a encarar mais um dia."

"Quanto você acha que devemos pedir?", Thorpe perguntou.

"Quatrocentos e cinquenta mil?", Bessell sugeriu.

"Arredonde para quinhentos", disse Thorpe. "Preciso de pelo menos dez mil libras para resolver o 'Problema Escocês'."

No dia seguinte, ele e Bessell foram até a Câmara dos Comuns. Sentado em seu escritório, Thorpe pegou o telefone e pediu para fazer uma ligação para fora. Começou a explicar para Hayward que precisaria pagar a comissão adiantado. Ele mesmo admitia que a situação não era lá muito ortodoxa, mas não havia nada com que se preocupar. Além disso, ele disse, "são apenas quinhentas mil libras" – mais de 2,5 milhões em termos de hoje.

Enquanto Thorpe estava falando aquilo, subitamente ocorreu a Bessell o que de fato estava acontecendo. "O líder do Partido Liberal, um político respeitado por sua integridade por todos os partidos da Câmara dos Comuns e por milhões de pessoas país afora, estava mentindo deslavadamente para um homem que confiava nele implicitamente." E nem mesmo era a primeira vez que Thorpe se metia em enganações financeiras. Apenas um mês antes, o London and County Securities Group, banco do qual Thorpe era diretor não-executivo, tinha quebrado com débitos na casa dos cinquenta milhões de libras. O banco tinha sido alvo de críticas por cobrar em um empréstimo a taxa de 280% de juros. Tempos depois, Thorpe sofreria uma censura pública por seu papel nos negócios do banco em um relatório do Departamento de Comércio.

Jack Hayward pareceu bem despreocupado em pagar todo aquele dinheiro antecipado. Apenas disse que, depois que tivesse consultado seu advogado a respeito, faria todos os arranjos necessários. O dinheiro estaria na conta de Bessell na manhã seguinte. Quando Thorpe desligou o telefone, ficou de pé, pegou Bessell pelos ombros e começou a dançar valsa com ele pela sala.

"Conseguimos!", ele gritou. "Conseguimos! Conseguimos!"

Mas, depois do almoço no dia seguinte, quando Bessell ligou para seu banco, o dinheiro ainda não tinha aparecido. Na hora em que retornou para seu escritório, descobriu que Hayward tinha ligado e deixado uma mensagem. Pelo jeito, havia um probleminha. Pediu que Bessell ligasse para o advogado. Por um momento, Bessell pensou que fosse desmaiar. Assim que se recuperou, ligou para o advogado de Hayward e descobriu que o dinheiro ainda levaria uns dias para chegar porque estava vindo por meio das Ilhas do Canal.

Bessell quis saber quanto tempo levaria.

O advogado não soube precisar.

Bessell não teve escolha a não ser voltar para Nova York e esperar. No voo, fumou um cigarro emendado no outro, bebeu intermináveis xícaras de chá e foi ficando cada vez mais convencido de que algo estava errado. Os dias se passaram e o dinheiro não aparecia. O máximo que aconteceu foi um associado de Hayward ligar para perguntar a respeito de detalhes da negociação com a Mobil. Bessell tentou assegurá-lo de que tudo estava correndo bem, mas o homem não pareceu convencido, e ainda disse que Hayward precisava confabular mais com seus parceiros no esquema de Freeport.

Nenhum desses acontecimentos ajudou Bessell a se sentir melhor.

Também Thorpe parecia estranhamente nervoso ao telefone, dizendo a Bessell que ele tinha de convencer Hayward de que as negociações com a Mobil estavam avançando. "Você precisa fazer isso bem feito, Peter. Ou então estaremos os dois na merda, e pra valer."

Mas todas as tentativas de Bessell de contatar Hayward por telefone se provaram infrutíferas. Como último recurso, ele e Thorpe decidiram pegar um voo para a Grande Bahama e conversar cara a cara. Thorpe conseguiu que um voo particular os pegasse em Miami. No caminho, passaram por uma turbulência séria, algo que Bessell considerou como um mau agouro.

Na Grande Bahama, se preparou para a reunião tomando dois Mandrax – recentemente, tinha aumentado sua dose habitual de um para dois. Quando eles chegaram, Hayward estava receptivo como sempre, mas um pouco mais reservado, conforme Bessell percebeu. Depois dos cumprimentos, Thorpe foi direto ao ponto.

"Jack, é quase como se você não confiasse em nós", disse.

Por muitos segundos, Hayward ficou em silêncio. Então, se virou para Bessell: "Agora Peter pode nos deixar a sós".

Na hora, Bessell percebeu o que estava acontecendo. Hayward não suspeitava de que Thorpe o estivesse enganando; não tinha ido assim tão longe. Mas, em vez disso, presumiu que Bessell estava agindo sozinho nesse sentido. Bessell se levantou e caminhou para fora da sala com tanta dignidade quanto pôde, e retornou a seu hotel. De um jeito estranho, se sentiu aliviado. Se alguém precisasse assumir a responsabilidade pela fraude, imaginou que não seria ele, mas Thorpe.

Antes da reunião, já tinha decidido que não teria escolha a não ser se matar caso não conseguisse o dinheiro. Agora, ele pensava que havia uma alternativa. Era menos drástica, mas por pouco. Ele poderia só desaparecer. Quando Thorpe voltou, Bessell contou o que tinha decidido. Junto com Diane, se ela assim quisesse, ele fugiria para algum país distante, provavelmente na América do Sul, onde estaria a salvo de seus credores e da polícia. Antes de ir, no entanto, pretendia deixar bem claro que qualquer tentativa de fraudar Hayward tinha sido responsabilidade sua e somente sua.

Bessell talvez tivesse esperança de que Thorpe pudesse ter objeções ao plano, mesmo que só de aparência. Se tinha, ficou desapontado. Thorpe imediatamente concordou que, sob as circunstâncias, era a única solução realista. Disse ainda a Bessell que, assim que voltasse a Londres, ele pediria a um assessor para descobrir quais países da América do Sul não tinham tratados de extradição com o Reino Unido.

Depois daquilo, não havia muito a ser dito. Alegando cansaço, os dois foram dormir. Em 2 de janeiro de 1974, Thorpe pegou um avião de volta a Londres saindo de Miami. Bessell foi com ele até o aeroporto. Vendo Thorpe marchar com seus pés chatos até o portão de embarque, Bessell sentiu uma tristeza tomar conta e se perguntou se eles algum dia se veriam outra vez. Sim, eles se encontrariam novamente, mas só dali a quase cinco anos... e sob circunstâncias que Bessell jamais imaginaria.

Dois meses antes, em novembro de 1973, o gerente do Parque Battersea tinha ido a julgamento no Tribunal Criminal Inglês, o Old Bailey, acusado de matar cinco crianças. As crianças estavam na montanha-russa Big Dipper quando o mecanismo de frenagem de seu carrinho não funcionou e eles despencaram de ré lá do alto em uma inclinação de 30%. O gerente, James Hogan, foi representado por George Carman, o que fez daquela uma das primeiras aparições de Carman em tribunais de Londres. Pelo que entendia a acusação, o caso era bem simples: o gerente do parque era responsável por garantir a segurança de todos os brinquedos e, portanto, imputável caso alguma coisa saísse errada.

A defesa de Carman já não era assim tão preto-no-branco. Ele sustentava que Hogan não sabia de todas as responsabilidades do cargo e nunca deveria tê-lo assumido para começo de conversa. Ele próprio admitia que não era uma ótima defesa, mas era tudo o que podia fazer. Na noite antes das considerações finais, Carman saiu para jantar com um amigo. Depois, foram beber. Carman, que nunca soubera se controlar com a bebida, ficou tão bêbado que seu amigo teve de deixá-lo em casa.

Antes de irem embora, o amigo ainda disse: "Pelo amor de Deus, George, amanhã é o maior dia de sua vida, então é melhor você estar em boa forma".

No dia seguinte, Carman falou ao júri. Também presente no tribunal aquele dia estava Sir David Napley, talvez o mais conhecido advogado da Inglaterra depois de Lorde Goodman, junto a um de seus associados, Christopher Murray. Era a primeira vez que os dois viam Carman em ação. Ambos ficaram muito bem impressionados com sua técnica. Enquanto muitos advogados falavam como se estivessem querendo ser ouvidos pela fileira de trás de um teatro lotado, Carman era bem menos aparecido e apelava mais para a conversa. Entretanto, ao passo que ele tinha mesmo uma facilidade enorme com a linguagem e uma habilidade toda especial para cunhar frases memoráveis, o que mais impressionou Napley foi o efeito de Carman no júri. "O júri me parecia hipnotizado."

Murray também ficou muito impressionado. "Era fenomenal, como um daqueles episódios de gelar a espinha que acontecem raramente na nossa vida profissional, nos quais você levanta a cabeça de repente e ouve um advogado pela primeira vez e pensa, 'Meu Deus, isso é realmente único'."

Depois de deliberar por quatro horas e meia, o júri retornou com seu veredito. Considerou o gerente inocente das acusações. Quando Napley estava saindo, comentou com Murray que ambos precisavam ficar de olho no tal advogado que tinha conseguido aquela façanha.

22
AS COISAS DESMORONAM

Quando Bessell retornou à Inglaterra no começo de dezembro de 1973, estava em uma época de tanta preocupação com seus problemas que não vinha prestando atenção ao que acontecia em volta. Mas ainda assim não teve como não perceber que algo muito estranho tinha acontecido em sua ausência. Ao alugar um carro, foi avisado de que poderia ter problemas para encher o tanque, já que a gasolina estava difícil de encontrar. No país todo, vinha havendo cortes regulares de energia, já que as estações fornecedoras também enfrentavam dificuldades de encontrar combustível. Muitas fábricas tinham fechado. Bessell chegou a uma reunião em Mayfair e encontrou o prédio às escuras. Uma secretária com uma lanterna o levou até a sala de reuniões iluminada a velas. Era como andar em um cenário de uma pintura holandesa do século XVII.

Já havia meses que o primeiro-ministro Ted Heath e os mineradores vinham discordando com relação ao pedido dos mineradores de um aumento acima de 15%. Quando o pedido foi recusado, o Sindicato Nacional de Mineradores convocou uma série de greves-relâmpago. Ao mesmo tempo, os preços do petróleo tinham disparado depois que a OPEP, Organização dos Países Exportadores de Petróleo, controlada por árabes, impôs um embargo ao comércio de petróleo em protesto pelo envolvimento norte-americano na Guerra do Yom Kippur. Lá pelo meio de dezembro, o Conselho Central dos Geradores de Energia advertiu que não haveria combustível suficiente para chegar até o fim do inverno. Jogos de futebol iluminados por holofotes foram banidos e transmissões de televisão se encerravam às 10h30 da noite nos dias de semana. O país estava se arrastando, pronto para empacar.

Em uma tentativa desesperada de economizar combustível, Heath anunciou que, começando em janeiro de 1974, a semana de trabalho seria diminuída de cinco para três dias. Mas sua esperança de que a opinião pública talvez se voltasse contra os mineradores e os faria retornar ao trabalho foi frustrada. Em 4 de fevereiro, eles votaram por uma greve permanente a partir do domingo seguinte. Frente a um desafio tão óbvio à sua autoridade, Heath convocou eleições gerais já para o dia 28 de fevereiro.

Nenhuma outra eleição geral dos tempos modernos aconteceu em uma época com cenário tão dramático. A inflação estava a 17%, enquanto o desemprego estava em seu maior percentual desde os anos 1930. Mas as pessoas não estavam só com medo de perder seus empregos; tinham medo de perder a própria vida. No ano anterior, o IRA (Provisional Irish Republican Army, ou Exército Republicano Irlandês) tinha estendido seus bombardeios também para território inglês. No mesmo dia em que os mineradores votaram pela greve, onze pessoas foram mortas quando uma bomba explodiu em um veículo do exército que carregava soldados e suas famílias pela M62 perto de Leeds.

Thorpe estava convencido de que toda essa incerteza contaria em seu favor. Em uma aposta enorme na tentativa de melhorar os resultados das eleições suplementares, os Liberais decidiram apresentar mais candidatos do que em qualquer outro momento, com 517 nomes. Quando a eleição foi anunciada, os Conservadores tinham uma liderança de 7%. Mas, com o decorrer da campanha, essa diferença começou a diminuir. Quanto mais eles estivessem próximos dos Trabalhistas, maior era a possibilidade de os Liberais aparecerem com força no meio e desequilibrarem a divisão de poder.

Dessa vez, no entanto, não havia helicópteros para transportar Thorpe pelo país afora; as finanças do partido não tinham mais como suportar gracinhas do tipo. Mais uma vez, Jack Hayward enfiou a mão no bolso e ajudou, mas o bolso já não era tão fundo quanto antes. Ainda convencido de que Bessell estava agindo sozinho quando tentou fraudá-lo, enviou a Thorpe um cheque de sessenta mil libras. Assim como o anterior, ele não foi para a conta oficial do partido, mas para uma conta alternativa à qual poucos tinham acesso.

Como sempre, Thorpe fez a campanha inteira em torno de si mesmo. Já tinha feito isso no passado, somente em parte, porque era o único parlamentar Liberal que os eleitores conseguiram identificar em uma foto de rostos mais comuns do partido. Entretanto, agora ele tinha um rival. Ninguém que tivesse chegado perto de Cyril Smith conseguiria esquecê-lo facilmente. Além de aparecer com proeminência no material publicitário dos Liberais, Smith também estava à frente dos dois programas do horário eleitoral na TV. "Pelo amor de Deus, vamos nos livrar de todo esse lixo hipócrita...", ele conclamava em seu estilo direto e tão familiar. "Vamos parar de besteira e pôr as coisas para andar."

O programa incluía ainda diversos endossos de celebridades, incluindo o de Jimmy Savile, amigo de Smith, que enviou um telegrama de apoio: "Jeremy, você construiu, agora deixe acontecer". Assim como Savile, Cyril Smith também seria postumamente exposto como um pedófilo em série. Em 2014, foi noticiado que houve 144 queixas contra ele feitas em nome de garotos de oito anos em diante. Tentativas de processar Smith tinham sido sempre obstaculizadas, com os policiais advertidos de que perderiam seus empregos se continuassem as investigações.

Jimmy Savile não era o único membro de sua família com bons contatos entre os Liberais; seu irmão mais velho, Johnny, saiu como candidato Liberal em Battersea do Norte. Quinze anos depois de sua morte, Johnny Savile foi acusado de molestar sexualmente pacientes com doenças mentais no hospital de Tooting, no sul de Londres, onde trabalhou como monitor de recreação.

Com a campanha eleitoral chegando ao fim, o moral dos Liberais foi elevado pelas pesquisas de opinião pública bastante favoráveis. No começo de fevereiro, os Liberais estavam com 10%. Três semanas depois, tinham atingido os 28%. Esse aumento subiu à cabeça de Thorpe, e ele então declarou que uma "vitória Liberal de lavada" poderia acontecer. Sua declaração chocou muitos de seus colegas Liberais, mas Thorpe seguiu inabalado como de costume. Ele estava com o vento a seu favor. Estava convencido de que nada poderia pará-lo naquele momento.

Em Tal-y-bont, Norman Scott tinha se tornado um pária. Até os que antes eram seus amigos agora o evitavam. Depois de fechar a escola de montaria, decidiu que era hora de se mudar outra vez. Mas, antes que Scott deixasse o País de Gales, quis visitar seu filho Benjamin. Como Peter Bessell tinha previsto, as esperanças de Scott de conseguir a guarda do filho tinham dado em nada. Quando seu casamento foi anulado em setembro de 1972, foram-lhe dadas apenas quatro horas por ano com o menino, e sob a condição de que um oficial da proteção à criança estivesse sempre presente.

Scott viajou para Lincolnshire, onde Sue Myers estava morando com os pais. Quando foi embora, Benjamin lhe deu um presente, um indiozinho de plástico todo vermelho que tinha vindo em uma caixa de cereal, e pediu que Scott trouxesse de volta na próxima vez que o fosse visitar. Mas Scott se foi com uma sensação de que os dois nunca poderiam ter um relacionamento sob aquelas circunstâncias. Nunca mais voltou.

Depois de deixar Tal-y-bont, Scott trabalhou por um tempo em uma fazenda de reprodução em Sussex, e então dois velhos amigos, Jack e Stella Levy, disseram que tinham comprado há pouco uma deliciosa casa antiga na pequena cidade de South Molton, em Devon do Norte. Será que ele não poderia ficar lá um tempo com eles? E assim, em 1972, Scott se mudou outra vez para Devon. Como os Levy tinham prometido, a casa de South Molton era realmente deliciosa. Infelizmente, também calhava de ser bem ao lado do Clube dos Liberais. Com o pouco dinheiro que tinha ganhado, Scott comprou um cavalo. Certo dia, pouco depois de chegar à cidade, estava montado em seu cavalo passando pelo centro da cidade. De um lado da praça principal, havia um vão pelo qual só podia passar um carro – ou cavalo – por vez. Ao se aproximar do vão, Scott viu uma Rover branca esperando do outro lado. Sentado ao volante estava Jeremy Thorpe.

Era a primeira vez que Scott o via desde 1964, oito anos antes. Quando passou, ainda acenou e disse "Obrigado!" bem alto. Quando olhou para trás muitos segundos depois, o carro não tinha se movido. Para Thorpe, aquela deve ter sido a prova definitiva de que Scott estava bem determinado a persegui-lo, chegando ao ponto de ir até sua cidade natal. Na verdade, a única preocupação de Scott era a de colocar sua vida de volta em ordem, ou na ordem que fosse possível, mas, mais uma vez, as circunstâncias conspiraram para juntar os dois.

Talvez tenha sido o choque de ver Thorpe de novo, ou talvez ele ainda estivesse chateado com a morte de Gwen Parry-Jones, ou talvez fosse mesmo só sua natureza, mas Scott veio abaixo depois disso. Foi se consultar com um médico local, Dr. Ronald Gleadle, no Centro Médico de South Molton, e despejou mais uma vez sua história de vida, incluindo o relacionamento com Thorpe. Caso Gleadle também o considerasse um fantasista por isso, Scott fez questão de mencionar que tinha muitas cartas de Peter Bessell, o ex-parlamentar, que se referiam aos pagamentos que Thorpe tinha arranjado de enviar – as mesmas cartas que Scott tinha mostrado a David Steel na Câmara dos Comuns.

Gleadle ficou intrigado e perguntou se podia ver aquelas tais cartas, e assim Scott as levou na consulta seguinte. Ainda que o próprio Scott admitisse que estava bebendo muito – algo como uma garrafa de gin por dia – o médico prescreveu um forte ansiolítico, o Librium, e um igualmente forte calmante, o Mogadon. Mas tudo aquilo só fez Scott se afundar ainda mais em uma espiral de vergonha e autocomiseração. Uma noite, tomado de culpa por sua homossexualidade, pegou uma lâmina e entalhou a palavra "incurável" no braço.

Depois que o Dr. Gleadle o costurou, sugeriu que Scott procurasse um amigo dele, o Reverendo Frederick Pennington. Homem de interesses estranhamente diversos, Pennington tinha sido líder de uma banda de música e também fazendeiro que fazia exorcismos ocasionais, tanto em sua igreja em North Molton quanto, de maneira menos convencional, no próprio Centro Médico. De acordo com outro médico que também trabalhava lá, todas as segundas, dava para ouvir os gemidos e uivos vindos do andar de cima.

O Reverendo Pennington também era um entusiasta amador da hipnose. Tanto ele quanto Gleadle pensaram que Scott poderia se beneficiar de um tratamento com hipnoterapia. Já que as duas drogas psicotrópicas mais fortes inventadas até então não tinham trazido nenhum bem a ele, Scott tinha poucas esperanças de que aquilo poderia funcionar. Sua suspeita logo se confirmou. Mas, mais uma vez, agora em variados estágios de consciência, ele deixou sair toda a sua história com Thorpe.

Pennington também ficou fascinado – tanto, na verdade, que decidiu gravar as sessões de hipnose. Então, passou os detalhes do que Scott dissera a um conhecido seu, Tim Keigwin, o rival Conservador de Thorpe em Devon do Norte. De começo, Keigwin estava inclinado a fazer pouco da história, dizendo que era só uma fantasia bem elaborada, mas Pennington o convenceu de que havia algo de verdade ali. Não está claro o que levou Keigwin a levar em conta a palavra de um exorcista e hipnotizador amador de meio-período. No entanto, em janeiro de 1974, já estava curioso o bastante para querer visitar Scott. E Scott não apenas contou a Keigwin tudo sobre sua relação com Thorpe, mas também forneceu a ele uma declaração por escrito que tinha ainda mais detalhes. Sem saber o que fazer daquilo, Keigwin decidiu transmitir a informação ao Escritório Central dos Conservadores.

Lá, também ninguém sabia o que fazer com aquilo, e então o relatório foi subindo na cadeia de comando até o Presidente do partido, Lorde Carrington. Ainda que Carrington não tenha lido o relatório de Scott – pois ele achava que isso daria a entender interesse demais em um caso libidinoso – decidiu que era melhor comunicar ao primeiro-ministro, Ted Heath. Os dois perceberam que Thorpe estaria acabado se se descobrisse que as alegações de Scott tinham fundamento. Mas Heath também sabia que, se ele transformasse aquilo em capital político, estaria quebrando uma lei tácita que dizia que as vidas privadas dos políticos eram assunto exclusivamente deles, por mais chocantes que fossem. Decidiu então seguir o conselho de Carrington: "Não chegue nem perto disso".

Não foi apenas o Reverendo Pennington que achou que a história de Scott merecia uma plateia maior; também o Dr. Gleadle pensou a mesma coisa. Se o médico tinha alguma preocupação em não violar seu Juramento de Hipócrates, ela não o impediu de ir ver Michael Barnes, advogado e amigo de Thorpe. Gleadle disse a Barnes que tinha um paciente em posse de algumas cartas comprometedoras contra seu cliente.

Por outra estranha coincidência, um amigo em comum tanto de Thorpe quanto de Barnes estava por lá ao mesmo tempo: David Holmes. Naquela noite, Holmes foi até a casa de Thorpe. Se encontraram no celeiro ao lado da casa, onde Holmes explicou tudo o que estava acontecendo. "Foi decidido que precisávamos nos apoderar das cartas. Não poderíamos arriscar uma publicação apenas alguns dias antes da apuração dos votos."

Na manhã seguinte, Holmes foi ao Centro Médico, onde informou o Dr. Gleadle de que queria comprar as tais cartas comprometedoras. Será que o médico estaria disposto a intermediar o negócio? Certamente que estava. Discutiram valores. Gleadle disse que achava que 25 mil libras seria um preço justo. Com suas boas maneiras, Holmes explicou que aquilo seria impossível. Depois de alguma barganha, concordaram em 2.500 libras.

Como os Levy pediram a casa de volta, Scott já tinha se mudado outra vez, agora para um bangalô isolado nas cercanias de Exmoor. Certa noite, foi para a cama por volta das 9h30 da noite e então foi despertado por batidas fortes na porta. Ao abri-la, se deparou com o Dr. Gleadle, que o informou que precisaria das cartas imediatamente. Catatônico depois de um coquetel de gin e Mogadon, Scott mostrou a gaveta onde mantinha a pasta marrom cheia de papéis. "Eu estava totalmente biruta. Disse: 'Eu não estou entendendo o que você está fazendo'. Ele respondeu: 'Vai ficar tudo bem. Vou deixar um bilhete na cozinha explicando o que eu fiz aqui. Venha me ver amanhã'."

Depois que Holmes pagou a Gleadle as 2.500 libras, ele e Michael Barnes correram de carro até a casa de Thorpe. Os três ficaram acordados até as 3 horas da manhã discutindo o que fariam. Holmes e Barnes então foram à casa de Barnes, onde jogaram as cartas em um forno e ficaram olhando elas queimarem. Na opinião de Holmes, aquele era o fim de um dia de trabalho bem satisfatório: mais um monte de cartas aparentemente incriminadoras tinha virado fumaça.

Na manhã seguinte, quando Scott foi ao Lloyds Bank em South Molton, descobriu, surpreso, que tinha 2.500 libras em sua conta. Entretanto, ficou bem menos feliz quando entendeu que Gleadle tinha roubado suas cartas – que era como Scott via o ocorrido. "Meu maior medo era de que alguém as usasse para tentar me internar em um hospital psiquiátrico. Entrei diretamente na sala de cirurgia e disse: 'O que você fez com minha pasta? Quero ela de volta.' Foi uma cena terrível. Me lembro de que, em certo ponto, uma mulher entrou e disse: 'O que está acontecendo?' E eu respondi: 'O Dr. Gleadle roubou minhas cartas!'"

Os medos de Scott se provaram infundados. Ainda que o comportamento de Gleadle tivesse sido bizarro e até mesmo chocante, não havia qualquer sugestão de que ele quisesse internar seu paciente. Mas não eram apenas os medos de Scott que não tinham fundamento; também os de David Holmes. A única coisa que as cartas provavam era que Peter Bessell enviara a Scott pagamentos semanais. Quem quer que as lesse acharia mais provável que Bessell, e não Thorpe, era quem estava tentando comprar o silêncio de Scott.

Também havia outra possibilidade que aparentemente ninguém tinha considerado. Se Scott dava assim tanta importância às cartas, será que não teria feito cópias delas? Na verdade, foi exatamente o que ele fez. Em outras palavras, Holmes tinha pagado 2.500 libras por uns pedaços inúteis de papel. No entanto, tinha feito algo bem mais estúpido que isso, algo que confirmava as suspeitas de Peter Bessell de que, com toda a sua urbanidade e seu amor por antiguidades, Holmes não passava de um idiota colossal. Como ele não tinha as 2.500 libras à mão, Holmes tinha pago o Dr. Gleadle com um cheque pessoal – que agora estava em um banco de South Molton.

Pela primeira vez, agora era possível traçar uma linha entre Scott, por via do Dr. Gleadle, e David Holmes, o amigo mais antigo e mais próximo de Thorpe. Se alguém se preocupasse em seguir a trilha da papelada, ela agora levava diretamente à soleira da casa de Thorpe.

No dia da eleição, as pesquisas finais colocavam Ted Heath à frente por até 5%. Na hora em que começou a apuração, Harold Wilson já tinha abandonado qualquer esperança e começou a virar doses de conhaque. E então os resultados começaram a chegar. À meia-noite, os números estavam ainda empatados demais para fazer qualquer previsão. Permaneceram daquele jeito a noite toda. Ao alvorecer, o panorama político da Inglaterra tinha passado por uma mudança dramática. Os Conservadores tinham conseguido a maior parcela, com 37,9%, enquanto os Trabalhistas tinham 37,2%.

Mas nada disso importava. O que importava mesmo era que partido teria mais cadeiras – e eram os Trabalhistas, com 301, quatro mais que os Conservadores. Os Liberais tinham conseguido 19,3% dos votos. Em um sistema de representação proporcional – algo pelo qual os Liberais vinham lutando já havia tempo – isso os teria dado mais de cem cadeiras. Mas, da maneira como as coisas eram feitas, eles tinham apenas quatorze, um ganho de oito desde a eleição anterior, de 1970. Ainda assim, aquelas quatorze cadeiras Liberais pareciam cruciais para determinar que partido formaria o próximo governo. Mesmo que o sonho de Thorpe de ganhar logo de pronto tivesse sido um delírio sem chances, suas esperanças de pelo menos conseguir alterar o equilíbrio de poder já pareciam mais realistas.

Para Thorpe, pessoalmente, a eleição tinha sido um triunfo. Depois de conseguir manter seu mandato por Devon do Norte por apenas 369 votos quatro anos antes, tinha conseguido melhorar sua margem para mais de onze mil. Nunca o tipo de pessoa que deixaria passar uma oportunidade para desfilar suas vitórias, ele e seus apoiadores organizaram uma parada à luz de velas pelas ruas de Barnstaple na noite de sábado. Na Rua Downing,

Ted Heath e seus ministros se sentaram cabisbaixos no escritório principal para bolar um jeito de ainda continuarem no poder. Enquanto isso, Harold Wilson, que tinha lido a pasta do MI5 sobre Thorpe e, como Heath, sabia tudo sobre o caso com Norman Scott, pensou seriamente em vazar o conteúdo para a imprensa. Ao destruir a reputação de Thorpe, Wilson sabia que também afundaria suas chances de formar qualquer aliança com os Conservadores. Mas, no fim das contas, aceitou o conselho de seu assessor especial, Bernard Donoughue: "Eu disse para ele esquecer essa estratégia de escândalos contra os concorrentes e não se rebaixar ao nível do esgoto onde fica a imprensa".

No sábado à noite, o telefone tocou no sítio de Thorpe em Cobbaton. A babá atendeu e ouviu um homem do outro lado dizer que era o oficial em serviço no número 10 da Rua Downing.

Queria falar com o Sr. Thorpe.

A babá explicou que Thorpe e Marion ainda estavam liderando a parada na Barnstaple e só retornariam lá pelas 10h30 da noite. O oficial disse que então voltaria a ligar. Às 10h30, Thorpe já tinha voltado para casa. À meia-noite, o telefone ainda não tinha tocado. Incapaz de suportar a tensão, Thorpe ligou para o número 10 da Rua Downing e sua ligação foi transferida diretamente para Ted Heath. O que tinha acontecido era que Heath tinha tentado ligar diversas vezes, mas o quadro de telefonia tinha quebrado. Depois de salientar que Liberais e Conservadores tinham pontos de vista similares em diversos assuntos, Heath disse que seria uma boa ideia se eles se encontrassem.

Thorpe não fez objeção.

Heath tinha apenas um pedido a fazer: o de que mantivessem o encontro secreto. Thorpe concordou com tranquilidade. Na manhã seguinte, vestiu o sobretudo, calçou um par de botas e deixou seu sítio pela porta dos fundos. Um carro de isca estava parado na frente da casa para despistar os repórteres. Thorpe então caminhou por três campos lamacentos até onde seu assistente estava esperando para levá-lo à Estação Taunton. Tinha chegado o momento de seu encontro com o destino.

Em Nova York, Peter Bessell vinha ocupado planejando seu desaparecimento. Dentre os muitos países para os quais poderia fugir sem risco de ser extraditado, tinha decidido que a Nicarágua e a Venezuela pareciam mais promissoras e Bessell sabia que não podia contar a ninguém o que estava planejando, nem mesmo para seus filhos. Em vez disso, disse-lhes que, se o pai não entrasse em contato com eles em três dias, deveriam ir ao seu escritório e olhar em seu cofre. Lá, ele tinha deixado três cartas; uma para Paul, que tinha agora 21 anos, uma para Paula, de 24, e outra para a mãe deles, Pauline.

Nas cartas, ele admitia que tinha mentido sobre sua situação financeira e se descrevia como um fracasso, arruinado e desacreditado. Também explicava que não havia dinheiro a deixar, nada além das duzentas libras que ele tinha posto em cada envelope. Não poderiam mais viver em apartamentos elegantes como o que ele vinha alugando para eles. Tudo o que poderiam fazer seria vender todos os bens que possuíssem e recomeçar a vida. Também escreveu para seus credores, tentando explicar como seu negócio com a propriedade em Bronxville tinha dado errado. Em meio ao caos e à autorrecriminação, uma coisa escapou à atenção de Bessell: ele se esquecera da maleta cheia de papéis que tinha escondido em seu escritório em Londres no verão de 1968.

Mas ele pelo menos tinha algumas boas notícias. Diane tinha concordado em fugir com ele, apesar de estar começando em um novo emprego. Em janeiro de 1974, Bessell pegou um voo para Los Angeles – uma viagem paga por Diane. Planejou ficar em um motel barato, mas, para despistar quaisquer desconfianças, viu a necessidade de continuar fingindo ser um homem de negócios bem-sucedido e se hospedou no Hotel Beverly Wilshire. Diane chegou na manhã seguinte, deixando para trás o emprego sem contar a ninguém para onde estava indo. "Tudo estava acontecendo tão rápido que não havia tempo para reflexão. Eu fui na onda dele porque o amava e aquela era a única maneira de fazê-lo esquecer a ideia do suicídio."

Para a incredulidade de Bessell, ela chegou trazendo os dois filhotes de dachshund que eles tinham. "Duvidei seriamente de que aquela fosse uma coisa sábia a se fazer." Depois de passar a noite no Beverly Wilshire, alugaram um carro na manhã seguinte e foram para o sul, pela Interestadual 5, até o México. Às três da tarde, cruzaram a fronteira.

Enquanto eles passavam pela miséria de Tijuana, as implicações do que estavam fazendo começaram a vir à cabeça de Bessell com mais força do que nunca. Ele esperava sentir alguma espécie de alívio por deixar suas responsabilidades – e seus débitos – para trás. Em vez disso, estava se sentindo desesperadoramente deprimido.

Continuaram dirigindo até chegarem à cidade litorânea de Ensenada, na península de Baja California. Chegando lá, pararam em um motel de beira de estrada e alugaram um quarto por nove dólares a noite. Enquanto Diane ainda tinha conseguido levar alguns *travel checks*, Bessell agora tinha apenas 69 dólares em seu nome.

Na tarde seguinte, ele se sentou à beira da praia e ficou olhando os cachorrinhos de Diane brincando na areia. Às vezes, olhava o relógio e se perguntava o que estaria acontecendo em Nova York. Imaginou Paul e Paula lendo as cartas que ele tinha deixado. Bessell sempre adorara as mãos da filha – "a Pooh tinha mãozinhas pequenas, realmente lindas" – e ele tinha lembranças muito boas de segurá-las quando ela era criança. Agora, ele as via abrindo o envelope e descobrindo o que estava lá dentro. Os dois certamente estariam mortos de preocupação; qualquer um que começasse a ler aquelas cartas presumiria que ele estava para cometer suicídio. Ele também se perguntava como Fred Miller, o pai de Diane, reagiria ao descobrir que todo o dinheiro que tinha emprestado agora não existia mais.

Naquela noite, Bessell tomou seus costumeiros dois Mandrax e se deitou cedo. Acordou poucas horas depois sentindo como se alguém estivesse sentado em seu peito. Não conseguia respirar. Ainda que fosse uma noite quente, ele sentia um frio enorme. Ao mesmo tempo, o suor jorrava. Por mais intensa que fosse a dor, Bessell estava consciente o bastante para perceber o que estava acontecendo: ele estava tendo um ataque cardíaco.

23

BESSELLISADO

Da Estação de Paddington, Jeremy Thorpe primeiro foi à sua casa na Praça Orme, onde trocou de roupa para algo mais formal que coubesse melhor à situação. Depois, foi conduzido de carro até a Rua Downing por Richard Moore, seu amigo e escritor de discursos. Muito embora Thorpe estivesse aparentemente tranquilo, Moore sabia o quanto ele estava empolgado.

Enquanto Moore esperava lá fora no carro, Thorpe entrou no número 10. Aparecendo uma hora depois, não falou formalmente à imprensa, dizendo que precisava conversar com seus colegas parlamentares antes de dar qualquer declaração. Mas os colegas parlamentares já sabiam a respeito da reunião – uma horda de fotógrafos tinha registrado todas as idas e vindas de Thorpe – e estavam furiosos. Não apenas pensavam que Thorpe tinha sido desleal por se encontrar com Heath sem avisá-los como também suspeitavam de que ele teria feito algum acordo pelas costas de todos. David Steel, o *whip*-chefe, só ficou sabendo da reunião no noticiário da hora do almoço: "Era uma coisa fora do normal a se fazer. Mas devo dizer que, por bizarra que fosse, era uma atitude típica de Jeremy". Até Eric Lubbock (mais tarde conhecido como Lorde Avebury), normalmente um ávido apoiador de Thorpe, achou que ele tivesse se excedido. "O sentimento geral no partido era o de que qualquer tipo de acordo com os Conservadores era um anátema."

O que Thorpe teria oferecido em troca – se é que tinha oferecido algo – de seu apoio a um governo de coalizão? O próprio Thorpe depois declarou que poderia ter se tornado Secretário de Relações Exteriores. De acordo com Heath, ele "expressou uma forte preferência pela posição de Secretário de Assuntos Internos". Na verdade, é difícil imaginar que fosse conseguir qualquer um dos cargos. Heath já estava muito bem ciente de como Thorpe era. A noção de entregar o controle das relações exteriores a um homem que tinha manifestado apoio publicamente a um bombardeio da Rodésia nunca se daria bem com o círculo interno dos Conservadores. Além disso, também sabendo das alegações de Scott, Heath jamais confiaria a segurança nacional a alguém tão vulnerável a chantagens.

Quanto ao preço de tal acordo, Thorpe insistia que nada menos que a representação proporcional poderia deixar os Liberais satisfeitos. Por mais desesperado que estivesse para se apegar ao poder, Heath considerou que não tinha como concordar com aquela exigência. De acordo com um parlamentar Liberal, seria o equivalente a convidar os Conservadores a se sentar numa cadeira elétrica e depois virar a chave eles mesmos.

Durante o fim de semana, Heath e Thorpe se encontraram novamente para tentar fechar um acordo. Quanto mais demoravam, menos provável ficava. Pesando sobre as negociações havia o conhecimento claro de ambos de que qualquer coalizão que conseguissem firmar ainda constituiria muitas cadeiras a menos que uma maioria. Na manhã de segunda-feira, Thorpe voltou ao número 10 para uma última tentativa desesperada. Às 6 horas da tarde, ambos finalmente admitiram que não havia esperança. Uma hora mais tarde, Harold Wilson foi levado ao Palácio de Buckingham, onde a Rainha o convidou a formar um governo de minoria. Ninguém, especialmente os aliados mais próximos de Wilson, esperava que aquilo fosse durar mais do que uns poucos meses.

Se era para ter outra eleição em breve, Thorpe queria estar mais preparado do que nunca. Isso significava ter mais dinheiro, e então, em 10 de abril, ele escreveu para Jack Hayward. Era uma carta que se equilibrava incomodamente entre o alarde e a súplica, devido à quantidade de pontos de exclamação que Thorpe usara – demais até para seus próprios padrões –, o que já dava alguma noção do constrangimento que ele sentia ao enviá-la: "Delicadamente, venho pedir dois cheques! Minha razão é a seguinte: cada candidato está limitado à quantia total de sua campanha individual. Se excedê-la por um centavo que seja, pode ficar sem sua cadeira! Em meu caso, venho travando uma campanha nacional e outra local por Barnstaple. Há, portanto, uma sobreposição nos gastos sobre a qual prefiro não discutir com o partido!".

Ela continha também uma breve, porém marcante, sentença sobre Peter Bessell. No passado, Thorpe já tinha descrito Bessell a Hayward como um de seus mais leais comandados e um amigo de confiança. Mas agora aquela "máscara mandarim" estava mais em uso do que nunca.

"Ele é um desgraçado", ele escreveu simplesmente.

Um dos cheques, de quarenta mil libras, deveria ser destinado ao fundo de eleições gerais do Partido Liberal. O outro, de dez mil libras, deveria ir para um amigo de Thorpe, um empresário de etnia parse chamado Nadir Dinshaw, que morava em Jersey, nas Ilhas do Canal. Thorpe foi vago acerca da necessidade disso, mas deixou implícito que o cheque de dez mil pagaria suas despesas pessoais com a eleição.

Três semanas mais tarde, e depois que Hayward e sua esposa foram convidados para jantar na casa da Praça Orme, ele enviou a Thorpe as cinquenta mil libras. Thorpe escreveu novamente, dessa vez adotando um tom ainda mais servil. "É difícil expressar com adequadas palavras o quão grato fico – e, por meu intermédio, também o Partido Liberal – por sua magnânima e magnífica ajuda." Então, logo antes de assinar a carta, Thorpe teve a audácia de desferir mais um golpe certeiro: "Foi ótimo vê-los aqui em nossa casa na Praça Orme. Meu único arrependimento é o de que nós dois, e em especial você, tivemos de ser submetido a uma dose de *bessellite*. Maldito seja aquele homem".

Dois dias depois de ele escrever essa carta, em 16 de maio, a irmã mais velha de Thorpe, Camilla, se suicidou em sua casa da Praça Chester, na Belgrávia. Cada vez mais perturbada pela depressão desde a morte do marido cinco anos antes, Camilla ingeriu uma overdose de barbitúricos. Ela e o irmão nunca tinham sido próximos desde que eram crianças, em grande parte devido ao favoritismo um tanto óbvio da mãe pelo filho. Ainda assim, Thorpe teve de ir identificar o corpo tal como fizera com sua primeira esposa, Caroline.

Por mais que achasse aquilo perturbador, ele logo encontrou outra coisa com a qual ocupar a cabeça. Como o próprio Thorpe e todo mundo tinham previsto, o governo de Wilson não durou muito. Depois de passar o verão pulando de uma crise para a seguinte, o primeiro-ministro anunciou que haveria outra eleição geral em 10 de outubro, a primeira vez em que haveria duas eleições no mesmo ano desde 1910. Na ocasião, os Liberais se saíram com um slogan ainda mais estranho: "Mais um empurrão!" Armado com o dinheiro de Hayward, Thorpe prontamente alugou um *hovercraft* por trezentas libras por dia, um novo meio de transporte dinâmico que ele achou que estava mais em consonância com a imagem de modernidade que os Liberais tentavam projetar. No meio da campanha, o veículo afundou.

No entanto, o governo britânico se mostrou relutante em dar mais algum empurrão em favor de Thorpe. O partido perdeu uma cadeira, o que os deixou com treze parlamentares, enquanto a maioria de Thorpe em Devon do Norte foi diminuída em mais de quatro mil votos. Wilson, no entanto, foi vingado: os Trabalhistas ganharam uma maioria de três cadeiras. Quanto a Ted Heath, aquela derrota marcou o começo do fim de sua carreira política. Ninguém, a não ser o próprio Heath, tinha qualquer dúvida de que ele estava liquidado. Era apenas questão de saber quando o machado desceria sobre seu pescoço.

O médico foi categórico: Peter Bessell estava sofrendo de uma oclusão coronariana. Era imperativo que fosse levado imediatamente para o hospital. Mas Bessell se recusava a ser movido dali. Disse para Diane que, se fosse para ele morrer naquele instante, preferiria fazê-lo em um motel de beira de estrada a um hospital mexicano. Relutantemente, o médico concordou em deixá-lo passar a noite. De manhã, Bessell se sentiu um pouco melhor. A dor no peito tinha passado e, embora ele estivesse um pouco fraco, conseguia andar.

Naquele momento, a ideia de tentar desaparecer parecia menos prática do que nunca. Tomado por intimações de sua mortalidade, tudo o que Bessell queria era dar meia volta e retornar aos Estados Unidos. "Acreditei que estava perto do fim. O que aconteceu naquela noite foi como o primeiro tremor que dá o sinal de um terremoto." Mais tarde naquela manhã, fizeram as malas novamente e, com Diane dirigindo, foram para o norte, em direção à Califórnia. Assim que chegaram a San Diego, ela quis levá-lo ao hospital, mas novamente Bessell se recusou. Muito embora ele não tivesse qualquer intenção de fazer alguma coisa para acelerar outro ataque, também não estava disposto a prevenir um próximo. Em vez disso, pediu para que ela ligasse para a filha dele, Paula, em Nova York, e a assegurasse de que ele estava bem.

De San Diego, continuaram dirigindo até que chegaram à cidade de Oceanside. Lá, encontraram outro motel barato à beira da praia.

Enquanto Bessell descansava, Diane fez outro telefonema, desta vez para seu pai. Não devem existir muitos pais que fiquem tranquilos enquanto sua filha foge com um mulherengo notório, especialmente um com tendências suicidas e uma leva de negócios fracassados. Do ponto de vista de Fred Miller, a chegada de Bessell na vida de Diane deve ter sido um desastre: desde que ela o conhecera, seu casamento tinha acabado, ela saiu de um emprego que pagava muito bem e aparentemente agora tinha fugido.

Miller também tinha perdido um bocado de dinheiro investindo nos esquemas desastrosos de Bessell. Sob tais circunstâncias, ele tinha todas as razões do mundo para pegar um voo para a Califórnia e acabar com Bessell ele mesmo. Mas Miller era claramente um homem que tinha dentro de si reservas consideráveis de perdão. Concordou em ignorar os casos de Bessell e fazer tudo o que pudesse para manter seus credores longe. Até pagou Jack Hayward dez mil dólares de seu próprio dinheiro em troca de uma promessa não escrita de que Hayward não iria tomar qualquer atitude contra Bessell.

Entre os outros credores, havia dois bancos: o Chase Manhattan de Nova York e o National Westminster de Plymouth. Graças, em grande parte, aos esforços de Miller, ambos assumiram uma posição mais conciliatória e compreensiva com relação aos infortúnios de Bessell. O gerente do National Westminster de Plymouth até mesmo escreveu para ele usando um tom algo filosófico: "Sou consciente o bastante das fragilidades dos homens para sentir com relação ao senhor apenas simpatia e compreensão pelo trauma que experimentou".

Na época em que Bessell recebeu essa carta, ele e Diane já tinham resolvido permanecer em Oceanside. Alugaram um sítio revestido de ripas de madeira, bem pequeno, à beira do oceano; tinha apenas um quarto e um banheiro. Ainda que ambos tivessem bem pouco dinheiro e quase nenhum bem, estavam felizes. Bessell descobriu que uma vida simples casava bem com ele. Tinha uma sensação de paz em Oceanside que raramente havia experimentado antes. Também se sentia seguro, agora que Fred Miller tinha dado uma apaziguada em seus credores.

Decidiu que era hora de mais uma mudança de direção. No futuro, ele não mais faria tentativas ambiciosas de acumular fortuna. Nada mais de embalagens plásticas de ovos ou negociações de propriedades estranhas.

Em vez disso, faria algo completamente diferente: ele se reinventaria como autor de livros infantis. Discutiu seus planos com Diane e eles decidiram que seria um empreendimento em comum dos dois, com ele escrevendo histórias e Diane fazendo ilustrações.

De onde teria vindo essa ideia? É tentador ver o desejo de Bessell de viver em uma cabaninha de madeira e escrever livros para crianças como uma tentativa de escapar da realidade para um mundo de inocência – um mundo onde não teriam lugar a enganação, a desonestidade e planos de jogar cadáveres em pântanos da Flórida. Seria um modo de ele se livrar de vez de tudo o que tinha feito de errado antes e de descobrir a paz antes que fosse tarde demais. O que Bessell não tinha como saber é que *já era* tarde demais. Depois de já ter levado seu carro para dentro do grande pântano, não havia mais volta.

Um mês depois das eleições gerais, um construtor e decorador chamado Anthony Johnson estava trabalhando com seu irmão Donald e mais quatro homens, reformando um conjunto de escritórios na Pall Mall, número 41, um ponto que tinha vagado de forma inesperada pelo inquilino mais recente. Enquanto Johnson estava trabalhando no corredor da galeria, notou uma portinhola de vidro no teto. Somente acessível com escada, ela tinha sido pintada por cima, "de forma que não era aparente logo de pronto". Anthony Johnson mostrou a portinha para o irmão e, juntos, conseguiram forçá-la até se abrir.

Dentro, havia algumas cortinas velhas e uma maleta de couro. Quando abriram a maleta, encontraram um envelope pardo grande com um fecho de metal. O envelope continha uma boa quantidade de fotos em preto e branco de homens nus, uma das quais tinha uma inscrição no verso: "Para Jeremy, com amor". Em seguida, havia duas iniciais que eles não conseguiram distinguir quais eram.

Naquela noite, Donald Johnson levou a maleta para casa e examinou bem o conteúdo com mais cuidado. Assim como fotos, havia também diversas cartas com o emblema da Câmara dos Comuns e alguns extratos bancários em nome de Peter Bessell. Lendo os extratos, Johnson logo deduziu que o tal Bessell estava com graves problemas financeiros. Outra carta, bem mais longa, estava endereçada à Sra. Ursula Thorpe e assinada por alguém chamado Norman Josiffe.

Os trabalhadores tinham sido avisados para jogar fora tudo o que encontrassem nos escritórios, com exceção dos carpetes. Mas, em vez de jogar fora o conteúdo da maleta, o que ele fez foi ligar para o *Sunday Mirror*. Naquele mesmo dia, dois repórteres apareceram no antigo escritório de Bessell e levaram a maleta. No dia seguinte, os irmãos ligaram para saber o que tinha sido descoberto e foram avisados de que eles não poderiam receber a maleta de volta. Quando reclamaram, foram convidados a ir ver o editor do jornal, Bob Edwards, naquela mesma noite.

Em meio a *drinks* no escritório, Edwards explicou que as cartas pertenciam a Jeremy Thorpe, líder do Partido Liberal. Disse ainda que, naquela tarde, tinha ido à Câmara dos Comuns e as entregado pessoalmente ao Sr. Thorpe. O que Edwards omitiu tanto da conversa com Thorpe quanto da com os empreiteiros era que, como Norman Scott, ele tinha tido a prudência de tirar cópias de todos os documentos antes de entregá-los.

Várias semanas depois, os dois irmãos receberam um cheque de duzentas libras. Junto do cheque havia um bilhete explicando que aquele era um "presente de gratidão", agradecendo-os por ter agido de forma tão direcionada ao bem-estar público.

Depois de chegar tão perto do poder e então vê-lo tomado outra vez, talvez fosse de se esperar que Thorpe escapulisse para o meio das sombras por um tempo, talvez até se dedicar a alguma forma de exame de consciência. Mas aquele nunca tinha sido seu estilo. No fim de novembro, escreveu a Jack Hayward pedindo ainda mais dinheiro. Alegou que o partido precisava dele para fazer *lobby* pela reforma eleitoral. "Uma vez que conseguirmos mudar o sistema, aí poderemos formar uma coalizão, já que assim teremos mais de cem parlamentares e talvez 150."

Mais uma vez, aproveitou para dar um golpe em Bessell – ou, na verdade, muitos golpes. "Fiquei *horrorizado* e chocado de saber da extensão das dificuldades que aquele desgraçado do Bessell lhe causou [...] A história toda me deixou enojado [...] Se, com imensa generosidade você se dispôs a fechar o buraco [financeiro], sinto-me imensamente grato a você. Mas se, como você diz, você foi *bessellisado* e esse é o fim da história, então entenderei, ainda que fique bastante enfurecido! Maldito seja aquele porco."

Àquela altura, é bem provável que Hayward já tivesse percebido que somente a queda de um meteoro ou algo assim poderia dar aos Liberais

150 cadeiras. Ainda assim, ele mais uma vez concordou em enviar o dinheiro. Os detalhes de quanto e de como ele seria enviado foram explicados por Thorpe, em uma carta de março de 1975. Mais uma vez, ele pedia dois cheques: um de sete mil libras, que deveria ser nominal aos Fundos Eleitorais Liberais, e o outro, de dez mil, mais uma vez, iria para Nadir Dinshaw, nas Ilhas do Canal.

Como antes, Thorpe foi novamente vago com relação ao porquê de querer a divisão assim. No entanto, assegurou a Hayward que era tudo perfeitamente legal. No fim, o dinheiro iria todo para a mesma causa, que poderia ser descrita como "manter o Partido Liberal vivo". Mas Thorpe tinha outro plano bem diferente em mente para as dez mil libras – um plano que não tinha nada a ver com manter coisa nenhuma viva. Depois de seis anos falando do assunto, ele tinha finalmente decidido que chegara a hora de se livrar de Norman Scott.

É impossível dizer exatamente quando Thorpe tomou a decisão final de que Scott deveria morrer. Também não parece ter havido nenhum fato especial que o levou a finalmente tomar essa decisão. Talvez tenha sido a descoberta das cartas escondidas no escritório de Bessell, e depois saber que o editor do *Sunday Mirror* as tinha visto. Talvez o suicídio de sua irmã o tenha deixado ainda mais fixado em morte do que o normal. Ou talvez ele já estivesse farto de se perguntar quando viria um novo golpe.

Quinze anos depois de eles se encontrarem pela primeira vez, ele e Scott estavam presos em uma dança, como uma valsa macabra, com cada um culpando o outro por arruinar sua vida. Enquanto Scott estivesse vivo, Thorpe viveria em um estado perpétuo de medo. A única maneira de remover esse medo seria calá-lo de vez. No passado, claro, Thorpe teria se voltado a Bessell em busca de ajuda. Em vez disso, dessa vez disse a David Holmes o que queria que fosse feito: as dez mil libras seriam usadas para pagar alguém para matar Scott. Estaria a cargo de Holmes acertar os detalhes.

Holmes foi embora pensando naquilo. Então, ligou para um amigo seu no sul do País de Gales, chamado John Le Mesurier. Bem mais conhecido como John Tapete, Le Mesurier era um homem cordial de 41 anos que tinha um negócio de tapetes barateiro perto de sua casa em Bridgend. Foi o interesse de ambos por tapetes que o aproximou de Holmes – que certa vez tinha sido diretor de uma empresa chamada Companhia Tapete

Mágico. Na presente ocasião, entretanto, Holmes não queria falar de tapetes. Tinha outro assunto para discutir.

No verão de 1975, pouco depois de ter pedido a David Holmes que encontrasse alguém para matar Norman Scott, Jeremy Thorpe parece ter tido alguma espécie de colapso nervoso. Subitamente, cancelou todos os compromissos públicos, saiu de Londres e passou seis semanas em seu sítio em Devon. De acordo com Ursula, sua mãe, Thorpe estava sofrendo de estresse. Aparentemente, isso aconteceu devido à sua campanha pelo referendo na qual seria decidido o futuro da Inglaterra na Comunidade Econômica Europeia – e ele era fortemente pró-permanência. Mas Thorpe não era alguém que normalmente se deixaria abater por estresse, e ainda menos em decorrência de uma campanha. À luz do que aconteceu em seguida, parece mais provável que tenha havido outra razão pela qual ele decidiu se isolar naquele tempo. Uma decisão tinha sido tomada, e uma linha tinha sido cruzada. Para Thorpe, assim como para Holmes e Bessell, nada jamais seria igual outra vez.

Enquanto Thorpe estava aninhado em sua propriedade em Devon, um bandidinho pé de chinelo e negociador de armas de fogo antigas chamado Dennis Meighan foi chamado ao telefone por um homem que se descreveu como "representante de Jeremy Thorpe". O homem perguntou se eles poderiam se encontrar em caráter de certa urgência. Almoçaram juntos em um restaurante italiano no oeste de Londres, onde o homem por fim revelou o motivo da reunião. Será que Meighan consideraria matar um homem chamado Norman Scott – descrito como "uma chateação que precisava ser eliminada" – pelo bem do Partido Liberal? Meighan ficou suficientemente entretido pela ideia, a ponto de ir para Devon dar uma olhada em sua potencial vítima. Mas, uma vez lá, se acovardou e pegou a estrada de volta a Londres. "É um passo muito grande, isso de atirar em alguém", contou mais tarde. Meighan, no entanto, concordou em perguntar a conhecidos se estariam interessados.

Em 1975, o Baile dos Showmen, evento anual de caridade que visava levantar dinheiro para funcionários de parques e feiras, aconteceu no Hotel Savoy em Blackpool. Os ingressos custaram quinze libras cada, mas o preço incluía uma garrafa de bebida, uma escolha entre uísque e conhaque. Não é de surpreender que os acontecimentos da noite logo tenham fugido do controle. Embora todos os presentes estivessem um tanto animados, havia um que estava particularmente tempestuoso. Seu nome era Andrew Newton, e ele era um piloto comercial de avião, de 29 anos, a serviço da British Island Airways, uma companhia com base em Blackpool. Ainda que gostasse de ser chamado de Gino pelos amigos, eles tinham outro apelido para ele: "cérebro de galinha".

Em algum ponto do jantar – e os relatos divergem quanto a esse momento – Newton foi abordado por um dos amigos, de nome George Deakin. Conhecido no sul de Gales como "o rei das bandidas de um braço só", Deakin tinha 31 anos, era baixinho, com um cabelo cor de areia, e tinha feito uma pequena fortuna alugando máquinas caça-níqueis, o que explica seu curioso apelido. Poucos dias antes, uma pessoa lhe perguntou se ele conhecia alguém que gostaria de fazer algo descrito como "um trabalho assustador". Deakin se perguntou se Newton estaria interessado. Ao ouvir que a quantia envolvida era de cinco mil a dez mil libras, Newton nem hesitou: "Eu sou o cara", disse a Deakin.

Depois do jantar, houve um leilão de mentira de mulheres de *topless*, durante o qual Newton tentou passar merengues nos mamilos de uma das moças. O namorado dela, que também estava entre os presentes, pediu que ele parasse. Mas, àquela altura, Newton estava bebendo seu conhaque direto da garrafa e já há muito tinha passado do ponto. É claro que aconteceu uma luta física e os dois tiveram de ser apartados. Newton depois disse à polícia que "aquela noite ficou um bocado caótica, pelo que consigo me lembrar, e eu tinha bebido além da conta [...] Me lembro de ver um show de *strip* e um comediante, mas não me lembro muito do resto".

Ao fim do jantar, Newton mal tinha condições de andar, e menos ainda de dirigir, de modo que Deakin o levou de volta a seu apartamento em St. Anne's. Antes de Deakin ir embora, eles concordaram em conversar de novo dali a alguns dias sobre a tal proposta que ele tinha mencionado antes. Mais tarde naquela noite, Newton vomitou violentamente em sua cama toda.

24

O HOMEM DO CANADÁ

Pouco antes do Natal de 1974, Norman Scott se mudou de seu bangalô isolado em Exmoor. Tinha começado a se sentir cada vez mais amedrontado naquele lugar. Um incidente em particular o perturbou muito. Segundo seu próprio relato, Scott estava prestes a entrar em casa para almoçar um dia quando ouviu o barulho alto de um helicóptero logo acima. Assim que ele olhou para o céu, o helicóptero começou a descer. Prevendo que aquilo poderia significar algum perigo, correu para dentro de casa e fechou a porta. Dois homens saíram do helicóptero, um dos quais muito bem vestido com um terno cinza, e o outro, com uma jaqueta anoraque. Primeiro, bateram na porta da frente de sua casa e depois nas janelas.

Enquanto isso, Scott estava encolhido do lado oposto ao da porta. "Estava suando de pavor. Tive uma sensação forte de que eles queriam me fazer algum mal." Os homens deram a volta e tentaram abrir a porta dos fundos. Scott então ouviu o portão se fechando lá fora. Poucos minutos depois, o helicóptero levantou voo, circulou por cima da casa e desapareceu na direção de Taunton.

Depois de se mudar, Scott passou o Natal com alguns amigos, Janet e Christopher Lawrence, na casa deles, que ficava próxima a Barnstaple. Assim como ele, os Lawrence também adoravam animais e tinham acabado de comprar uma filhote de dinamarquês bastante ativa. Decidiram chamá-la de Rinka, um nome japonês tradicional dado a meninas que se acreditava possuírem temperamento mais confiante que o normal.

No ano-novo, Scott se mudou novamente e foi morar com outros amigos. Depois de perder toda a fé no Dr. Gleadle, começou a ver outro médico, um psiquiatra clínico no Hospital Psiquiátrico Exe Vale, em Exeter, chamado Douglas Flack. Depois de examiná-lo, o Dr. Flack diagnosticou que Scott era são, mas sofria de um severo problema de ansiedade. Durante o exame, Scott contou a Flack sobre sua experiência com o Dr. Gleadle e também sobre a venda de suas cartas. Preocupado com algum possível problema ético, Flack achou melhor informar o acontecido ao Sindicato de Defesa dos Médicos. Assim que ouviram falar de que Scott alegava ter tido um relacionamento homossexual com um político proeminente, o sindicato entrou em contato com o antigo Departamento de Advocacia do Tesouro, hoje chamado Departamento Legal do Governo Inglês. O advogado então no cargo passou os detalhes para o MI5, onde eles foram incorporados ao arquivo já um tanto inchado de Jeremy Thorpe.

Então, vieram outros incidentes que confirmaram as suspeitas de Scott de que alguma coisa muito estranha estava acontecendo. Em um começo de noite, ele estava bebendo em seu bar favorito em Barnstaple – chamado Market Inn – quando foi avisado de que havia uma ligação para ele. Com carregado sotaque alemão, a pessoa do outro lado se identificou como "Sr. Steiner", dizendo que trabalhava para a revista *Der Spiegel*. Steiner explicou que estava escrevendo uma matéria sobre Jeremy Thorpe e perguntou se eles poderiam se encontrar. O homem tinha ouvido a respeito do caso que Scott tivera com Thorpe e se perguntou se Scott talvez tivesse alguma evidência disso.

Scott disse que, sim, certamente tinha evidências – pois tinha as fotocópias das cartas pelas quais David Holmes pagara 2.500 libras. O homem perguntou então se ele se importaria de levá-las quando se encontrassem. Combinaram para dali a dois dias no Hotel Imperial, em Barnstaple. Scott foi levando consigo algumas das fotocópias em uma pasta, mas não todas. Apenas ao chegar lá, se deu conta de que não fazia ideia de qual era a aparência de Steiner. Sentado no saguão, Scott viu uma Mercedes prateada encostar no estacionamento. "Pensei que, já que era um carro alemão, aquele deveria ser ele." Mas, no momento seguinte, foi avisado por alguém do hotel de que um certo Sr. Steiner o estava chamando ao telefone.

Scott foi ao telefone público no saguão e deixou a pasta na poltrona. Steiner, com seu sotaque muito forte, se desculpou e explicou que tinha sido chamado em outro lugar para escrever outra matéria – e era algo importante, acrescentou. Enorme, na verdade, pois seria alvo de interesse da maioria dos leitores: o Partido Conservador tinha acabado de escolher como líder uma senhora de 49 anos, mãe de dois filhos, chamada Margaret Thatcher. Infelizmente, isso significava que eles teriam de se encontrar em algum outro momento.

"Quando poderia ser?", Scott quis saber. Em vez de responder, Steiner apenas desligou. Intrigado e um pouco irritado, Scott voltou ao saguão do hotel. Apenas depois de se sentar novamente onde estava antes é que percebeu que sua pasta tinha desaparecido.

Em parte para manter um registro das coisas que vinham acontecendo com ele, mas também em parte porque acreditava que alguém pudesse ter interesse em publicá-lo, Scott começou a escrever uma espécie de livro de memórias. Nele, recordava tudo o que podia a respeito do que lhe tinha acontecido desde que conhecera Jeremy Thorpe. Também contou a diversas pessoas que pretendia vender sua história a algum jornal. Oito dias depois que Steiner não apareceu no hotel, Scott estava andando pelo mercado coberto em Barnstaple tarde da noite quando foi agredido. Primeiro, um grupo de homens começou a bater nele até que ele caísse no chão, e depois eles o chutaram repetidamente. Scott perdeu dois dentes e ficou inconsciente.

Depois de acordar, conseguiu cambalear até o pronto-socorro de Devon do Norte. Enquanto estava sendo cuidado, ele tentou juntar as peças do que estava acontecendo. A princípio, presumiu que tinha sido um ataque aleatório. Depois, à medida que sua cabeça foi clareando, se lembrou do que um dos homens dissera. "Ele perguntou: 'Você é Norman Josiffe?', e eu disse: 'Sim, já fui', ainda que aquele fosse um nome que eu já não usava havia seis anos." Assim que ele confirmou, os homens começaram a espancá-lo.

As 2.500 libras que o Dr. Gleadle tinha depositado em sua conta já tinham acabado àquele ponto, e então Scott começou a dormir na rua. "Eu costumava passar a noite no banheiro público do Parque Rock, em Barnstaple. Bebia cidra até ficar embriagado e dormia no chão em um dos cubículos. Então, fiz uma coisa estúpida. Sempre fui uma pessoa muito asseada e nunca tinha estado tão mal antes. Como precisava tomar um banho, fui a um hotel – o Fortescue – e aluguei um quarto para passar a noite. Nem consegui ficar porque me senti muito culpado; só tomei meu banho e depois voltei ao banheiro público."

Depois de ele dormir na rua por cerca de seis semanas, um casal se apiedou de sua situação e o convidou para ficar com eles. Enquanto estava lá, Scott recebeu nova ligação misteriosa. Um homem chamado Ian

Wright disse a ele que vinha tentando encontrá-lo já fazia algum tempo, pois precisava dele para um trabalho como modelo. "O que ele disse na verdade, literalmente, foi: 'Consegue trazer essa bunda aqui pra Londres o mais rápido que puder?'".

O homem alegava trabalhar para uma companhia chamada Modas Pensiero e disse que pagaria oitocentas libras por duas semanas de trabalho. Scott suspeitou de imediato. "Eu disse: 'Existem pelo menos quinhentos modelos muito bonitos em Londres. Eu não apareço em uma revista há anos. Por que neste mundo você iria querer logo eu?'". Mas Wright estava determinado de que era Scott que ele queria, e disse até que tinha reservado um quarto para ele no Hotel Royal Garden, em Kensington, para a noite seguinte. Também deixou um telefone de contato.

Quando ele desligou, Scott ligou para as páginas amarelas e descobriu que não havia nenhuma empresa chamada Modas Pensiero. Quanto ao número que Wright tinha deixado, era apenas o de um telefone público na Praça Trafalgar. Pouco depois, a senhoria do Market Inn, uma senhora apropriadamente chamada Edna Friendship ("amizade" em inglês), ofereceu a Scott um quarto em troca de ele executar algumas tarefas domésticas. No começo de setembro, os dois estavam saindo de um show de música folk e dois policiais de repente agarraram Scott pelos cotovelos e o forçaram a ir até a viatura. Quando Scott reclamou e disse que não era necessário o tratarem daquele jeito, um deles disse: "Sim, precisa ser assim mesmo. Queremos ficar bem perto de você".

Na delegacia de Barnstaple, ele foi acusado de ter saído do Hotel Fortescue sem pagar a conta – "obter vantagem pecuniária mediante ardil". Mas logo ficou claro que a polícia não estava preocupada de verdade com a conta do hotel. Em vez disso, o que queriam saber era a respeito de certos documentos que acreditavam estar na posse de Scott. Então ele disse que quaisquer documentos que ele tivesse eram de natureza particular, o que mudou o tom do interrogatório, até então amigável.

Um dos policiais, o sargento-detetive Furzeland, disse que eles estavam seguindo ordens diretas do Lorde Guardião do Selo Privado, como era chamado o representante não oficial do primeiro-ministro na Câmara dos Lordes. Pelo jeito, alguém daquele departamento iria lá mais tarde naquela mesma noite. Também foi dito a Scott que, se ele não cooperasse, seria trancafiado e "não veria a luz do dia pelos próximos quatorze anos".

Sentindo que não tinha muita escolha, Scott concordou em levar a polícia até o Market Inn, onde entregou a eles as fotocópias restantes das cartas de Bessell. Eles também quiseram ver o manuscrito do tal livro de memórias que souberam que ele vinha escrevendo. Depois, novamente o conduziram à delegacia onde – de maneira bem deliberada, pelo que ele percebeu – ele foi trancado em uma das celas femininas para passar a noite. Pela manhã, foi levado à presença de um juiz e multado em 58 libras. Depois de proferida a sentença, os papéis lhe foram devolvidos.

Mesmo naquele momento, Scott poderia ter considerado os incidentes em sequência como apenas ameaças vazias, se não fosse por uma carta que recebeu de seu advogado, Jeremy Ferguson, alguns dias depois: "Caro Sr. Scott [...] Creio de fato que o senhor se encontra em perigo real de sofrer agressão por parte de alguém que preferiria não ver sua história publicada", começava a carta. "Ele [o sargento-detetive Furzeland] me disse que, assim como eu, ele temia que, se o senhor permanecesse por tempo demais nesta região e seus pontos de vista e suas intenções se tornassem de conhecimento público, o senhor provavelmente viria a ser ferido por isso. De fato, foi por esta razão que ele pediu que o senhor se mantivesse em contato com ele, caso o senhor tenha mesmo intenção de publicação, porque ele quer se assegurar de que, se o senhor vier a correr algum perigo, ele possa conseguir alguma forma de proteção."

Por mais que gostassem de animais, os Lawrence, amigos de Scott, começaram a achar Rinka um tanto custosa. Não que ela fosse agressiva, de modo algum, mas ela estava agora do tamanho de um pônei e precisava de muito exercício. Eles então perguntaram se Scott estaria disposto a levá-la para passear uma vez por dia. Por coincidência, a Sra. Friendship também tinha um dinamarquês, e Scott então passou a sair para caminhar com os dois cachorros ao mesmo tempo. Uma tardinha em outubro de 1975, ele tinha acabado de deixar os cachorros com seus respectivos donos e foi tomar alguma coisa em outro bar de Barnstaple, o Three Tuns, quando notou um homem encostado no balcão. O homem estava vestindo uma jaqueta de trabalho típica, em azul marinho, e um suéter de gola polo.

Mas não foi sua aparência o que mais impressionou Scott: foi o cachimbo. Ele fumava um enorme *meerschaum* com cabo torto e um anel prateado em volta do bojo. Era o tipo de cachimbo que Scott raramente tinha visto fora dos filmes de Sherlock Holmes. Nuvens de fumaça de odor nauseante saíam do fornilho. "Ele parecia totalmente fora do lugar ali. E estava também me encarando." Scott, que sempre odiara o cheiro de fumo de cachimbo, perguntou se ele se importaria de ir mais para o outro lado do balcão. "Não fui rude nem nada. Apenas expliquei que eu não conseguia suportar o cheiro. Ele foi mais para longe no balcão, onde deu suas baforadas e ficou me encarando com um olhar ameaçador."

Mais uma semana se passou e então, em um domingo, dia 12 de outubro, por volta de meio-dia, Scott estava levando o cachorro da Sra. Friendship de volta ao Market Inn quando viu aquele mesmo homem. Agora, ele estava de pé ao lado de um Mazda amarelo e vestindo uma jaqueta esportiva vermelha. Quando Scott se aproximou, o homem deu um passo adiante e se apresentou. Seu nome era Peter Keene. Scott acenou com a cabeça e fez menção de continuar andando. Mas o que o homem disse em seguida o fez parar no meio do passo. "Ele me disse que eu estava em perigo, um perigo muito grande. Aparentemente, alguém estava vindo do Canadá para me matar, e receberia mais de mil libras para fazê-lo."

Keene alegava que tinha sido contratado para proteger Scott. Ainda que não quisesse revelar quem o contratara, se ofereceu para levar Scott em seu carro para conhecer a tal pessoa. Por diversas razões, Scott achou que não era uma boa ideia. Quando ele se recusou, Keene começou a ficar irritado. "Ele disse: 'Eu gostaria muito que você entrasse nessa merda aqui comigo'." Scott repetiu que não. Mas concordou em tomar uma bebida com ele na esperança de saber mais sobre seu protetor misterioso. Só que, antes de tudo, ele precisava devolver o cachorro à sua dona.

Correndo até o Market Inn, Scott pediu à Sra. Friendship para anotar a placa do Mazda amarelo. Então ele e Keene seguiram pela mesma rua até o Hotel Fortescue, o mesmo onde Scott tinha alugado um quarto e saído sem pagar. No balcão, Keene pediu um *bitter lemon*, e Scott, tentando controlar os nervos, pediu um scotch duplo. Não muito tempo depois que chegaram, Keene reclamou de que o *barman* estava olhando esquisito para ele e insistiu para que eles fossem a algum outro lugar.

Ao se mudarem outra vez, agora para o Hotel Imperial, Scott finalmente percebeu que Keene estava ainda mais nervoso que ele próprio.

Quando ele perguntou o que exatamente Keene fazia, ele disse que era um "investigador especial", mas não podia entrar nos detalhes do que isso queria dizer. Claramente curioso com relação ao relacionamento entre Scott e Jeremy Thorpe, fez questão de anotar, bem às claras, tudo o que Scott ia dizendo em folhas de papel rosa que ele trazia consigo. Também continuava repetindo que Scott corria perigo de morte – pelo jeito, inclusive, ele já tinha estado "por um fio" de ser morto naquela tal noite em que eles tinham se visto pela primeira vez.

Scott ainda não fazia ideia do que pensar de Keene. Aquele não era o tipo de homem que inspirava confiança naturalmente. "Ele tinha aquele jeito particularmente enervante de falar com um sotaque estuarino [do sudeste inglês] que sempre soava como uma lamentação." Mas, àquela altura, Scott estava tão confuso que não sabia mais em quem confiar. Por mais duvidoso que Keene parecesse, Scott ainda considerava uma coisa boa que, pelo menos segundo o que parecia, alguém estivesse por ali cuidando de seu bem-estar. Eles se despediram com Keene dizendo que entraria em contato assim que soubesse que "o homem do Canadá" tinha chegado à Inglaterra.

Quando Scott contou aos Lawrence a respeito desse encontro, eles deram uma sugestão que, assim pensaram, seria do maior interesse a todas as partes. Já que Scott e Rinka se davam tão bem, por que ela não ia morar com ele? Por mais dócil que fosse a cachorra, ela causava uma impressão e tanto, e qualquer pessoa que pudesse tentar fazer mal a ele provavelmente pensaria duas vezes assim que a visse.

Quase duas semanas depois, Scott foi tomar conta de uma casa para um amigo na vila de Combe Martin e levou Rinka com ele. Não havia telefone na casa, mas ele disse à Sra. Friendship que, se alguém quisesse entrar em contato com ele, poderia deixar recado no bar da vila, o Pack of Cards. E ele estava justamente no bar, bebendo, na noite de 23 de outubro, quando o proprietário disse que havia uma ligação para ele. Ao pegar o telefone, Scott ouviu uma voz dizendo "Oi, é o Norman?".

"Sim", ele respondeu.
"Aqui é Andy."
"Que Andy?", Scott perguntou
"Desculpe...", disse a voz. "Quis dizer Peter."

Scott percebeu que era Keene. E também percebeu que ele parecia sem fôlego. E, ainda, que ele estava falando de um telefone público, já que, de tempos em tempos, soavam bipes de aviso para colocar mais moedas.

"Ele está aqui", Keene disse.

"Ele quem?"

"O homem do Canadá."

"Tem certeza?"

"Ele chegou", Keene disse. "E já está em Devon."

"E o que eu devo fazer?", Scott perguntou.

"Me encontre amanhã às 6 horas no Hotel Delves em Combe Martin", disse Keene, e então desligou.

25
MORTE NA CHARNECA

Na noite seguinte, Scott chega ao Hotel Delves com Rinka trotando obedientemente logo atrás. Ao caminhar em direção ao hotel, percebe Keene à espera em uma cabine telefônica do outro lado da rua. Em vez de jaqueta esportiva, agora Keene veste um suéter preto com gola polo e um casaco cáqui por cima. Também não está mais dirigindo o Mazda amarelo; dessa vez, é um Ford Cortina azul já bem maltratado. Keene explica que precisa ir ver um cliente em Porlock a cerca de 32 km dali. E diz que Scott deveria ir com ele, pois assim ele poderia protegê-lo caso o homem do Canadá aparecesse de repente. Apenas quando eles se aproximam do carro é que Keene percebe que Rinka está indo junto com eles. Abruptamente, ele para. Por toda a vida, Keene sempre teve fobia de cachorros; quanto maiores, mais ele não queria nada com eles.

"Não quero isso no meu carro", diz, apontando para Rinka.

"Se ela não for, eu também não vou", Scott responde.

Depois de muitos resmungos, Keene cede. Mas colocar Rinka no Ford Cortina não é nada fácil. Como as portas de trás já não abrem mais – parecem ter enferrujado junto à carroceria – ela precisa entrar pela porta do motorista. Uma vez lá dentro, a cachorra consegue se deitar no banco de trás. Com Keene sempre olhando desconfiado pelo espelho retrovisor, eles partem rumo a Porlock. Neste momento, já está escurecendo. Também começou a chover. Apesar de tudo, Scott está se sentindo estranhamente relaxado. "Tive uma sensação curiosa de que nada de mau me aconteceria."

Logo depois de sair de Combe Martin, Keene pede a Scott para pegar fósforos no porta-luvas. Explica que precisa acender seu cachimbo. Ainda que só de pensar em ter de respirar a fumaça do cachimbo faça Scott se sentir enjoado, ele atende o pedido. Dentro do compartimento, encontra uma caixinha de fósforos, mas ela parece muito mais pesada do que deveria. Ao abri-la, Scott pode ver que há muitos objetos cilíndricos dentro. Eles fazem um barulhinho de cliques quando batem uns nos outros. Por alguma razão, passa pela cabeça de Scott que podem ser pérolas.

Bruscamente, Keene diz para guardar aquilo e procurar outra vez. Scott agora encontra fósforos. Keene passa a ele o cachimbo e pede que ele o acenda. O cheiro de tabaco é ainda pior do que Scott se lembrava, mas o tempo lá fora está tão feio que ele não se atreve a abrir a janela.

Por volta das 7h30 da noite, chegam a Porlock. Keene pede a Scott para esperar por ele no Hotel Castle, e diz que vai voltar em torno das 8 horas. Mas, passada meia hora, ele ainda não apareceu. Scott espera mais vinte minutos. Farto daquilo e achando que teria de pagar um táxi para levá-lo para casa, vai para fora do hotel. Mas a chuva está tão forte que está quicando no asfalto. Scott está prestes a entrar de novo quando vê o carro do outro lado da rua piscando os faróis para ele. Sua primeira reação é ignorá-lo – aquela necessidade toda de manter segredos já estava dando em seus nervos. Mas os faróis continuam piscando, de modo que ele corre para lá com Rinka logo ao lado.

Keene abaixa o vidro do Ford Cortina.

"Pensei que nós nos encontraríamos lá dentro", Scott diz.

"Ah, não. Não posso ser visto com ninguém", Keene responde.

Então se oferece para levar Scott de volta a Combe Martin.

"Mas e quanto ao homem do Canadá?", Scott quer saber.

Keene diz não saber exatamente onde o homem do Canadá está. Mas não há motivo para preocupação; ele vai continuar cuidando de Scott. Scott e Rinka então entram no carro. Pouco depois das 8h30, o carro começa a subir a Porlock Hill em direção à charneca lá no alto. Enquanto sobem a ladeira, a visibilidade piora. Junto com a chuva, começa a baixar uma neblina. Keene dirige bem devagar, raramente passando dos 30 km/h. Para a surpresa de Scott, ele começa a ziguezaguear para um lado e para o outro da pista, olhando atentamente pelo para-brisa como se estivesse procurando alguém ou alguma coisa.

Apesar da forma como Keene está dirigindo, Scott continua se sentindo estranhamente relaxado e até mesmo em segurança. Mas há algo sobre Peter Keene que ele desconhece. Seu nome verdadeiro não é Keene, e sim Andrew Newton, e ele não foi enviado para proteger Scott, mas para matá-lo. Na verdade, Newton está olhando tão atentamente pelo para-brisa para encontrar uma caixa de papelão que deixou à beira da pista mais cedo, marcando um local apropriado para enterrar o corpo de Scott.

Quando Scott pergunta se ele está bem, Newton admite que está cansado. Muito embora nunca tenha tido habilitação na vida, Scott se oferece para pegar a direção. Newton concorda que é uma boa ideia e sugere que eles troquem de lugar assim que a estrada ficar mais plana. Seguem em frente em silêncio. Mesmo que a neblina tenha começado a diminuir, a chuva continua firme. Scott pode ouvi-la batendo na lataria do carro.

Ao alcançar o topo do morro, Newton encosta o carro. À frente deles, no meio do breu, está Exmoor, com quilômetros de charneca desabitada até o vilarejo mais próximo. À direita, Scott pode ver as luzes de Cardiff no horizonte. Ao abrir a porta do passageiro, Scott corre sob a chuva para o outro lado do carro. Newton também saiu, e também Rinka, talvez com a impressão de que iria passear com eles. Assim que Rinka vê Scott, começa a pular toda animada em cima dele. Scott segura a corrente no pescoço dela e começa a explicar para Newton que não havia qualquer necessidade de os dois se molharem tanto. Era só eles trocarem de lugar dentro do carro mesmo.

Mas Newton apenas diz: "Ah, não, vai ser assim".

Scott nem ouve o tiro. Só consegue perceber que Rinka tomba contra seu corpo e escorrega para o chão. Ao estender o braço para afagar a cabeça dela, Scott percebe que sua mão está pegajosa. Muito embora esteja escuro demais para ele ver o que está acontecendo, tem a certeza imediata de que aquela substância é sangue.

"O que você fez?", ele grita.

Enquanto se ajoelha junto da cachorra, Scott sente alguma coisa dura contra a cabeça. Dessa vez, consegue ouvir Newton dizendo, bem distintamente: "Agora é sua vez".

Sem pensar, Scott se põe de pé e sai correndo em meio ao mato que margeia a estrada e para dentro da charneca. Enquanto corre, começa a perceber que está indo em direção às luzes de Cardiff. Percebe que, ao contrastar com todo aquele brilho laranja, ele se tornou um alvo fácil demais. De repente, simplesmente para. Convencido de que está para ser morto, Scott decide que prefere morrer junto a seu cachorro em vez de sozinho. Molhado até os ossos e coberto do sangue de Rinka, ele se vira e começa a correr de volta para o carro.

Quando se aproxima, Scott vê Newton à frente dos faróis e sob uma cortina de chuva. Em sua mão está um revólver. Olhando para baixo, Newton começa a sacudir a arma. Scott consegue ouvi-lo gritando "Merda! Merda! Merda!" seguidas vezes.

De repente, Newton pula para dentro do carro, dá meia volta com as rodas derrapando na lama e sai correndo, descendo de volta a Porlock Hill. Scott se ajoelha ao lado do corpo de Rinka, preocupado com a possibilidade de que, se voltar a se mover, poderia nunca mais encontrá-la em meio à escuridão. Muitos minutos depois, olha para cima outra vez. À distância, vê um par de faróis.

Scott fica apenas assistindo à luz que se aproxima. Quando enfim o carro chega ao alto do morro, ele se levanta na estrada e balança os braços. A princípio, pensa que o carro não vai parar, mas então ele reduz e encosta. Lá dentro está um mecânico de estrada da Associação do Automóvel chamado Ted Lethaby, com sua esposa e dois amigos.

"Por favor, me ajude", Scott implora entre engasgos, quase desmaiando àquela altura. "Alguém atirou no meu cachorro e tentou me matar."

PARTE TRÊS

26

VIVE LES TROIS MOUSQUETAIRES!

Norman Scott estava coberto de tanto sangue que, a princípio, a polícia achou que ele tivesse levado um tiro. Foi conduzido em uma ambulância até o Hospital Minehead, onde um médico se assegurou de que ele não estivesse ferido – ainda que claramente estivesse em estado de choque. De lá, ele foi levado até a delegacia de Minehead. "É tudo culpa daquele desgraçado do Thorpe", ele disse aos policiais que tomavam seu depoimento. "Ele me destruiu completamente e agora envolveu até meu animal de estimação." Mais uma vez, Scott percorreu toda a sua história: a sedução por Thorpe, o cartão do seguro, os misteriosos incidentes das últimas semanas. De passagem, mencionou o livro que estava escrevendo sobre sua vida.

A polícia tomou nota de tudo e depois o levou de volta a Combe Martin. No dia seguinte, outro policial, o sargento-detetive McCreery, foi ao sítio. Ao passo em que a polícia tinha sido amistosa na noite anterior, McCreery estava bem mais cético. A história de Scott lhe parecia fantástica demais. Chegou até a insinuar que o próprio Scott tinha atirado em Rinka a fim de chamar a atenção para seu livro. Embora Scott não conhecesse muita coisa do ramo editorial, pensou que seria altamente improvável que qualquer um, mesmo um autor, chegasse a tanto apenas para fazer publicidade de um livro. Ainda assim, McCreery não estava convencido.

Então, chegou a primeira pista real. A Sra. Edna Friendship entrou na delegacia de Barnstaple com o número da placa do Mazda amarelo que Scott a tinha pedido para anotar. Descobriu-se que o carro pertencia a uma agência de aluguel de veículos em Blackpool. A partir de lá, foi simples encontrar quem o tinha alugado no dia em questão.

Mas Newton já tinha desaparecido; ele e a namorada tinham ido de férias para Karachi.

Quando retornaram, em 18 de novembro de 1975, ele foi preso ainda no Aeroporto Heathrow e levado para interrogatório. Instado a explicar seu comportamento, Newton decidiu, não pela primeira vez nem pela última, deixar a imaginação correr. Alegou que Scott o vinha chantageando por causa de fotografias comprometedoras que tinha conseguido. Pelo que disse, elas tinham aparecido em uma lista de classificados de solteiros na qual Newton tinha requisitado uma "moça para prazer". Mas em vez de moça para prazer, era Scott quem tinha ido ao seu encontro, ameaçando mandar as fotos de Newton para seus empregadores.

Newton admitiu ter atirado no cachorro, mas negou qualquer intenção de matar Scott – "Eu queria assustá-lo, mas a arma não disparou". Depois de ser interrogado por dois dias, foi acusado de posse de arma de fogo com intenção de matar e libertado sob fiança. Por mais fantástica que fosse sua história, a polícia estava mais inclinada a acreditar nela do que na versão que Scott apresentara dos eventos. Quando o interrogaram novamente na delegacia de Minehead, assumiram uma postura bem mais rígida do que da primeira vez. De acordo com Scott, eles bateram a cabeça dele contra a parede repetidamente e se negaram a dar a medicação de que ele precisava. Também deixaram claro que consideravam homossexuais mais inclinados a fantasias histéricas do que os heterossexuais. Talvez tenham pensado que isso poderia levar Scott a ficar em silêncio por vergonha. Se era o caso, então o subestimaram. "Imagino que tipo de desvio sexual você leva para a sua própria cama", ele disparou em resposta. Isso não melhorou em nada a atmosfera na sala.

Até aquele momento, a imprensa não tinha noticiado nada sobre todo aquele estado de coisas. Mas tudo mudou em 31 de outubro de 1975, quando o *West Somerset Free Press*, um pequeno jornal de uma família local, com tiragem de menos de dez mil exemplares, trouxe uma matéria com a manchete "O mistério do dinamarquês: caso do cão na neblina intriga a polícia". Dizia a matéria: "Acredita-se que a polícia ainda esteja investigando, no momento desta publicação, um mistério tão impenetrável quanto a neblina das charnecas, no qual um autoproclamado escritor de viés político parece alegar que alguém atentou contra sua vida. A polícia de Bridgwater se recusa a confirmar ou negar essa história que vem circulando – a de que o assassino do cachorro também tentou matar o homem, mas a arma emperrou. Também não dizem nada sobre o dono do cachorro ser um certo Sr. Norman Scott, de Park Lane, Combe Martin".

Aquela logo se tornaria a matéria mais famosa da história do jornal.

Entre as poucas coisas que Peter Bessell e Diane Kelly possuíam em sua minúscula casa na praia em Oceanside, havia um aparelho de televisão. Na véspera do ano-novo, em 1975, eles assistiram a uma transmissão ao vivo da Times Square, em Nova York. A tela mostrava a enorme bola iluminada no prédio da Allied Chemical. Quando a contagem para a meia-noite começou, a bola começou a despencar em frente ao prédio, chegando ao chão assim que os sinos anunciaram a chegada do novo ano. Diane e Bessell se abraçaram com lágrimas nos olhos. "Estou sentindo que esse finalmente vai ser nosso ano", ela disse.

Bessell também estava se sentindo otimista. Já tinha feito três rascunhos de seu livro infantil àquela altura. O livrinho falava de um pequeno ser extraterrestre chamado Lua que chega à Terra e passa a ter como protetor um homem que guardava muita semelhança com o próprio Bessell – bem-intencionado, mas ocasionalmente desastrado, com uma fé inabalável na natureza humana. Ele também tinha começado a dar consultorias em Los Angeles, o que trazia ao casal uma renda modesta. Dali a três semanas, ele e Diane receberiam seu primeiro convidado diretamente da Inglaterra. Os dois sentiam que aquilo marcaria um passo importante em sua reabilitação social, mesmo que o tal visitante não estivesse necessariamente no topo da lista de convidados mais desejados de Bessell. Era David Holmes quem estava chegando para ficar um tempo. Tinha ligado no fim de dezembro para dizer que iria a San Francisco de férias e perguntou se podia dar uma passada por lá.

"Como está Jeremy?", Bessell quis saber.

"Ele está bem, mas um pouco preocupado. Manda um abraço para vocês dois", Holmes contou.

Quando Bessell perguntou com o que Thorpe estava tão preocupado, Holmes disse que preferia não falar daquilo pelo telefone. Chegaria trazendo um presente de Thorpe: um exemplar de um livro sobre Lloyd George. Dentro dele, Thorpe tinha escrito:

Para Peter, de Jeremy, com afeto

De um Liberal para outro Liberal, sobre um terceiro Liberal.
Vive les trois mousquetaires!
Ano Novo, 1976

Depois que se encerraram os cumprimentos e amenidades, Holmes perguntou se eles poderiam conversar em particular. Como não havia um quarto extra na casa, Bessell se encarregara de hospedar Holmes em um hotel local, a Pensão Bridge Motor. Sugeriu então que eles poderiam conversar no caminho até lá.

"O problema...", disse Holmes assim que eles saíram, "é Norman Scott".

Já havia tanto tempo que Bessell não ouvia o nome de Scott que, por um momento, não entendeu de quem Holmes estava falando.

"Ah, você diz, o Josiffe? Não me diga que ele ainda existe."

"Existe e muito", disse Holmes seriamente.

Então, começou a contar uma história – que, para a surpresa de Holmes, Bessell recebeu com risadas secas. De acordo com Holmes, Scott vinha chantageando um piloto de avião promíscuo chamado Andrew Newton. Uma noite, enquanto eles estavam em um carro rumo a Exmoor, uma discussão começou entre os dois e Newton acabou por atirar no cachorro de Scott. Bessell, que sempre gostara muito de cachorros, perguntou a raça. Ainda mais sério que antes, Holmes disse que não sabia, mas que era dos grandes, bem grande. O problema, continuou explicando, era que o piloto tinha sido preso. Quando Newton foi a julgamento, Scott foi chamado como testemunha. E, a julgar por seu histórico, ele iria certamente repetir suas alegações contra Jeremy Thorpe.

Bessell ainda não entendia o que tudo aquilo tinha a ver com ele. Mas não teve de esperar muito para descobrir. Se o fato de que Scott tinha um histórico de chantagens pudesse ser demonstrado, segundo Holmes dizia, juiz nenhum acreditaria no que ele teria a dizer.

"Mas o que você quer dizer com histórico de chantagens?", Bessell perguntou.

"Bem...", Holmes disse. "Digamos que você escrevesse uma carta dizendo que Scott também tentou te chantagear."

Foi nesse momento que Bessell percebeu que a visita de Holmes não era inteiramente de natureza social.

Perguntou se ele já tinha conversado sobre aquele plano com Thorpe. Holmes admitiu que sim – na verdade, que tinha sido ideia do próprio Thorpe. Bessell disse que precisaria pensar a respeito. E quanto mais ele o fazia, pior a ideia parecia. O que fazer se algum dia tivesse de provar que tinha sido mesmo chantageado por Scott? Se assim fosse, ele poderia ser acusado de perjúrio.

"Não, não, isso nunca aconteceria", Holmes assegurou. "Na verdade, essa carta é apenas para colocar no papel algumas lembranças suas."

Naquela noite, Holmes foi jantar com Bessell e Diane. Muito embora tudo no jantar tenha corrido bem, um incidente levou Bessell a pensar. Os três estavam tomando um café quando ele fortuitamente olhou para Holmes. Para sua surpresa, viu que Holmes estava olhando muito diretamente para ele com uma expressão estranha no rosto. "Os olhos dele tinham uma expressão de quem está sendo perseguido, e por um momento senti algo que não consegui entender e que me deixou desconfortável."

Depois de Holmes voltar a seu hotel, Bessell mencionou a proposta a Diane. Ela deixou bem claro o que pensava: ele teria de ser louco para concordar com aquilo. Bessell suspeitava de que ela estivesse certa. Então, no meio da noite, acordou com uma lembrança perturbadora rodando e rodando em sua cabeça. Anos antes, ele estava na Cornualha com sua então esposa Pauline quando ela disse: "Aquela história com Josiffe um dia ainda vai derrubar Jeremy. E, quando isso acontecer, Jeremy vai te puxar pro fundo junto com ele".

"Besteira", Bessell comentou à época. "Em todo caso, como Jeremy iria me puxar pro fundo?"

"Não sei. Mas guarde o que estou te dizendo: ele vai."

Na manhã seguinte, Bessell foi ao hotel de Holmes para levá-lo ao aeroporto. Carregava consigo uma máquina de escrever portátil.

"Tudo bem", disse Bessell. "Eu faço."

De todas as coisas tresloucadas que Bessell fez em sua vida, aquela foi a mais difícil de explicar. Sua reação instintiva tinha sido a de rechaçar a proposta de Holmes. Diane, em cuja opinião ele confiava completamente, não tinha deixado dúvidas do que pensava. Ele mesmo tinha tido aquela lembrança profética, tão significativa, durante a noite. E mesmo assim seguiu em frente. A única explicação que Bessell conseguiu dar para sua atitude, tempos depois, era a de que ele ficara lisonjeado com o pedido de Thorpe. Apesar de tudo, ele ainda almejava por sentir o calor da aprovação do amigo.

No momento em que ele aceitou, Holmes tirou do bolso algumas folhas timbradas da Câmara dos Comuns. Era um rascunho que o próprio Thorpe já tinha escrito, de fato dizendo a Bessell o que ele deveria escrever. Ainda que tenha alterado levemente algumas passagens, Bessell fez basicamente o que Thorpe queria. Escreveu que, quando eles se encontraram pela primeira vez, Scott tinha sido "extremamente educado e grato por toda a ajuda que eu lhe estava prestando". Mas então o comportamento do rapaz tinha mudado. "Ele veio me ver e ameaçou levar a público o fato de que eu estava tendo um caso com minha secretária. Naturalmente, isso me deixou alarmado, já que tamanha exposição teria sido muito perturbadora para minha esposa e filhos e muito danosa à minha carreira política [...] Cedi às exigências dele em parte, dei-lhe algumas libras e prometi vê-lo outra vez quando eu retornasse. É claro que isso se provou a coisa errada a se fazer, mas, no calor do momento, peguei um caminho errado."

Tudo isso, claro, era invenção, assim como a alegação de Bessell de que tinha pagado Scott para ficar de boca fechada. Depois de assinar a carta, Bessell olhou para o que tinha escrito e então adicionou um *post scriptum* no qual parecia querer convencer a si mesmo e a todos os demais de que ele era um homem virtuoso: "P.S.: Devo adicionar que sempre foi uma prática minha ajudar as pessoas em sérias dificuldades durante o tempo em que fui parlamentar. O que fiz por Scott não foi um caso isolado, como muitos de meus antigos colegas podem confirmar".

Depois, Holmes levou o rascunho de Thorpe ao banheiro, rasgou-o em pedacinhos, jogou no vaso e deu descarga. Então, ligou para Thorpe em Londres. Marion atendeu e disse que Thorpe tinha saído. "Apenas diga a ele: missão cumprida", Holmes disse.

Mais uma vez, Bessell ficou desconfiado. No caminho para o aeroporto, perguntou a Holmes se ele estaria escondendo alguma coisa. De começo, Holmes não respondeu nada. Então, quando finalmente falou, o fez tão baixo que Bessell teve de pedir para ele subir a voz.

"O piloto foi contratado para matar Scott", confessou Holmes.

Bessell percebeu que deveria ter pensado naquilo antes. Mas quis saber como Thorpe tinha encontrado um matador.

Fez-se nova pausa.

"Jeremy não fez nada. Fui eu", Holmes disse.

"Ah, meu Deus, David!"

Holmes continuou dizendo que o piloto receberia dez mil libras, mas o plano tinha dado errado. Depois que Newton matou o cachorro, a arma tinha emperrado e ele então pegou o carro e saiu dirigindo de volta noite afora. Ao ouvir isso, Bessell se perguntou se estaria sonhando; "era como um trecho tirado de um romance detetivesco mal escrito".

Quando chegaram ao aeroporto, ele deixou Holmes no terminal e foi estacionar o carro. Enquanto estava fazendo isso, pensou em outra coisa. Agora que Holmes tinha admitido que contratara Newton para matar Scott, Bessell não podia deixar que ele fosse embora com sua carta. À parte outras consequências, ela ainda sugeria que ele próprio é quem teria motivo para querer matar Scott, e não Thorpe.

Em pânico, Bessell começou a correr para o terminal. Mas logo ficou sem fôlego e teve de diminuir o passo. Ainda que Holmes tivesse prometido esperar por ele, na hora em que Bessell chegou, ele já tinha ido embora. Bessell correu até o portão de embarque. Pela janela, pôde ver o avião de Holmes na pista. Apenas observou quando a porta do avião se fechou e a escada portátil foi levada para longe.

27
UMA CONFUSÃO DOS DIABOS

No momento em que Jeremy Thorpe ficou sabendo que Norman Scott seria chamado como testemunha no julgamento de Andrew Newton, sabia que teria de fazer alguma coisa – qualquer coisa – para minimizar os prováveis danos. Decidiu fazer uma visita ao recém-nomeado *whip*-chefe dos Liberais, Cyril Smith. Naquela posição, Smith era responsável por assegurar que todos os parlamentares Liberais falassem a mesma língua quando fosse a hora de votar alguma coisa.

Mas o cargo também acarretava mais do que isso. O *whip*-chefe era também o guardião não oficial da moral do partido. Se havia qualquer possível escândalo ou motivo de vergonha dando as caras no horizonte, ele precisava saber. É difícil pensar em um caso mais óbvio de um cego guiando o outro do que nessa situação, mesmo que fosse pouco provável que Thorpe tivesse qualquer conhecimento das inclinações sexuais de Smith.

Como Smith contaria depois, "Eu estava totalmente despreparado para a conversa que se seguiu, quando Jeremy se sentou em um banquinho, cruzou as pernas e perguntou: 'Você já ouviu falar da minha impulsividade?'".

"Eu respondi que não. 'Que impulsividade?'"

"'Acho que vou ter de te contar a respeito dela, porque pode ser que ela traga alguma publicidade indesejada'."

Thorpe então contou a Smith que um homem bastante instável em breve daria seu testemunho em um tribunal durante o qual ele quase certamente alegaria que ele e Thorpe tinham tido um relacionamento homossexual. Assim que passou sua surpresa, Smith ficou olhando pensativo para sua linha de cintura, com alturas comparáveis às do Himalaia, e então disse que achava que não havia nada com o que eles devessem se preocupar. Se o tal homem era tão instável quanto Thorpe estava dizendo, provavelmente ninguém acreditaria nele.

Mas depois que Thorpe saiu, Smith decidiu fazer uma investigação por conta própria. Pela primeira vez, ficou sabendo da visita de Scott a David Steel em 1971 e sobre os pagamentos feitos por Peter Bessell. Também foi ter com o Secretário do Interior, Roy Jenkins. Disposto a ajudar um colega parlamentar em dificuldades, Jenkins se ofereceu, segundo contou Smith, para "atrair a atenção da polícia para o histórico de Scott".

Só que o perigo já estava bem mais próximo do que Thorpe podia imaginar. Em Somerset, Auberon Waugh, filho do romancista Evelyn Waugh e autor de uma coluna na revista satírica *Private Eye*, tinha visto aquela matéria no jornal sobre o misterioso caso do cão na neblina. Ainda que Waugh nunca tivesse encontrado Thorpe, já o detestava mesmo à distância, em parte porque achava que havia algo de muito suspeito nos coletes de abotoamento duplo que ele usava e em parte por causa do ar constante que Thorpe projetava de "menino exibido de escola pública".

No começo de dezembro de 1975, Waugh escreveu um texto para a *Private Eye* sobre como "a região oeste de Somerset está fervilhando com rumores de natureza um tanto impalatável [...] Um certo Sr. Norman Scott [...] que alega ter sido um grande amigo de Jeremy Thorpe, o parlamentar Liberal, foi encontrado por um mecânico chorando ao lado do corpo de Rinka, sua cachorra dinamarquesa, que tinha levado um tiro na cabeça". A história terminava com uma clássica tirada de duplo sentido de Waugh: "Minha maior esperança é a de que a tristeza pelo cachorro do amigo não vá causar a aposentadoria prematura do Sr. Thorpe da vida pública".

O *West Somerset Free Press* não era um jornal lá muito lido no Palácio de Westminster. No entanto, a *Private Eye* era. E também o *Sunday Express*, que, em 2 de novembro, tinha veiculado uma matéria com o título "O enigma de Exmoor do homem assustado e seu cachorro baleado":

> A *estranha história do corpo de um cão dinamarquês de estimação, baleado na cabeça, um homem aterrorizado encontrado vagando por Exmoor à noite e a aura de segredo criada pela polícia a respeito do caso vem intrigando os habitantes locais.*

O homem, um certo Sr. Norman Scott, que estava morando na vila de Combe Martin, em Devon do Norte, alega ter sido amigo do líder do Partido Liberal, o Sr. Jeremy Thorpe.

A história que ele contou à polícia e às pessoas que o resgataram na charneca há nove dias é bastante sinistra. Ele diz que um homem que ele acreditava ser um detetive particular o pegou de carro em um hotel próximo a Porlock. Eles então pararam no acostamento em um local deserto, e o homem subitamente tirou uma arma e atirou no cachorro. Então, apontou a arma para o Sr. Scott, mas ela emperrou. Scott saiu correndo e o homem entrou no carro e se foi. A polícia não dá mais declarações sobre o contexto do caso e apenas diz oficialmente que está investigando a história de um cachorro morto a tiros. Mas os locais se perguntam: por que o caso de um cachorro baleado foi parar nas mãos do detetive superintendente Michael Challes, segundo em comando do distrito policial de Avon e Somerset? O próprio superintendente Challes me disse: "Estou encarregado disso por causa de ramificações do caso". Não deu qualquer outra explicação.

Nos salões de chá e nos corredores, as pessoas começaram a comentar. E então, à medida que a fofoca ia aumentando, também iam se misturando a ela os mal lembrados rumores de anos antes. E aí veio mais um golpe. Norman Scott não precisou esperar até o julgamento de Andrew Newton para denunciar Thorpe publicamente. Outra oportunidade, igualmente maravilhosa, apareceu antes disso. Em 29 de janeiro de 1976, Scott foi convocado a prestar contas ao tribunal de Barnstaple sob a acusação de ter obtido desonestamente 58,40 libras em benefícios do seguro social. Na verdade, ele tinha cometido essa fraude deliberadamente, já sabendo que poderia dizer o que quisesse em frente ao juiz sem qualquer risco de ser processado.

Da mesa de acusação, ele lançou seu míssil cuidadosamente direcionado. "Isso já vem há quinze anos", começou a dizer em voz trêmula. "Eu gostaria muito de esclarecer toda essa história. Já virou uma coisa doentia. Venho sendo perseguido todo esse tempo apenas por causa de meu relacionamento sexual com Jeremy Thorpe."

Em questão de minutos, o míssil caiu na Rua Fleet. Depois de dar uma declaração sucinta – "Há bem mais de doze anos, não vejo nem ouço falar do Sr. Scott. Não há qualquer verdade nas alegações desse senhor" – Thorpe desapareceu de vista dentro de sua casa na Praça Orme, com as portas trancadas e instruções à criadagem para informar a quem quer que ligasse que ele não estava em casa. Em sua ausência, Cyril Smith cuidou de responder às perguntas que se seguiram.

No dia seguinte, Smith implorou a Thorpe que o desse mais alguma informação. Se Scott era mesmo tão instável e inescrupuloso quanto Thorpe dizia, será que ele então não teria alguma evidência disso? Uma evidência, digamos, que pudesse ser vazada para a imprensa. Thorpe pensou bem a respeito. E então revelou que, na verdade, poderia sim haver alguma coisa.

Dessa vez, não foi a sensação de alguém sentado em seu peito que acordou Peter Bessell. Também não foi alguma lembrança perturbadora de anos antes. Foi apenas o som do telefone tocando. Ao atendê-lo, Bessell olhou para o rádio relógio. Eram 3 horas da manhã.

"Peter, aqui é Charles."

Charles Negus-Fancey era o advogado de Bessell.

Bessell ainda estava se perguntando por que Negus-Fancey estaria ligando no meio da noite enquanto tentava entender o que o advogado estava dizendo. "Todos os jornais do país estão me ligando", ele continuou. "Os repórteres estavam aqui no escritório antes mesmo de eu chegar. O que você quer que eu faça?"

"Que você faça com relação a quê?", perguntou Bessell, mais confuso do que nunca.

"É sobre o caso Jeremy Thorpe", Negus-Fancey disse impaciente. "Todo mundo quer ver uma cópia dessa declaração registrada sobre Norman Scott."

"Espera um pouco", Bessell disse. "Que declaração?"

"A declaração que você fez e que o Cyril Smith, o *whip*-chefe dos Liberais, acabou de vazar para a imprensa."

Bessell agora estava bem acordado. Sua primeira reação foi a de descrença. Depois que David Holmes partira, Bessell tinha escrito uma carta para ele pedindo para destruir a carta na qual ele dizia que estava sendo chantageado por Norman Scott. Holmes respondeu dizendo que o faria. Claramente, não era o que tinha acontecido. Thorpe também tinha prometido – por via de Holmes – que a carta nunca seria vista por ninguém além dos advogados das partes. Só havia então uma explicação pelo que Bessell podia ver: ambos tinham mentido para ele.

Bessell decidiu que tinha de falar com Thorpe assim que possível. O problema era que suas finanças estavam em tão mau estado que ele nem mesmo podia bancar a ligação telefônica transcontinental. Pediu a Negus-Fancey que passasse adiante uma mensagem, pedindo que Thorpe ligasse para ele urgentemente. Mas dois dias se passaram e Thorpe nunca ligou. Bessell se manteve ocupado com pequenos afazeres domésticos. Um dos dachshunds de Diane, chamado Thurston, tinha desenvolvido artrite, e então Bessell construiu um pequeno carrinho para que o cachorro pudesse se deslocar usando as patas da frente.

Enquanto Bessell levava Thurston para uma volta na praia, ficou se perguntando o que estaria acontecendo em Londres. Afastado do noticiário britânico – os jornais de lá geralmente levavam dois dias para chegar a Oceanside – ele tinha a sensação desagradável de que as coisas estavam mudando demais por lá sem o seu conhecimento. Preocupou-se com o que as pessoas poderiam estar dizendo dele. Muito embora estivesse bem ciente de que já não tinha mesmo uma reputação das melhores, ficou ansioso para preservar os cacos que ainda restavam.

Quando finalmente o telefone tocou, não era Thorpe. Era Gordon Greig, o correspondente político do *Daily Mail*, que tinha conseguido localizá-lo. Perguntou se Bessell concordaria em responder algumas perguntas oficialmente. Bessell hesitou. Percebeu que, se não tentasse tornar público seu lado da história, poderia afundar completamente.

"Tudo bem", respondeu.

"Existe mesmo essa declaração?"

"Não...", Bessell disse. "Não existe nenhuma declaração."

E isso era mesmo verdade, já que uma declaração registrada precisa ser feita formalmente com o envolvimento de um advogado.

"É verdade que o senhor estava fazendo pagamentos regulares a Scott com o intuito de mantê-lo calado a respeito de um caso que o senhor estava tendo com outra mulher?"

"Não."

"Então, de onde essa história se originou?"

"Eu simplesmente não sei dizer", Bessell respondeu. "Eu obviamente não teria pago para cobrir nenhuma chantagem nesse sentido. Por que diabos o faria? Gente demais saberia a respeito de uma coisa assim."

"Então o senhor estava fazendo os pagamentos em nome de Jeremy?"

Já fazia tempo que Bessell não assumia qualquer postura superior na vida. Ainda assim, conseguiu fazê-lo outra vez sem dificuldades. "Essa pergunta é ridícula", ele disse exasperado.

Insistiu então que estava dando dinheiro a Scott por bondade de seu próprio coração, assim auxiliando um pobre desafortunado que tinha perdido tudo. Mas Bessell bem sabia que essa explicação era tremendamente frágil e não iria enganar ninguém por muito tempo. Antes de desligar, Greig ainda disse que o correspondente do *Mail* em Los Angeles já estava a caminho de Oceanside. Ao pôr o telefone no gancho, Bessell percebeu que sua mão estava tremendo. Por dois anos, ele tinha conseguido manter o mundo lá fora – e todas as lembranças de seu comportamento passado – a uma distância segura. Agora, todo aquele cuidado estava a ponto de ser varrido do mapa.

Antes que o correspondente do *Mail* chegasse, Bessell disse a Diane que tinha uma coisa para conversar com ela. Os dois se sentaram à mesa da cozinha.

"A visita de David envolveu muito mais coisas do que você sabe", ele começou a dizer.

Ele percebeu que ela já ficou tensa em antecipação.

"Continue", ela disse. "Você sabe que estou acostumada a ouvir esses assuntos."

Ele admitiu então que tinha ignorado o conselho dela e tinha escrito a carta para David Holmes – uma carta que tinha agora sido vazada para a imprensa em Londres.

Não foi surpresa que Diane tenha recebido mal a notícia.

"Então ela está servindo para acobertar uma tentativa de homicídio?", ela perguntou incrédula.

Era exatamente assim que estava parecendo, Bessell admitiu.

Quando ele terminou de explicar o que tinha feito, Diane ficou um tempo sem falar nada. Então, olhou bem nos olhos dele e disse apenas: "Você agora vai ter de tomar algumas decisões horríveis".

Então, o telefone tocou novamente. Dessa vez era Thorpe. Agindo como se nada de estranho tivesse acontecido, começou perguntando sobre a saúde de Bessell. Com certa irritação, Bessell disse que os acontecimentos recentes não tinham feito nada para melhorá-la. Então, a conversa se virou para a tal declaração. Como a imprensa tinha ficado sabendo daquilo? Foi tudo culpa de Cyril Smith, explicou Thorpe. Depois do falatório de Scott, Thorpe tinha mostrado a carta a Smith, que a vazara sem seu conhecimento.

Apesar de tudo, Bessell estava inclinado a acreditar. Sugeriu que deveria fazer uma declaração formal por meio de seu advogado, dessa vez algo que fosse tão verdadeiro quanto possível. Bessell diria que Scott originalmente tinha procurado a ajuda de Thorpe, então Thorpe o tinha passado a Bessell porque a ajuda envolvia a perda do cartão do seguro social. Enquanto Scott estava em processo de esclarecer as coisas no Departamento de Saúde e Seguridade Social, Bessell tinha dado a ele um dinheiro – cinco libras por semana – pelo fato de que o rapaz estava virtualmente na miséria. Foi um ato de caridade e nada mais. Bessell também disse a Thorpe que pretendia negar que Scott em algum momento o tivesse chantageado ou tomado conhecimento de sua vida particular.

Pela primeira vez, Thorpe pareceu tomado pelo pânico. "Você não pode fazer isso", disse. "Vai destruir tudo. Eu te imploro, Peter, me dê mais um tempo, um tempo para deixar as coisas mais sob controle. Prometo que depois vamos fazer uma declaração juntos."

Percebendo o tom de medo na voz de Thorpe, Bessell cedeu. "A última coisa neste mundo que eu quero é te causar mais problemas, mas você tem de entender que eu tenho de me proteger também."

No fim, os dois concordaram que ambos fariam uma declaração conjunta que Bessell então tornaria pública por meio de Charles Negus-Fancey. Mas, antes de desligar, tinha mais uma coisa que Bessell precisava saber. Ele já tinha ouvido a palavra de um dos "mosqueteiros", e agora precisava saber diretamente das coisas por meio do outro, que era quem importava de verdade.

"Quero saber em termos bem simples. Foi David quem contratou o tal piloto?", perguntou.

Agora foi a vez de Thorpe hesitar.

"Sim", admitiu por fim. "E esse é o maior perigo de todos."

"Ah, Deus", Bessell disse. "Que confusão."

Assim que terminou de falar com Thorpe, Bessell começou a escrever sua declaração. Depois, a ditou por telefone para Negus-Fancey, que em seguida a repassou a Thorpe. Depois de muitos ajustes, Thorpe finalmente aprovou o texto. Naquela tarde, a declaração de Bessell foi enviada à imprensa:

> *Foi-me solicitado que fizesse uma declaração com relação ao Sr. Norman Scott [...] Em primeiro lugar, os pagamentos que eu ou minha pessoa jurídica, Peter Bessell Ltda., fizemos ao Sr. Scott anos atrás perfazem um período de alguns meses e somam um total de não mais que duzentas a trezentas libras. Esse montante tinha o único intuito de ajudar o Sr. Scott a se firmar em uma época em que estava na miséria. Não há necessidade de se ver nenhum outro significado naqueles pagamentos. Em particular, venho expressamente rejeitar qualquer sugestão de que tenham sido feitos a pedido de terceiros.*
>
> *Em segundo lugar, não tenho conhecimento de qualquer pagamento de 2.500 libras feito ao Sr. Scott. Na época em que se diz que tal pagamento foi feito, eu estava me recuperando de um grave problema de saúde, totalmente sem dinheiro e sem comunicação com qualquer pessoa que não fosse de meu círculo familiar.*
>
> *Também fui informado de que há rumores de que minha continuada ausência da Inglaterra tem sido atribuída a um suposto medo de minha parte de que, se eu retornar, seria declarado falido. Não há verdade nesses rumores. Há cerca de um ano, apenas à exceção de uma contestação, um acordo foi firmado com a generosa cooperação de meus credores pessoais e isso, acredito, exclui tal possibilidade.*

No momento em que isso foi divulgado, o correspondente do *Mail*, Douglas Thompson, já tinha chegado a Oceanside. Bessell disse a Thompson que não poderia dizer nada a respeito de Thorpe, mas ficaria satisfeito de falar a respeito de seu desaparecimento da Inglaterra e de sua nova vida na Califórnia. Na manhã seguinte, em 3 de fevereiro, o *Daily Mail* deu a seguinte manchete de capa: "Meu envolvimento no Caso Thorpe". Na matéria, Bessell negava ter sido chantageado por Scott e reiterava que suas razões para ajudá-lo tinham sido inteiramente filantrópicas.

Seus ex-colegas Liberais ainda estavam digerindo essa história no dia seguinte quando questionaram Thorpe em sua costumeira reunião semanal. Embora Thorpe tenha parecido tenso no começo, logo relaxou e lidou com cada uma das alegações que iam aparecendo. Repetiu que, não, nunca tinha tido um relacionamento homossexual com Norman Scott. Por fim, a maioria estava inclinada a acreditar nele. Ainda assim, os Liberais se viram em um dilema. Quanto mais aquela história durasse, mais Thorpe se tornaria uma dúvida em termos eleitorais. Mas eles não podiam simplesmente afastá-lo com base apenas no que, até aquele momento, eram apenas alegações sem base.

De acordo com o que Emlyn Hooson escreveu em um documento que fez circular entre os outros doze parlamentares Liberais, "Seria uma injustiça enorme e uma condenação de nossa sociedade democrática se Jeremy tivesse de renunciar somente porque o partido se sente envergonhado por alegações falsas". No entanto, não era à toa que Hooson era advogado. A carta continuava: "Por outro lado, se há algum fundo de verdade nas tais alegações, Jeremy Thorpe deve a este partido, que ele vem liderando tão bem e com tanta habilidade, a desobrigação de termos de optar entre uma aparente deslealdade e a participação em algum tipo de acobertamento".

Os Liberais já tinham se acostumado a passar ridículo; já há muito vinham sendo alvos de caricaturas que os colocavam como figuras quixotescas. Mas, depois da declaração de Norman Scott, os golpes contra eles vinham se tornando cada vez mais duros. Em Estrasburgo, David Steel foi o anfitrião de uma pequena recepção para o grupo Liberal da Assembleia Parlamentar do Conselho da Europa em sua suíte de hotel. Unicamente com a intenção de poupar algum dinheiro, Steel sempre tivera o hábito de dividir o quarto com seu assistente do sexo masculino. Ao ver as duas camas de solteiro, um de seus colegas – parlamentar Conservador – deu uma bela risada e disse: "Nós sabemos bem do que vocês Liberais gostam".

Steel ficou furioso. Levou o colega para um canto e disse: "O senhor pode fazer as piadas sujas que quiser a meu respeito, mas não tem nenhum direito de insultar meu assistente. Espero que se desculpe com ele agora mesmo".

Mas Steel logo percebeu que estava tentando conter uma maré irrefreável. Àquela altura, a imprensa já tinha ido atrás do Dr. Gleadle e descoberto a respeito das 2.500 libras que ele tinha pago pelas cartas de Bessell: "O modelo e o agradinho de 2.500 libras: o enigma do presente do acusador de Thorpe" foi uma das manchetes de *Daily Mirror*. Enquanto isso, a minúscula propriedade de Bessell na Califórnia estava, na prática, sitiada por jornalistas que tentavam convencê-lo a dar novas declarações levando maços de dinheiro.

Até então, a imprensa, mesmo adorando a história toda, vinha adotando uma postura pelo menos amigável. Ao mesmo tempo, via Scott com repulsa e nem mesmo disfarçava isso. O *Sunday Mirror*, em 8 de fevereiro, o desqualificou com "nauseante"; o *News of the World* duvidava de que até mesmo um gato fosse acreditar na palavra dele; e o *Sunday Times* o descreveu como "um homem desesperado e errático, aparentemente obcecado em assassinar uma reputação".

Mais tarde naquele mesmo dia, Thorpe foi questionado mais uma vez, agora pelo detetive-chefe superintendente Proven Sharpe, chefe do distrito policial de Devon e da Cornualha. Thorpe disse a ele que estava em meio à elaboração de um relatório abrangente de seu relacionamento com Norman Josiffe, vulgo Scott, que ele entregaria assim que obtivesse a aprovação de seu advogado, Lorde Goodman.

Em meio a tudo isso, Thorpe permanecia o mesmo tipo civilizado de sempre, pelo menos em aparência. Ele e Marion continuaram a comparecer a jantares, onde ele se mostrava tão divertido e encantador como de costume. O único sinal de que toda aquela pressão o pudesse estar afetando de alguma forma aparecia quando ele, agindo de maneira bem diferente do seu usual, atacava frontalmente qualquer pessoa que ele suspeitasse que estivesse sendo rude com Marion.

Muitos dias depois de Sharpe interrogar Thorpe, ele ligou outra vez perguntando a respeito do tal relatório de relacionamento com Scott. Thorpe disse que, infelizmente, Lorde Goodman estava resfriado e não tinha tido como ler o documento.

Sharpe perguntou sobre o pagamento feito ao Dr. Gleadle. Será que Thorpe não sabia de alguma coisa a respeito? Thorpe admitiu que tinha ouvido do tal pagamento apenas indiretamente, mas negou tê-lo autorizado.

Sharpe também quis saber a respeito de Andrew Newton. Naquele assunto, Thorpe estava em terreno mais seguro. "Nunca me encontrei com o acusado, esse Sr. Newton", declarou com confiança. "Nunca o vi nem tive qualquer contato com ele, direta ou indiretamente. A respeito desse incidente, reitero que não sei nada além do que foi noticiado pela imprensa."

Mas tudo isso trazia à tona uma pergunta óbvia: se Thorpe não tinha pagado o Dr. Gleadle pelas cartas de Bessell, então quem tinha? Seria uma pergunta que teria ficado sem resposta durante um bom tempo se não fosse por David Holmes. Mais para o fim de fevereiro, Holmes fez algo que Bessell sempre suspeitou que faria: ele cedeu. Aterrorizado com a possibilidade iminente de ser exposto, Holmes foi se encontrar com o Diretor de Processos Públicos, Sir Norman Skelhorn, e disse a ele que tinha comprado as cartas. Disse ainda que o tinha feito a fim de proteger o Partido Liberal. Depois disso, seus advogados expediram uma declaração oficial na qual Holmes enfatizava ter agido "inteiramente por iniciativa própria, e em particular sem o conhecimento do Sr. Thorpe".

Se Holmes acreditava que isso abafaria o assunto, então deveria ser ainda mais otário do que Bessell acreditava. No momento em que a imprensa ficou sabendo que Holmes era padrinho de Rupert Thorpe, começou a fazer uma animada dança da guerra. "Paguei 2.500 libras para Norman Scott, diz o padrinho", dizia a manchete do *Daily Mirror* do dia seguinte. Na noite anterior, Thorpe tinha ligado para Holmes de sua casa na Praça Orme. A conversa começou com Thorpe dizendo amargurado "David, como você pôde?".

A "máscara mandarim" estava começando a cair. Pela primeira vez, houve especulação declarada de que Thorpe teria de sair. Emlyn Hooson agora pensava que ele tinha chegado ao fim do caminho, uma opinião que Richard Wainwright compartilhava. Quanto a David Steel, não conseguia decidir o que pensar. "Talvez seja mesmo crível que Holmes tenha feito essa compra, como disse, sem o conhecimento de Jeremy; mas parecia a mim inconcebível que, uma vez pública essa história de que 'alguém' tinha feito um pagamento, ele não tivesse ido na hora contar a seu velho amigo que ele mesmo tinha sido esse alguém."

Mais tarde naquela mesma noite, Thorpe ligou para Cyril Smith para perguntar como ele ficaria depois de toda aquela cobertura da imprensa.

"No meio de uma bagunça enorme", Smith disse.

Em Oceanside, Peter Bessell tinha tomado outra decisão. Disse a Diane que pretendia fazer uma manobra com a qual ela, àquelas alturas, já deveria estar familiarizada: uma completa reviravolta. Como sua declaração anterior não tinha servido em nada para aliviar o lado de Thorpe, Bessell agora assumiria total responsabilidade pelo comportamento de Norman Scott. Em resumo, ele iria segurar nos ombros a culpa por tudo o que tinha acontecido. Imaginou que sua própria reputação já tivesse sido irremediavelmente destruída. Mas, se Thorpe tivesse de renunciar à liderança dos Liberais, isso causaria ao partido um dano irreparável.

"É com Jeremy que você se importa de verdade, não é?", Diane perguntou com perspicácia.

Ele percebeu que ela tinha toda a razão – "minha decisão tinha sido puramente emocional". Como constantemente acontecia, aqueles arroubos emocionais de Bessell partiam dele muito bem disfarçados como metáforas churchillianas.

"Sim", ele declarou. "Se o navio dele vai afundar, então, por Deus, minhas humildes armas atirarão para defendê-lo!"

Mesmo para os padrões de Bessell, aquela reação foi bizarra. No que ele estaria pensando? Apesar de tudo, parecia que ele ainda estava mais preocupado em proteger Thorpe do que em se salvar. Essa, pelo menos, é uma explicação. E outra é que ele era simplesmente incapaz de se ver fora de todo aquele drama.

Bessell estava tão convencido de que estava fazendo a coisa certa que decidiu ligar para Thorpe e contar as boas novas, apesar do custo da ligação transatlântica. Mas não foi Thorpe quem atendeu o telefone, e sim Marion.

"Ele não está no momento", ela disse friamente.

Incomodado com o tom dela, Bessell perguntou se ela poderia, por favor, pedir que ele ligasse de volta assim que possível.

"Posso", Marion disse, e então desligou.

Em meia hora, Thorpe ligou. Bessell quis saber o que diabos estava acontecendo com Marion. "É só a pressão das coisas, *Pedro*", respondeu Thorpe. "Tenho certeza de que não foi intencional. Estamos passando um aperto e tanto aqui, você sabe."

Na verdade, Marion teve sim toda intenção de ser fria. Por mais tensa que estivesse se sentindo, nunca faltara em sua lealdade a Thorpe. E também, naquele estado de coisas, ela já não dava qualquer credibilidade aos rumores sobre a homossexualidade dele. Mas tinha finalmente se convencido de que Bessell era uma má influência e o considerou responsável pelo fato de a história ter ido parar nos jornais.

Quando Bessell contou a Thorpe o que ele queria fazer, Thorpe mal se abalou. Em vez de ficar desapontado, Bessell sentiu-se ainda mais simpático a ele. "Jeremy, eu sei o que você deve estar passando."

"Pois é", disse Thorpe com uma voz exausta. "Todas as manhãs eu acordo com uma sensação terrível de mal-estar."

"Jeremy, farei o melhor que puder", Bessell disse. "E vou estar pensando em você durante todo o processo. Lembre-se de que você pode me ligar a qualquer hora do dia ou da noite. Levanta esse nariz. Nossa velha equipe não vai ser vencida!"

No dia seguinte, 19 de fevereiro, Thorpe escreveu para Bessell agradecendo por sua lealdade e reiterando que ele se mantivesse firme. "Você não precisa dizer mais nada", escreveu também, só para o caso de que Bessell se sentisse tentado a fazê-lo. "Deus te abençoe. Cuide-se, e se lembre sempre de LG [Lloyd George]. Sempre seu afetuoso amigo, Jeremy."

A resposta de Bessell sugeriu que ele ficara cismado por mais algum tempo e ainda incomodado com o telefonema de antes. "Você sabe que já fiz de tudo o que pude para ajudar nesses tantos anos [...] É por essa razão que ainda estou embasbacado com a atitude de Marion. Ela me tratou como excremento ao telefone, e isso é totalmente injustificado." Mas, já para o fim da carta, ele tinha ficado mais tranquilo. "Você deve acreditar em mim quando digo que vou lidar com isso de um jeito que não vá causar dano a você, a mim mesmo e ao Partido Liberal. Não precisa ficar nem um pouco intranquilo – mas, se em algum momento se sentir preocupado, me ligue. Diane manda um abraço e sua leal simpatia. Às vezes, acordo e penso no inferno que você está passando aí, e sinto essa dor por você."

Duas semanas depois de Bessell escrever isso, Leo Abse foi convocado a se reunir com seu velho amigo e conterrâneo galês George Thomas, presidente da Câmara dos Comuns. Os dois já eram amigos havia anos, e Abse sempre considerara Thomas uma companhia esperta e agradável. Agora, via, em choque, que Thomas estava em péssimas condições. Seu rosto estava cinza e ele tremia tanto que mal conseguia falar. Quando Thomas finalmente se acalmou, disse a Abse que acabara de ser contatado por uma equipe de televisão da BBC que estava fazendo um programa sobre Jeremy Thorpe. Em particular, estavam investigando um incidente de treze anos antes, quando a polícia de Barnstaple recebeu alegações de que Thorpe estaria envolvido em um relacionamento homossexual.

Thomas fez uma pausa. Já com uma boa ideia de para onde ia aquela história, Abse pediu que continuasse. Thomas explicou que Peter Bessell tinha dito a ele que Thorpe certa vez escrevera algumas cartas comprometedoras que, depois, ficou ansioso para tirar da vista da polícia de Barnstaple. Thomas tinha arranjado para Bessell uma reunião com o então Secretário de Estado para Assuntos Internos, Sir Frank Soskice. Pelo que ele soubera então, a história tinha sido discretamente abafada. Mas agora a BBC tinha pedido uma entrevista com ele para discutir seu papel no incidente.

Aparentemente, Thomas não tinha nada com que se preocupar. Abse, no entanto, era das poucas pessoas que sabiam que Thomas era homossexual e estava aterrorizado com a possibilidade de isso vir à luz. O que Abse não sabia era que Thomas era também parte de um grupo de parlamentares, incluindo Cyril Smith, suspeitos de envolvimento em abuso infantil, alegações que só foram chegar a público depois da morte de Thomas.

Abse logo viu como seria perigoso que Thomas desse a tal entrevista. "Estava claro para mim que, se ele se submetesse a perguntas daqueles jornalistas investigativos, corria o risco de ser traído por suas palavras." Como tipicamente acontecia, ele suspeitava de que Thomas pudesse se revelar subconscientemente. "Duvido de que, se ele fosse colocado sob pressão, conseguiria controlar aquela autoimolação cheia de culpas dele, que ficava logo abaixo da superfície e sempre tentando sair." Aconselhou o amigo a adotar uma postura de elevado distanciamento da questão. Deveria pedir à secretária para responder ao pedido dizendo que era um tanto inapropriado que o presidente da Câmara desse uma entrevista tão particular. Abse tinha confiança de que aquele seria o fim do caso. E, pelo desenrolar das coisas, estava certo. Thomas seguiu o conselho e a BBC foi procurar material em outro lugar.

Mas Thomas não era o único que estava sentindo a pressão. No começo de março, David Steel foi jantar com seu velho amigo Nadir Dinshaw no Hotel Chesterfield, em Mayfair. Assim que chegou, Steel percebeu que alguma coisa estava errada. Dinshaw também se mostrava abalado. Começou pedindo a Steel que jurasse segredo. Se perguntando o que poderia estar acontecendo, Steel concordou e solenemente deu sua palavra.

Dinshaw disse que estava muito preocupado – tanto, aliás, que tinha ido ver seu velho amigo, o Deão de Westminster, naquela tarde. Depois, seguiu contando a Steel a respeito das vinte mil libras que Jack Hayward tinha enviado. Como Thorpe instruíra, Dinshaw repassara o dinheiro a

David Holmes. Na época, Thorpe dissera que isso se devia ao fato de que Hayward queria manter seu anonimato – pelo jeito, ele não queria ser conhecido como um maria-mole fácil de persuadir. Mas agora Dinshaw vinha tendo suas dúvidas sobre aquela transação toda. E se as vinte mil libras não tivessem ido para o pagamento de despesas eleitorais, como Thorpe tinha alegado? E se na verdade tivessem sido usadas para pagar as cartas de Bessell?

Enquanto Dinshaw contava isso, outra coisa ainda mais perturbadora ocorreu a Steel. Será que o dinheiro poderia ter sido usado em outra coisa bem diferente – o pagamento de Andrew Newton? As implicações disso iam além de qualquer crença. Será que era realmente concebível que o líder de um grande partido político teria efetivamente desviado uma grande soma em dinheiro de fundos do partido para pagar alguém que iria ameaçar – talvez até tentar matar – seu amante de outrora?

Qualquer que fosse a verdade, Steel se encontrava agora em posição um tanto incômoda: "Lembro-me de ter ido embora com uma sensação de que o chão tinha se movido sob meus pés. Era o começo do fim para mim". Steel tinha dado sua palavra a Dinshaw de que não iria mencionar nada do que eles conversaram para ninguém. Mas ele agora estava de posse de uma informação que finalmente o convencia de que Thorpe não poderia continuar como líder dos Liberais.

E então aconteceu mais um desenvolvimento que ninguém poderia ter previsto.

28

MALDITAS MENTIRAS

Na terça-feira, dia 9 de março de 1976, na convenção das Questões ao primeiro-ministro, Harold Wilson se levantou, pousou as mãos sobre a tradicional caixa de mensagens e disse a uma atônita Câmara dos Comuns: "Não tenho dúvida alguma de que há forte participação sul-africana nas recentes atividades relativas ao líder do Partido Liberal".

Wilson ainda alegou que não era apenas a África do Sul que estava seriamente determinada a derrubar Thorpe. Pelo jeito, havia ainda outras forças ocultas trabalhando para isso, incluindo "agentes privados de diversos tipos e diversas qualidades". Houve gente, mesmo no próprio partido do primeiro-ministro, que pensou que ele tivesse enlouquecido. Perguntaram-se por que alguma pessoa na África do Sul estaria remotamente interessada em desacreditar o líder de um partido político inglês com apenas treze parlamentares. E quem, neste mundo, seriam os tais "agentes privados de diversos tipos e diversas qualidades"?

Uma das poucas pessoas que não se perturbou foi o próprio Thorpe. Duas semanas antes, o primeiro-ministro tinha convocado Thorpe e sua esposa Marion para ir ao seu escritório na Câmara dos Comuns. Os três permaneceram lá até as primeiras horas da manhã discutindo algo de que Wilson estava convencido: havia uma trama do Departamento de Segurança Nacional Sul-Africano (BOSS, no original) para destruir tanto ele mesmo quanto Thorpe.

E que base Wilson tinha para acreditar nisso? Em retrospecto, dá para dizer que nenhuma. Não havia qualquer evidência concreta de qualquer envolvimento sul-africano, apenas um emaranhado de teorias conspiratórias e coincidências estranhas, aparentemente sinistras. A casa de Wilson tinha sido assaltada diversas vezes e alguns de seus documentos pessoais tinham sido roubados. Alguns anos antes, Norman Scott tinha se tornado um amigo próximo de um jornalista sul-africano chamado Gordon Winter, que completava sua renda trabalhando em meio período para o BOSS. Ávido por mostrar serviço, Winter passou adiante a história de Scott para o BOSS. Para complicar ainda mais as coisas, Scott e Winter começaram a dormir juntos.

Tudo isso foi suficiente para convencer Wilson de que ele e Thorpe eram vítimas de um complô cuidadosamente orquestrado para desacreditar, ou mesmo derrubar, os líderes políticos do Reino Unido. Mais uma vez falando em retrospecto, pode-se dizer que a paranoia de Wilson talvez tenha sido o primeiro sintoma da demência que logo o tomaria. Para Thorpe, no entanto, aquilo parecia intervenção divina. Quanto mais se falasse de agentes secretos cercando Whitehall, mais confusas as pessoas ficariam – e era menos provável que fossem atrás dele.

Thorpe escreveu diversas cartas a Wilson, nas quais fazia de tudo para alimentar as chamas daquela paranoia, sugerindo que o BOSS estivesse usando Scott como um tipo de Mata Hari gay. Para piorar, ainda alegava que os Levy, amigos de Scott que o acolheram quando ele se mudou de volta para Devon, "poderiam estar conduzindo algum tipo de círculo criminoso". Thorpe até escreveu que, pelo que parecia, eles até tinham "uma banheira grande o suficiente para seis pessoas". Mas nem todo mundo foi enganado por isso. O detetive-chefe superintendente Proven Sharpe escreveu um relatório para o Diretor de Processos Públicos expressando ceticismo com relação a qualquer conexão sul-africana, e concluindo o seguinte: "Há dúvidas sobre se alguma verdade desse caso incrível tenha sido descoberta até o momento".

Enquanto isso, jornalistas ainda acampavam na Praça Orme na esperança de que Thorpe pudesse aparecer. Até aquele momento, ele vinha se mantendo de cabeça baixa e recusando todos os pedidos de entrevista. Mas na sexta-feira, depois do discurso de Wilson na Câmara dos Comuns, o editor do *Sunday Times*, Harold Evans, por fim conseguiu contatar Thorpe por telefone. Ainda que os dois não fossem exatamente amigos, sempre se deram bem. "Eu gostava muito dele", Evans disse anos depois. "Se eu comparecesse a uma recepção e ele estivesse lá, sentia um alívio porque era sempre divertido conversar com ele."

Thorpe disse a Evans que ele poderia ir à Praça Orme e usar a entrada de serviço nos fundos para que não fosse visto. Quando Evans chegou, os dois foram ao escritório particular de Thorpe. "Ele não estava tão exuberante quanto de costume, mas não posso dizer também que estivesse estressado ou abatido. Lembro-me de que ele se sentou a uma escrivaninha pequena e antiga ao lado de uma janela grande. Pela janela, dava para ver aquela massa de gente da imprensa lá fora."

Evans insistiu firmemente para que Thorpe desse "uma declaração completa e honesta". A princípio, ele se recusou a responder perguntas diretas, mas depois de um tempo começou a ceder. Era mesmo possível que tivesse havido uma ou duas cartas entre ele e Scott, Thorpe admitiu, mas eram de natureza puramente formal. Mais uma vez, ele negou que tivesse havido qualquer relação homossexual entre eles e atribuiu isso aos riscos profissionais de se ser uma figura pública: "Há uma mulher chamada Joan em um hospital psiquiátrico neste momento que diz que eu me casei com ela, e também há quem diga que sou pai de três filhos com outra mulher".

Evans foi embora não inteiramente convencido de que Thorpe estava dizendo a verdade, mas preparado para conceder a ele o benefício da dúvida. A edição daquela semana do *Sunday Times* saiu com a manchete de capa "As mentiras de Norman Scott". Depois disso, o que vinha na matéria eram as declarações de Thorpe refutando cada uma das principais alegações. Ele nunca tinha dormido com Scott, nunca tinha roubado o cartão de seguridade do rapaz, e nem ele – nem ninguém – tinha pagado "subvenções" a fim de comprar o silêncio dele. A declaração terminava assim: "Além disso, alega-se que eu teria tomado conhecimento ou até estaria envolvido com correspondências entre Scott e Bessell, e que eu conheceria, ou também estaria envolvido com uma compra das cartas entre Bessell e Scott por 2.500 libras. Todas essas alegações são totalmente falsas".

Peter Bessell estava em Los Angeles quando leu isso. Em LA, ele sempre ficava em um motel na Sunset Strip, onde se hospedava com o nome de Dr. Paul Hoffman, em caso de haver algum credor perdido ali por perto. Parecia completamente típico de Bessell que ele apelasse para esse tipo de subterfúgio. Também era bem típico dele que criasse esse nome falso com o título de "doutor".

O motel ficava na pior porção da Sunset Strip, cercado de bares de *topless* e butiques hippies (entre as especialidades do café que ficava do outro lado da rua estava o "bolo de urinol comestível", fazendo um trocadilho com o nome em inglês para o desinfetante de mictório, chamado de "bolo"). Também havia uma loja que vendia jornais ingleses. Bessell comprou um exemplar do dia anterior do *Sunday Times* e levou para seu quarto no motel. Por um instante, ficou apenas olhando para a capa sem acreditar. Das seis coisas que Thorpe refutava, pelo menos duas, até onde Bessell sabia dizer, eram verdade: Thorpe claramente tinha tido um caso com Norman Scott e as tais "subvenções" tinham sido pagas de fato para manter Scott calado. Na parte interna, havia outra matéria, escrita pelo time de articulistas do jornal, na qual Thorpe entrava em mais detalhes.

Enquanto ele ia lendo, Bessell viu sua descrença ir se transformando em fúria. A intenção toda da história era tirar a culpa de Thorpe e desviá-la para ele próprio, Bessell. Pelo que se contava ali, Bessell tinha permitido que Scott "passasse uns tempos" em seu escritório em Londres; aliás, "ele meio que tinha acesso livre ao lugar". Mas o pior estava por vir. A alegação anterior de Bessell, feita na tal "declaração formal", de que Scott o vinha chantageando com detalhes da vida sexual de Bessell foi simplesmente desmentida por alegada falta de credibilidade: "Ameaças de se expor comportamento heterossexual nunca são tidas como especialmente letais". Em lugar disso, o time de articulistas tinha se saído com outra razão pela qual Bessell, e não Thorpe, quis manter Scott calado: a vergonha que tinha sido sua vida nos negócios. Falaram do desastroso caso de Bronxville, assim como da catástrofe envolvendo as embalagens de ovos, mas o que mais doeu foi a descrição que fizeram de Bessell como um "pau mandado", como se ele fosse apenas uma espécie de contínuo de luxo. A impressão geral que o texto dava era a de que ele seria, na melhor das hipóteses, um idiota ingênuo, e na pior, um vigarista tarado.

Bessell não se enfureceu apenas pelo modo como foi retratado naquela história, mas também por como Thorpe tratava Norman Scott: "mentiroso incorrigível", "um entrelaçamento bem elaborado de desonestidade com malícia", "pura besteira" e daí por diante. Ainda que Bessell não tivesse razão alguma para se sentir protetor de Scott, achou que Thorpe tinha ido longe demais. Aquele não era o homem que ele um dia tinha idolatrado, alguém cujo dinamismo tinha conquistado os votos de seis milhões de eleitores. Estava mais para o rugido de uma fera acuada tentando salvar a própria pele.

Enquanto isso, Norman Scott ainda estava em Devon, onde sua vida tinha sofrido mais uma reviravolta. Ele tinha por acaso começado um caso com uma mulher de nome Hilary Arthur, que agora estava grávida. Ela depois teria aquela filha, chamada Bryony, em maio de 1976. Quando Scott leu o *Sunday Times*, teve uma reação ainda mais extrema que a de Bessell: rasgou o jornal todo em pedaços. Então, escreveu sua própria declaração, deliberadamente ecoando a de Thorpe em toda a sua rudeza:

> *Sim, houve um relacionamento homossexual entre nós. Não, eu nunca disse que Jeremy Thorpe teria roubado meu cartão do seguro social; ele apenas ficou com o cartão porque o estava regularizando para mim de tempos em tempos. Não, eu nunca disse que o Partido Liberal estava pagando meu silêncio. Peter Bessell estava me dando de cinco a sete libras toda semana para me ajudar a morar na casa de minha mãe.*
>
> *Por fim, a declaração do Sr. Thorpe nega que ele tenha tomado conhecimento ou se envolvido nas correspondências entre Peter Bessell e mim. Minha única resposta para isso é que eu tenho uma carta datada de 27 de agosto de 1969 na qual [Bessell] afirma que já conversou com Jeremy Thorpe e o inteirou de meu assunto.*

Mas aquela não era a única prova de que Thorpe sabia de tudo o que estava acontecendo. Havia uma evidência ainda mais conclusiva. Evidência que tornava bastante claro o fato de que ele e Norman Scott haviam tido um caso de verdade: as cartas que os dois trocaram. Trata-se daquelas cartas que a polícia tinha confiscado de Scott em dezembro de 1962, quando ele ameaçara matar Thorpe. Em 1º de maio de 1976, Scott conseguiu um mandado contra o Comissário de Polícia Metropolitano, Robert Mark, exigindo que elas fossem devolvidas.

Quando Bessell leu a declaração de Scott, estava em Oceanside. Lá, ele passou a sair para longas caminhadas na praia, remoendo a maneira como tinha sido tratado. Ainda ficava meio na esperança de que Thorpe fosse ligar e explicar seu comportamento, talvez até se desculpar. Mas o telefone nunca tocou, e, no silêncio que só fez crescer em volta dele, Bessell foi ficando cada vez mais enfurecido.

29

JUDAS

Pouco depois que começou o julgamento de Andrew Newton no Tribunal de Exeter, em 16 de março de 1976, um homem entrou, foi até a ala onde ficava a imprensa e começou a cochichar algo para um colega. Logo, todos os jornalistas ali presentes estavam sussurrando. Uma notícia acabara de chegar de Londres pelo telégrafo – uma notícia que deixaria para trás tudo o que estava acontecendo ali naquele tribunal. Harold Wilson tinha feito algo muito mais imprevisível do que culpar a África do Sul pelos infortúnios de Thorpe. Tinha renunciado.

Wilson depois alegou que já vinha com aquela intenção de renunciar havia dois anos, mas, naquele momento seu anúncio pegou quase todo mundo de surpresa. Frente à perspectiva de mais incerteza política, a bolsa de valores despencou. Então, três dias depois, veio outra bomba, agora do Palácio de Buckingham: a Princesa Margaret e Lorde Snowdon estavam se separando, na primeira vez em que um casamento real era desfeito aos olhos do público.

Um a um, parecia que os pilares do estado britânico vinham caindo. O efeito disso tudo foi jogar o julgamento de Andrew Newton para longe das capas dos jornais. Comparado a tudo o que estava acontecendo, aquela história tinha tomado um ar de um show menor, à parte e de mau gosto. No tribunal, Newton sustentou sua história de que Scott o vinha chantageando com as tais fotografias comprometedoras. Como ainda esperava ser pago por ter tentado matar Scott, teve o cuidado de não dizer nada a respeito de Holmes. Newton insistiu que nunca apontara a arma diretamente para Scott, mas sim que tinha deliberadamente apontado para longe a fim de apenas assustá-lo. Então, tinha puxado o gatilho, mas nada aconteceu: "Pude ver que havia um cartucho vazio lá dentro que a estava emperrando".

Scott, devidamente chamado como testemunha, repetiu sua história sobre o *affair* com Thorpe, que o advogado de Newton, Patrick Back, desconsiderou como sendo uma fantasia absurda. Back descreveu Scott como desequilibrado e obcecado, ao mesmo tempo em que fez questão de apontar que ele era um homossexual autoproclamado. "Sejamos caridosos; é frequente que um homem não possa fazer nada para consertar o fato de que nasceu homossexual".

Continuou dizendo que, por isso, homossexuais eram afligidos por "uma aterrorizante propensão à perversidade". Back ainda acusou Scott de ser teatral quando de seu chamado como testemunha. "Os senhores se lembram de como ele começou a falar com uma voz suave e afeminada e uma aparência de falsa humildade?", ele lembrou ao júri.

O tribunal ouviu que as investigações da polícia não tinham revelado ligação alguma entre Newton e qualquer membro do partido Liberal – e nem "com ninguém mencionado por esse Scott". Não demorou muito para o júri concluir por unanimidade que Newton era culpado. Ao proferir a sentença, o juiz adotou um tom reprobatório e algo espirituoso, dizendo a Newton que ele não podia sair por aí empunhando armas contra possíveis chantagistas, por maior que fosse a tentação de fazê-lo. Então o condenou a dois anos por intenção de atentar contra a vida humana, que ele iria cumprir ao mesmo tempo de outra sentença de seis meses por dano a propriedade. A princípio, ninguém sabia de que propriedade o juiz estava falando, mas então perceberam que ele se referia a Rinka.

Àquele ponto, Thorpe ainda acreditava que tinha se safado de tudo. O antigo primeiro-ministro tinha lhe jogado uma corda de salvação um tanto inesperada – ou duas, na verdade: Norman Scott tinha tido sua chance de passar pelo tribunal e Andrew Newton estava na prisão. Peter Bessell estava a 8 mil km de distância; quanto a seus companheiros Liberais, Thorpe ainda tinha confiança de que seria capaz de dirimir quaisquer preocupações que ainda tivessem.

Mas ele subestimou o quanto Bessell estava se sentindo magoado – se é que em algum momento parou para pensar nisso. Também subestimara o quanto os Liberais ficaram abalados com tudo aquilo. Não apenas seu líder se via aparentemente implicado em um plano para a prática de homicídio como também ainda havia a possibilidade de que ele tivesse se apropriado de fundos do partido. Diversas figuras mais velhas do partido já tinham chamado Bessell para discutir o futuro de Thorpe. Muito embora Bessell insistisse que não sabia nada a respeito de nenhum plano de matar alguém, falou mais abertamente a eles do que tinha feito antes com relação a suas tratativas com Scott.

E ele ainda não tinha tido contato nenhum com Thorpe. Cada vez mais, Bessell começou a suspeitar de que estavam armando para ele. Como precaução, comprou um gravador, que conectou a seu telefone. Quando o telefone tocou na terça-feira, 20 de abril, e ele ouviu David Holmes do outro lado, Bessell apertou o botão de gravar.

Holmes começou em sua habitual voz triste: "Bem, e tudo continua".
Bessell: "Sério? Quer dizer que não acabou?".
Holmes: "Não, não acabou ainda".
Bessell: "Ah, meu Deus! Achei que com a história do cachorro agora terminada, isso seria o fim da coisa toda... Como está Jeremy?".
Holmes: "Se aguentando, mas a pressão já se faz sentir, é claro, como esperávamos que aconteceria...".
Bessell: "Diga a ele que gostaria de falar com ele e, se ele tiver chance, que me ligue aqui... Realmente gosto de saber dele".

Depois de alguns minutos, Holmes deixou mais clara a razão de sua ligação: pelo jeito, Jack Hayward andara pedindo o endereço de Bessell, e, ainda que Thorpe estivesse tentando segurá-lo, não sabia se poderia continuar fazendo isso por muito mais tempo. Em circunstâncias diferentes, Bessell provavelmente não teria visto nisso nenhuma insinuação. Agora, com seu radar ligado em alerta máximo, tinha bastante certeza do que estava acontecendo. Thorpe estava enviando uma mensagem cifrada por meio de Holmes: se Bessell não parasse de falar de Scott, Thorpe colocaria Jack Hayward atrás dele. Isso trazia todo tipo de implicações vexatórias. Se por um lado iria colocar Bessell em ainda mais dificuldades financeiras – pois ele ainda devia dinheiro a Hayward –, por outro ele poderia muito bem acabar sendo acusado de fraude.

Nos dias que se seguiram, Bessell continuou analisando aquela conversa. Não estava particularmente preocupado com a possibilidade de Thorpe passar sua localização para Jack Hayward; suspeitava de que pudesse se livrar da eventual acusação de fraude. A sensação de ter sido traído, no entanto, era bem diferente. Ele já não tinha qualquer dúvida de que seu amigo tinha virado as costas para ele. Como Bessell já tinha percebido antes, havia algo de peculiarmente estremecedor em se levar um gelo de Thorpe: ele fazia o mundo inteiro se tornar mais tenebroso e mais vazio à sua volta. Também o tornava mais perigoso. Ele sabia muito bem o quão prontamente Thorpe se punha a destruir qualquer um que o ameaçasse. No passado, Bessell tinha sido um comparsa por opção, ávido por fazer quase qualquer coisa para ganhar a aprovação de seu mestre. Mas agora a camaradagem, os risinhos inevitáveis e as danças pelo escritório de Thorpe não existiam mais.

Outra vez, Bessell sentiu que, se não fizesse nada para se proteger, poderia acabar mais vulnerável do que nunca. Mesmo assim, levou duas semanas para dar um passo que ele sabia que seria tão drástico quanto irrevogável. Em 5 de maio, tomou sua decisão. Ligou para Douglas Thompson, o correspondente do *Daily Mail* na costa oeste, e perguntou se ele queria encontrá-lo na tarde seguinte em um café em West Hollywood – não aquele café dos bolos de urinol. Quando Thompson chegou à cafeteria, Bessell foi logo avisando que suas declarações anteriores sobre tudo o que acontecera não tinham sido verdadeiras. Scott nunca o tinha chantageado. Quanto aos pagamentos de Bessell a Scott, tinham sido todos feitos a pedido de Thorpe.

Naquela noite, Thorpe compareceu a uma festa de gala na Royal Academy. Àquela hora, Harold Evans já tinha ficado sabendo da história do *Mail* e pediu a Thorpe para encontrá-lo antes. Com os dois de pé no jardim de entrada da Royal Academy, Evans de imediato notou que havia uma mudança bem clara no comportamento de Thorpe. "Ele já não estava tão relaxado, tão seguro como era antes. Pude perceber que aquele ar de despreocupação estava indo embora. E também minha vontade de acreditar nele estava indo embora do mesmo jeito."

A inclinação anterior de Evans em dar a Thorpe o benefício da dúvida tinha vindo, em grande parte, da vontade de não fazer o *Sunday Times* parecer homofóbico. Mas agora ele também começava a suspeitar de que tinha sido enganado. Suas suspeitas foram confirmadas quando ele perguntou a Thorpe sobre o encontro entre Bessell e Holmes na Califórnia – um encontro de que Thorpe tinha antes negado qualquer conhecimento. Agora, Thorpe deixava implícito que sempre soubera a respeito.

"Percebi então que ele tinha mentido para mim." E, se Thorpe tinha mentido sobre aquilo, Evans se perguntou: sobre o que mais teria mentido?

Quando já estava de saída, Evans mencionou Bessell outra vez. Antes, Thorpe não tinha reagido à menção do nome, mas agora o fez.

Disse simplesmente: "Bessell é um judas".

No dia seguinte, a manchete na capa do *Daily Mail* era "Menti para proteger Thorpe". Ainda que Bessell não tivesse confirmado o caso homossexual entre Thorpe e Scott, também não o tinha negado. Como ele deve ter previsto, aquilo não fez nada para acalmar os ânimos. Na verdade, o que fez foi aumentar o volume. Em um esforço para esclarecer a verdade dos fatos – ou assim ele alegou –, Bessell concordou em dar mais uma entrevista, dessa vez para Tom Mangold da BBC. Disse que quis fazer uma entrevista na TV porque queria que as pessoas pudessem olhá-lo nos olhos. Assim que soube disso, David Holmes telefonou. Mais uma vez, Bessell ligou seu gravador.

Holmes começou implorando a ele que não conversasse com mais ninguém.

"Você já se esqueceu de que nós três somos os únicos que sabemos de tudo?", disse.

Bessell, claro, não tinha se esquecido de nada disso. Mas era tarde demais agora para apelar para amizade ou lealdade. O segredo que eles vinham escondendo juntos por mais de uma década já tinha tomado vida própria.

"Sinto muito, David", Bessell disse com um tom cansado. "Chegou a hora de contar a verdade."

Por um momento, Holmes gaguejou, e então pediu a Bessell para esperar um momento. Bessell pôde ouvir vozes abafadas à distância no telefone, como se Holmes tivesse posto a mão no bocal. Quando voltou a falar, Holmes parecia mais pesaroso do que nunca.

"Não precisamos conversar mais nada, não é?"

"Não", disse Bessell. "Acredito que não."

E pôs o telefone no gancho.

Sabendo que Scott tinha conseguido o mandado para recuperar suas cartas, Thorpe pessoalmente tomou uma atitude drástica. Seu advogado, Lorde Goodman, conseguiu cópias das cartas com a polícia e, em uma tentativa de esvaziar pelo menos um pouco a novidade, ofereceu duas para publicação no *Sunday Times*. Harold Evans foi convocado para uma reunião no escritório de Goodman. Thorpe também estava lá, e Evans percebeu que ele estava ainda mais contido do que tinha parecido antes, nos arredores da Royal Academy. Goodman disse que o jornal poderia publicar as cartas apenas se não o fizesse de maneira hostil. Robin Salinger, amigo de Thorpe, também estava presente e perguntou se somente partes delas poderiam ser publicadas. Evans, no entanto, não aceitou. Ou as publicava na íntegra ou não publicaria nada.

Durante a reunião, Thorpe mal se pronunciou, apenas pedindo, pensativo, garantias de que não havia nada de danoso ali. Quando Evans perguntou se ele poderia explicar uma sentença que escrevera, "coelhinhos podem ir à França (e irão)", ele disse que não se lembrava.

Na noite antes de o jornal ser publicado, um grupo de Liberais sêniores – incluindo Clement Freud, amigo de Thorpe e parlamentar – perguntou se podia ir ter com Thorpe. Disseram que queriam discutir um assunto pessoal. Thorpe os convidou à Praça Orme para um drink. Lá, levou todos para seu escritório e fechou a porta.

Ao ouvir que as tais cartas seriam publicadas logo no dia seguinte, Freud e seus colegas sentiram que Thorpe deveria fazer uma determinada coisa antes que fosse tarde demais. O caso era que, se havia qualquer verdade naqueles rumores persistentes sobre sua homossexualidade, ele tinha de contar tudo a Marion. Muitos acreditam que Marion sabia bastante bem a respeito da homossexualidade de Thorpe e sentia-se muito tranquila com isso. Afinal, ela era amiga íntima do compositor Benjamin Britten e de seu amante de longa data, o tenor Peter Pears. Mas, como Thorpe tinha dito a Bessell em Nova York, ela não sabia de nada – ou, se é que sabia, tinha escolhido apagar da cabeça dela.

"Nós nos sentiríamos muito mal se Marion lesse a respeito disso nos jornais", disse um dos presentes. "Até aquele momento, eu não sabia nada da história sexual de Jeremy ou o fato de que ele era gay. Foi uma grande surpresa. Todos falamos muito abertamente. Jeremy certamente não queria contar a Marion, mas também não tentou fazer segredo de suas inclinações sexuais. De um jeito meio pesaroso, disse que, no passado, tinha sido muito promíscuo e não conseguia se conter. Ao mesmo tempo, dava para perceber como ele estava tenso; estava desesperado e procurando um jeito de sair daquela situação. No meu entendimento, ele conversou com ela, sim, naquela noite."

Muito embora tenha ficado claramente chocada, Marion não pareceu ficar chateada. "Creio que a atitude dela foi a de pensar que ambos tinham feito coisas no passado que eles prefeririam mudar, se pudessem, mas que o passado era passado e ela não estava mais interessada naquilo." Muito embora ela estivesse preparada para aceitar, de maneira bem privada, que seu marido tinha sido homossexual, não há nada que sugira que ela algum dia tenha imaginado a possibilidade de que ele tivesse mandado matar Scott.

A manchete na manhã seguinte no *Sunday Times* foi "O que escrevi para Scott, por Jeremy Thorpe". Copiadas embaixo, estavam duas cartas. Uma delas, sobre quando a cachorrinha de Scott, Tish, teve de ser sacrificada, era bem inócua; a outra, no entanto, não era. Era aquela carta escrita à mão que Thorpe tinha fechado com "coelhinhos podem ir à França (e irão). Afetuosamente, Jeremy". Nas mesas do café da manhã por todo o país, um só assunto dominava as conversas: coelhinhos. Mesmo o mais aguerrido Liberal não conseguiria fingir que era assim que parlamentares normalmente se dirigiriam a cidadãos comuns. O que, então, queria dizer aquilo?

O *Sunday Times* continuou a dar a Thorpe o benefício da dúvida, embora seu apoio fosse perdendo a convicção a cada minuto: "Elas [as cartas] estão claramente [escritas] em termos bem mais afetuosos do que a maioria dos homens usaria com outros homens; mas elas também são inteiramente consistentes com os relatos de Thorpe [...] que tentava dar algum ânimo para um homem em dificuldades. Mas seriam o registro de um caso amoroso? Se imaginarmos essas cartas sendo passadas entre um homem e uma mulher dentro de um contexto inequivocamente heterossexual, fica imediatamente claro que elas não constituem prova de um relacionamento físico".

Naquela noite, David Steel pegou o trem na Escócia. Assim que chegou a Londres, foi à casa de Clement Freud em St. John's Wood. "O clima era bem sombrio por lá. Havia apenas nós três. Nos sentamos e Jeremy me passou um envelope." Dentro estava sua carta de renúncia.

Quando Bessell disse a Holmes que tinha chegado a hora de falar a verdade, não estava sendo assim tão literal. Ainda havia uma informação crucial que ele pretendia continuar escondendo: a ligação entre Newton, Holmes e Thorpe. Bessell sabia que, se dissesse alguma coisa a respeito disso, Thorpe poderia ser acusado de conspiração para fins de homicídio. Por mais que estivesse desgostoso, Bessell não estava preparado para ir tão longe.

Na manhã de domingo, Tom Mangold começou a gravar sua entrevista para a BBC na sala de estar de Bessell em Oceanside. Em dado momento, parou de filmar e perguntou: "Você estaria disposto a falar alguma coisa sobre o caso Newton, aquele do cachorro baleado?".

"Não", disse Bessell. "Este não é um dos assuntos relevantes."

Continuaram filmando pelo resto do dia. Na manhã seguinte, quando Mangold chegou ao sítio às 8 horas, Bessell viu logo em seu rosto que ele trazia uma notícia importante.

"Ele renunciou", disse Mangold.

De certa forma, a notícia não era exatamente inesperada. Ainda assim, deixou Bessell se sentido estilhaçado por dentro. *Por que agora?*, ele se perguntou. O que finalmente tinha levado Thorpe àquela decisão? Ele duvidava de que fosse a carta dos coelhinhos. Por mais embaraçosa que fosse, ela não provava nada. Quanto mais Bessell pensava a respeito, mais concluía que sabia o que tinha acontecido. Quando ele falou no telefone que pretendia dizer a verdade, Holmes – e também Thorpe – devem ter presumido que ele mencionaria a conexão com Andrew Newton. Era por isso que Holmes tinha soado tão abalado. E Bessell suspeitava de que também era por isso que Thorpe sentiu necessidade de renunciar.

Tudo isso deixou Bessell com a cabeça mais misturada do que antes. Por mais que estivesse aliviado de ver que Thorpe tinha renunciado, nunca quisera ser aquele que o forçaria a isso. Ele se lembrava da promessa de Thorpe de que daria um tiro nos miolos se algum dia fosse exposto ao público. Lembrava-se também de que a irmã de Thorpe, Camilla, tinha se matado.

Mais tarde naquele mesmo dia, Bessell levou Mangold até o aeroporto. Àquela altura, estava se sentindo física e emocionalmente esgotado. Mangold também se sentia assim e se sentou meio afundado no assento do passageiro. No caminho, Mangold perguntou casualmente por que ele não quisera responder nenhuma pergunta a respeito de Newton e do cachorro morto.

"Porque concordamos que todos os assuntos irrelevantes deveriam ficar de fora da conversa", Bessell repetiu.

"E não havia conexão nenhuma entre Jeremy e o incidente do tiro?", Mangold perguntou no mesmo tom casual.

Bessell fez uma pausa.

Entre a papelada que Mangold trouxera consigo de Londres havia um exemplar do *Daily Mail* com a declaração de Scott como testemunha no julgamento de Andrew Newton. Uma citação em particular tinha se sobressaído: "Vocês vão descobrir que, no fim, o Sr. Bessell contará toda a verdade". Qualquer testemunho que ressaltasse seus valores morais sempre causava impacto em Bessell, especialmente um que vinha de alguém que ele tinha acabado de acusar de chantagem. Agora, ele estava pensando em todas as conversas que ele e Thorpe tinham tido sobre como Scott poderia ser morto: o concreto de secagem rápida, as minas de estanho, o frasco com veneno, o pântano... À medida que um misto de repulsa e culpa cresceu dentro do peito de Bessell, mais uma vez a prudência foi deixada de lado.

"Sim", ele disse vagarosamente. "Havia uma conexão."

Ao lado dele, imediatamente Mangold se sentou ereto.

"E qual era?"

Bessell manteve os olhos fixos na rodovia e levou um tempo para responder como deveria. "Jeremy persuadiu David Holmes a contratar Andrew Newton para matar Norman Scott", disse.

Quando Mangold falou em seguida, pareceu que estava falando mais consigo mesmo do que com Bessell. "Sim, mas é claro. Tudo se encaixa agora... Mas como a gente poderia provar isso?"

"Não podemos", Bessell disse. "David Holmes não iria admitir nada disso e vai ser só minha palavra contra a de Jeremy."

Dessa vez, foi Mangold que fez uma longa pausa antes de responder.

"Não, não seria só a sua palavra contra a dele. Tem o Newton. Quando ele sair da cadeia, pode ser convencido a falar."

30

FRIO COMO GELO EM MINEHEAD

Andrew Newton saiu da Preston em abril de 1977 com apenas uma coisa em mente: ganhar o máximo de dinheiro que pudesse. Depois de ser condenado por posse de arma letal, suas chances de retornar ao antigo emprego como piloto de avião não eram das melhores. E depois da bagunça que ele armara ao tentar matar Scott, também parecia improvável que haveria qualquer corrida de interessados em contratá-lo como matador.

Três semanas depois, John Le Mesurier pagou a ele cinco mil libras na esperança de que fosse o suficiente para mantê-lo calado. Mas Newton já tinha decidido que ganharia bem mais vendendo sua história para algum jornal. Percebendo que, na verdade, não tinha muitas provas materiais de uma conspiração para matar Scott, Newton começou, como Bessell, a gravar suas conversas telefônicas – com David Holmes, George Deakin e Le Mesurier.

A corrida para conseguir a história de Newton foi vencida por Stuart Kuttner, do *Evening News* de Londres. Enquanto Newton estava na prisão, Kuttner tinha ficado amigo da namorada dele, assim garantindo que estivesse na posição ideal para atacar assim que Newton aparecesse. No entanto, antes de fechar o negócio, quis ter certeza de que Newton estava dizendo a verdade. Primeiro, Kuttner mostrou a ele algumas fotografias e pediu para identificar David Holmes nelas. "Ele o fez sem nem hesitar."

Depois, Newton se ofereceu para tocar para ele uma de suas conversas gravadas com Holmes. "Lembro-me de que foi um daqueles momentos que faz o sangue de qualquer jornalista gelar. Holmes estava dizendo: 'Você e eu sabemos que houve uma maldita conspiração para...', e eu sabia que ele estava para dizer 'assassinar' quando Newton interrompeu a fita.

Eu poderia tê-lo esganado por isso". Mas, mesmo sem uma admissão explícita, o próprio fato de que eles vinham conversando já era incriminador o bastante. Entretanto, a esperança de Newton de fazer uma fortuna se transformou em nada. Tinha começado pedindo 75 mil libras por sua história, com mais 25 mil caso ele fosse preso novamente e acusado de algum crime ainda mais sério. E, no fim, recebeu apenas três mil por permitir que Kuttner ouvisse a fita.

Kuttner e sua colega Joanna Patyna passaram os quatro meses seguintes tentando desembolar o emaranhado de fios que eles agora tinham certeza que ligavam Jeremy Thorpe a Andrew Newton. Em 19 de outubro de 1977, a manchete do *Evening News* foi "Fui contratado para matar Scott. Exclusivo: atirador fala do incrível plano". Instado a dar uma declaração, Thorpe disse: "Não sei nada sobre esse suposto plano, mas considero bem-vinda qualquer investigação que a polícia vier a fazer".

Como ele bem devia saber, era improvável que apenas isso fosse apaziguar as coisas por muito tempo. Os lobos estavam se aproximando. Por mais que a face pública de Thorpe para o mundo parecesse despreocupada, na vida particular ele começou a se desgastar. Estava bebendo demais e ficando cada vez mais sentimental. Em uma reunião em seu antigo colégio em Oxford, finalmente sucumbiu e confessou que sua vida estava arruinada. Os amigos temeram que ele pudesse estar tendo pensamentos suicidas.

Oito dias depois de a história de Newton aparecer no *Evening News*, Thorpe cedeu à pressão irrefreável e convocou uma coletiva de imprensa. Mais de oitenta jornalistas se juntaram na Biblioteca Gladstone do Clube Nacional Liberal. Todos ficaram em silêncio quando Thorpe chegou acompanhado de Marion e um advogado do escritório de Lorde Goodman chamado John Montgomerie.

Com aparência esquálida, Thorpe começou a ler sua declaração. "Devo deixar claro que qualquer um que esteja esperando revelações sensacionais provavelmente ficará desapontado [...] Não foi revelado nenhum traço de evidência que me implicasse em alguma suposta trama para matar Norman Scott." Ele admitiu que tivesse tentado ajudar Scott e que "uma amizade próxima e até afetuosa" tinha se desenvolvido a partir daquilo, mas que "não aconteceu nenhuma atividade sexual de nenhum tipo".

Em um golpe claro contra Bessell, Thorpe continuou: "Minha opinião bem ponderada é a de que, se ele [Bessell] tem alguma evidência crível a oferecer, deveria ter ido à polícia em vez de ir à imprensa". Quanto à compra das cartas entre Scott e Bessell, feita por David Holmes, alegou que isso tinha sido feito sem seu conhecimento. "Se tivesse sabido dessa negociação, a teria interrompido logo de pronto."

Terminou dizendo que "seria insanidade fingir que o ressurgimento dessa história não causou um desgaste quase intolerável em minha esposa, minha família e em mim. Apenas a lealdade inabalável deles e o apoio de muitos amigos conhecidos ou não, de todo o país, é que fortaleceram minha determinação para encarar esse desafio. Por consequência disso, não tenho qualquer intenção de renunciar [como parlamentar] nem recebi qualquer pedido de meus eleitores para fazê-lo".

Pousando a mão sobre o ombro de Marion, Thorpe então bebeu um gole d'água e se sentou. Algumas perguntas razoavelmente inócuas se seguiram até que Keith Graves, repórter da BBC, ousou perguntar o que estava na cabeça de todos: "Todo esse assunto na verdade gira em torno da sua vida particular. É necessário, então, perguntar se o senhor alguma vez teve algum relacionamento homossexual".

Se Thorpe alguma vez tinha tido dúvidas sobre a lealdade da esposa, elas estavam para ser varridas ali por uma onda de altivez. Até aquele momento, Marion tinha ficado em silêncio, mas naquela hora ela não pôde se conter. "Vamos, levante-se", disse de supetão. "Levante-se e repita isso que você disse." Graves repetiu o que tinha dito: "O senhor poderia comentar a respeito dos rumores de que já teve um relacionamento homossexual?".

Antes que Thorpe, ou mesmo Marion, pudessem dizer qualquer coisa, John Montgomerie interveio. "Não posso permitir que ele responda a essa pergunta. Nem mesmo me disponho a explicar o porquê. Se o senhor não sabe a razão de ser tão impróprio e indecente fazer uma pergunta assim a um homem público, então o senhor nem mesmo deveria estar aqui."

Em meio ao alvoroço criado, os Thorpe saíram pela escadaria dos fundos.

Em 12 de dezembro de 1977, o detetive-chefe superintendente Michael Challes e seu segundo em comando, detetive superintendente Davey Greenough, pegaram um avião para Los Angeles. Viajando com eles iam dois jornalistas, Barrie Penrose e Roger Courtiour, que estava escrevendo um livro sobre todo o Caso Thorpe. Conhecidos profissionalmente como

"Pencourt", Penrose e Courtiour se encontravam na inusitada posição de contarem com a confiança tanto de Peter Bessell quanto da polícia. Challes tinha pedido a eles que lhe amaciassem o caminho rumo ao que desconfiava que seria um encontro difícil. Em troca, Penrose e Courtiour poderiam permanecer por perto durante o depoimento de Bessell.

Os quatro se encontraram com Bessell no escritório do advogado dele em Beverly Hills. Assim que os cumprimentos foram feitos, Challes esclareceu o motivo da visita: será que Bessell estaria preparado para cooperar com a polícia para a abertura de um processo contra Jeremy Thorpe? Mais especificamente, estaria ele preparado para ser chamado como testemunha caso o processo chegasse a julgamento?

Bessell disse que precisaria de tempo para pensar. Como de costume, recorreu a Diane em busca de conselhos. "Nos debruçamos em cima dos argumentos contra e a favor. Peter se debateu tentando decidir qual era a coisa certa a fazer." Na manhã seguinte, ele pediu que todos fossem à sua casa em Oceanside. Passaram os quatro dias seguintes enclausurados ali, com Diane sempre servindo sanduíches e xícaras de café. Challes podia estar ali muito longe de sua alçada habitual, mas já vinha sendo policial desde que saíra da escola, e então sabia bem como ir minando aos poucos a resistência de alguém. Embora deixasse bem claro que não podia forçar Bessell a voltar à Inglaterra, enfatizava o quanto ele era vital para que o processo tivesse chances reais de seguir adiante.

Muito embora nada tivesse ficado decidido quando Challes e Greenough voltaram para casa, ambos iam com a sensação de que sua viagem não tinha sido em vão. Poucos dias depois, Bessell recebeu um telefonema inesperado. Era Jack Hayward. Os dois não tinham tido qualquer contato em quatro anos. Depois de seu último encontro, Bessell tinha todas as razões para acreditar que, se Hayward algum dia fosse falar com ele outra vez, seria entre dentes cerrados. Mas, em vez disso, o homem foi todo afabilidade. Talvez eles pudessem se encontrar em algum momento, Hayward sugeriu, se Bessell estivesse para ir à Inglaterra.

Cautelosamente, Bessell disse que a ideia lhe parecia ótima. No mesmo tom amistoso, Hayward continuou dizendo que, se Bessell tivesse algum modo de pagar parte das 35 mil libras que ainda lhe devia, ele ficaria muito grato. Mas deixou bem claro que não estava com pressa nenhuma e não tinha qualquer intenção de pressioná-lo.

Após colocar o telefone no gancho, Bessell se pôs a pensar. O que significaria aquilo? Mais uma vez, ele concluiu ter detectado uma mensagem cifrada. Quanto mais ele repassava a conversa em sua mente, mais certo ficava do que estava acontecendo. Foi a referência à Inglaterra que o convencera. A seu modo velado, Hayward parecia estar dizendo que, se Bessell decidisse testemunhar contra Thorpe – algo que claramente implicaria sua volta à Inglaterra – então não tinha nada a temer dele. E isso só significava uma coisa: Hayward não mais pensava que Bessell tivesse agido por conta própria no caso da fraude de Freeport. Parecia que agora ele suspeitava de Thorpe também.

Em março de 1978, Challes e Greenough estavam de volta à Califórnia. Dessa vez, chegaram com fotocópias dos papéis que tinham sido encontrados atrás da porta escondida no antigo escritório de Bessell. Entre eles estava a carta que Scott tinha enviado à mãe de Thorpe e diversas cartas de Scott para Bessell a respeito dos pagamentos semanais. Ainda que eles não comprovassem que Thorpe e Scott tivessem tido um relacionamento homossexual, anulavam a alegação sem sentido de Thorpe de que ele não sabia de nada que estava acontecendo. Mais uma vez, Challes perguntou se Bessell estaria preparado para testemunhar.

Mas os sentimentos de Bessell ainda estavam muito divididos. A amizade danificada com Thorpe já estava além de qualquer possibilidade de conserto. Qualquer traço de lealdade que Bessell ainda sentia tinha desaparecido depois que ele leu aquele artigo no *Sunday Times* no qual Thorpe tinha tentado colocar a culpa de tudo nele. Pelo que ele podia entender, aquilo tinha sinalizado uma quebra, uma despedida definitiva. Mas Bessell também sabia que, se voltasse à Inglaterra, seria tachado de judas. Mais que isso, tinha certeza de que seria ainda mais mal visto por seu papel no plano de assassinato.

"Vão jogar ovos podres em mim", ele disse pesaroso.

Com destreza, Challes jogou sua melhor carta. "Não temos nenhum processo contra o senhor", disse. "Da forma como vemos isso no momento, o senhor é nossa principal testemunha."

Como Challes já claramente tinha deduzido, nada funcionaria melhor para quebrar a resistência de Bessell do que a bajulação. Sempre que se via frente a frente com alguma questão moral, Bessell gostava de pensar que se guiava pela sua consciência. No entanto, invariavelmente havia algo mais, além disso, daquela vez. Por mais que ele adorasse viver em Oceanside ao lado de Diane, parte dele tinha dificuldade de lidar com o isolamento – e com o anonimato. Depois de passar boa parte da vida detrás de um púlpito ou outro, o silêncio era quase tão estranho para ele quanto a prudência. Aparecer no tribunal daria a Bessell a chance de ser alguém de novo, e não apenas aquele senhor de meia-idade que andava com o cachorro em uma praia da Califórnia.

Naquela noite Bessell e Diane tiveram outra conversa. No dia seguinte, ele ligou para seu advogado e contou o que tinha decidido. Ele estava preparado para regressar, mas apenas sob certas condições. A principal delas era sua insistência de que o caso contra Thorpe deveria ser "vigorosamente levado adiante". Mesmo com tal estado de coisas, Bessell suspeitava de que o *establishment* britânico faria de tudo para fechar os caminhos legais e proteger Thorpe e impedir que ele fosse a julgamento.

Quando Challes e Greenough pegaram seu voo naquela tarde, Challes tinha uma declaração assinada em sua maleta. Junto dela havia uma única folha de papel também assinada: "Eu, Peter Joseph Bessell, concordo que, se necessário, visitarei a Inglaterra a fim de fornecer evidências segundo acordado na declaração que fiz nesta mesma data ao detetive-chefe superintendente Michael Challes, em qualquer julgamento [...] de qualquer pessoa especificamente mencionada na mesma declaração que possa ser processada tendo por base os assuntos mencionados em tal declaração".

Tinha sido uma longa, difícil e custosa empreitada, mas no fim eles tinham conseguido pescar seu peixe.

Como Lorde Goodman, advogado de Jeremy Thorpe, não lidava com questões criminais, perguntou a Sir David Napley se ele assumiria o caso. Na manhã de 4 de agosto de 1978, Napley pegou Thorpe em sua casa na Praça Orme e ambos seguiram de carro até a delegacia de polícia de Minehead. Chegaram pouco depois do meio-dia e se encontraram com Christopher Murray, colega de Napley. Os três foram levados a uma sala de depoimentos, onde foi oferecida uma cadeira a Thorpe. Para a surpresa de Napley, um homem pequeno e de aparência comum estava de pé em um canto, "com toda certeza parecendo um estudante que o professor tinha colocado lá". Quando perguntou quem era o homem,

Napley foi informado de que aquele era o delegado-chefe de Somerset, Kenneth Steele.

O chefe superintendente Michael Challes então informou Thorpe de que tinha recebido um mandado para sua prisão. "Mostrei a ele o mandado e li seu conteúdo, e o convidei a ler também caso ele desejasse. Disse que o estava prendendo de acordo com o que ordenava o documento e fiz a advertência."

Não houve ali quem não percebesse a enormidade da ocasião. "Me lembro da forte sensação de que a história estava sendo escrita bem ali", disse Christopher Murray. "O próprio Thorpe estava totalmente sob controle. Era frio como gelo. Era até bem impressionante. Lembro-me de conversar a respeito disso com David Napley e concluímos que ele já tinha tanta experiência com a espera por resultados de eleições que já tinha se acostumado à tensão."

Depois de ser advertido, Thorpe respondeu: "Entendo o que você diz. Sou totalmente inocente dessa acusação que me é imputada e vou rechaçá-la com todo vigor". Foram-lhe oferecidos, então, café e sanduíches antes que fosse levado ao tribunal de Minehead a apenas algumas dezenas de metros dali. Ao chegar, Thorpe foi formalmente acusado de conspiração com objetivo de homicídio, assim como de incitação ao homicídio, as mais graves acusações já feitas contra um parlamentar em exercício no Reino Unido até então. Mais uma vez, ele insistiu que era totalmente inocente. "Vou refutá-las [as acusações] com toda veemência e alegar minha inocência."

Pouco antes, naquela manhã, Challes já tinha prendido David Holmes. Ao contrário de Thorpe, ele não disse nada depois de ouvir sua acusação. O sempre leal Holmes já tinha sido interrogado pela polícia durante dois dias na delegacia de Bristol – para seu imenso desgosto, tinha apanhado percevejos na cama de sua cela – mas se recusara a implicar Thorpe. Nem mesmo tinha reclamado quando Thorpe sugeriu que ele poderia assumir a culpa por tudo e receber a punição cabível, qualquer que fosse ela. Como o próprio Holmes depois relataria, "Jeremy me agradeceu por manter seu nome fora de tudo aquilo. Ainda me consolou, dizendo: 'Já andei pesquisando e, se tudo der errado, o máximo que você vai pegar é sete anos. Com boa conduta, sairia em quatro e meio – e você há de concordar que não faz qualquer sentido nós dois pagarmos pela mesma coisa ao mesmo tempo'".

Mas tinha sido tudo a troco de nada. Agora, ambos tinham sido presos. Holmes foi acusado apenas de conspiração com objetivo de homicídio, assim como George Deakin e John Le Mesurier. Depois que os quatro receberam suas acusações formais, foram liberados mediante o pagamento de fiança de cinco mil libras cada um.

Peter Bessell estava a 8 mil km dali, em um quarto de hotel em Nova York, quando Tom Mangold telefonou para dar a notícia. Assim que Mangold disse que Thorpe tinha sido acusado, fez-se um clarão de um relâmpago na janela de Bessell. Foi seguido quase que de imediato pelo tremendo estrondo de um trovão. Ao olhar pela janela do vigésimo-quinto andar do Hotel Wellington, Bessell pôde ver a linha do horizonte de Manhattan se acender com luzes azuis brilhantes. Parecia um fundo apropriadamente dramático para o que tinha acabado de ouvir.

31
ESPERANDO NOS BASTIDORES

Em outubro de 1978, a Convenção do Partido Liberal aconteceu em Southport, no litoral de Lancashire. Quando o governo Trabalhista de Jim Callaghan perdeu sua maioria dezoito meses antes, o Partido Trabalhista e os Liberais formaram uma coalizão não oficial, o "pacto Lib-Lab". Agora, depois de todas as decepções e constrangimentos que tinha sofrido, o Partido Liberal parecia estar se recuperando e uma melhor sorte despontava no horizonte. Como resultado disso, o clima na convenção foi incomumente tenso; afinal, a última coisa que os Liberais queriam era mais publicidade negativa.

Durante um dia e meio, os trabalhos foram conduzidos de maneira plácida, sem incidentes. Então, justo quando estava para começar um debate sobre relações exteriores, as portas da entrada do salão se abriram de uma vez. Com sua esposa Marion ao lado, Jeremy Thorpe marchou pelo corredor central até o palco. Convenções do Partido Liberal não eram conhecidas por terem momentos dramáticos, mas aquele sem qualquer dúvida foi um. Ninguém sabia direito como reagir. Parte da plateia se levantou e começou a aplaudir, enquanto outros continuaram sentados em manifestação um tanto eloquente.

Logo depois que renunciou, Thorpe recebera uma espécie de "cargo de consolação" de porta-voz do partido para relações exteriores. Quando seu sucessor como líder, David Steel, soube que Thorpe tinha sido acusado de conspiração e incitação com fins de homicídio, implorou para que ele desistisse também do novo cargo. Relutantemente, Thorpe concordou. Deu sua palavra a Steel de que também renunciaria como parlamentar se viesse a ser preso, mas, depois de uma pequena campanha cuidadosamente orquestrada por seus apoiadores em Devon, mudou de ideia e decidiu permanecer.

Thorpe, aliás, tinha feito outra promessa: para poupar os Liberais de vergonha ainda maior, ficaria longe da convenção. Então, naquele momento, quando um estupefato Steel viu Thorpe caminhando em sua direção, percebeu que ele tinha quebrado também aquela promessa. "É claro que tudo foi feito da sua maneira dramática de costume; ele não simplesmente entrou por uma porta lateral. Foi tipicamente uma atitude de Jeremy." Era necessário pensar rápido. "Tive de fazer uma expressão de naturalidade; não faria sentido tentar esnobá-lo."

Pondo-se de pé, Steel imediatamente estendeu a mão. Thorpe a segurou, e ambos, bastante sorridentes, se cumprimentaram em uma demonstração nem um pouco convincente de união. Como escreveu um dos jornalistas presentes, "o Sr. Steel apertou a mão dele cordialmente, mas parecendo que preferiria tê-lo pego cordialmente pelo pescoço". Mais tarde, Steel foi mais honesto com relação ao que sentiu: "Jeremy virtualmente acabou com a convenção, e tivemos de aguentar isso".

No entanto, havia uma lição importante a ser aprendida com o comportamento de Thorpe. Se alguém pensava que ele iria desaparecer em meio às sombras, estava completamente enganado.

Naquele outono, a patrulha rodoviária da M60, em Manchester, percebeu uma Mercedes novinha mudando de pista de um lado para o outro de forma errática e colidindo com um monte de muretas e mastros de proteção. Quando pararam o carro, o motorista se recusou a fazer o teste do bafômetro ou fornecer urina para exame. Levado à delegacia de Platt Lane, disse ao sargento: "Você sabe quem eu sou?".

O sargento admitiu que nem fazia ideia.

"Sou o consultor legal do chefe de polícia da Grande Manchester", declarou o homem. "Sou George Carman."

Então, disse ao sargento para chamar o chefe de polícia no telefone. Acontece que o chefe de polícia, James Anderton, estava em um jantar formal com alguns colegas mais velhos. Assim que soube do que tinha acontecido, enviou um superintendente para averiguar. Quando esse superintendente chegou, ainda usando sua jaqueta do clube exclusivo onde jantava, encontrou Carman sentado em uma cela com a porta aberta, com um policial lhe servindo uma xícara de chá.

Muito embora Carman nunca tivesse precisado de motivos para beber – motivo nenhum, na verdade – naquela noite tinha tido muita razão para comemorar. Algumas semanas antes, ele e seu filho Dominic estavam no Hotel Tresanton, em St. Mawes, quando ouviram a notícia de que Jeremy Thorpe tinha sido preso e acusado de um crime.

Aquele era o momento pelo qual Carman viera esperando sua vida inteira. Virou-se para o filho e disse: "Eu consigo fazer isso. Consigo livrar ele".

Depois que Sir David Napley concordou em assumir o caso de Thorpe, ele e Lorde Goodman fizeram diversas reuniões para discutir estratégias. Sabendo o quanto era grande o interesse da imprensa por aquela história, Goodman propôs que eles deveriam se tratar por codinomes no caso de alguém bisbilhotar e acabar ouvindo o que eles estavam conversando. Decidiram que iriam se chamar por nomes de frutas: Napley seria "amora" e Goodman seria "groselha". Mas a ideia foi logo descartada depois que o colega de Napley, Christopher Murray, disse a ele que tinha recebido um telefonema "do groselha" – o que levou os dois a caírem na risada na mesma hora.

A maior decisão de todas seria a de quem representaria Thorpe no julgamento. Quem quer que eles escolhessem precisaria de habilidades muito particulares. Como Murray contou depois, "Thorpe já tinha sido, para todos os efeitos, julgado e condenado pela mídia, então era bastante claro que o caso dependeria muito de uma senhora habilidade para fazer bem as perguntas durante a audiência e, acima de tudo, uma oratória excepcional no momento de se dirigir ao júri". Também precisariam de alguém que conseguisse lidar com toda a publicidade. "Quando David e eu discutimos isso, estávamos bastante cientes de que aquele que escolhêssemos se tornaria um nome muito comentado." Enquanto conversavam, os dois se lembraram do caso da montanha-russa Big Dipper em 1973 e do efeito eletrizante que George Carman tinha tido no júri.

Thorpe, que se lembrava de Carman dos tempos de Oxford, já tinha se disposto a aceitar o aconselhamento de Napley. Então, foi feita uma aproximação, e Carman imediatamente aceitou. Como Napley tinha previsto, a notícia causou sensação. Nas associações profissionais dos advogados e nos bares da Rua Fleet, todos faziam a mesma pergunta: quem era George Carman? Era como uma daquelas curiosidades de bastidores do teatro, quando um ator substituto desconhecido de repente tinha de subir ao palco.

Mas Carman não era apenas desconhecido; também não tinha muita experiência em casos criminais. Ainda que as pessoas que o tivessem visto no tribunal pudessem atestar todo o seu brilhantismo, os rumores que chegavam de Manchester a respeito de sua vida pessoal só vinham acrescentar ainda mais dúvidas à descrença geral. Não só Carman, pelo que parecia, bebia com o mais absoluto desmazelo e torrava enormes quantidades de dinheiro nos cassinos de Manchester como também, para piorar, sua segunda esposa o tinha deixado para ficar com George Best, lendário jogador de futebol do Manchester United.

Para Carman, toda essa incredulidade tornava seu triunfo ainda mais delicioso. Mas, se ele pensava que ficaria rico como resultado da façanha, logo teve um choque. Sabendo o quanto o caso significaria para a carreira dele, Napley ajustou seus honorários bem abaixo do esperado. Carman receberia quinze mil libras, bem menos do que ganharia se atuasse como consultor legal. Quando o responsável pelas finanças de Carman reclamou, Napley apenas disse que "esse caso valerá para o Sr. Carman mais do que cem mil libras em publicidade".

E não demorou para que o deleite de Carman desse lugar à frustração. Ainda que ele fosse representar Thorpe se o caso chegasse mesmo a julgamento, Napley, que não era nenhum recluso tímido, decidiu que ele mesmo representaria seu cliente nas audiências de instrução em Minehead. Segundo a lei inglesa da época, qualquer acusação, por mais séria que fosse, tinha de ser apresentada primeiro junto ao magistrado do local onde fora registrada. Se ele decidisse que o réu tinha mesmo de responder à acusação, então, e somente então, o caso iria a julgamento.

Para Carman, que nunca fora um homem paciente, isso representava algo como uma agonia. Como Napley escreveu tempos depois, "Detectei e compreendi o grande desejo que ele tinha por entrar na peleja desde o primeiro momento". O papel principal podia ser dele, mas ele teria de esperar nos bastidores até que chegasse o momento de sua entrada.

No domingo, 19 de novembro de 1978, Sir David Napley e sua esposa Leah foram até Devon em seu Rolls-Royce marrom-dourado – um carro que tinha a reputação de sempre ter o porta-malas bem guarnecido de champanhe. Junto com Christopher Murray, Napley passaria o mês seguinte como hóspede do sítio de Jeremy Thorpe. A primeira coisa que ele viu quando abriu as cortinas de seu quarto na manhã de segunda foi um fotógrafo com uma teleobjetiva apontada para sua janela.

Depois de tomar o café, Napley e Thorpe deixaram Cobbaton na Rover 3500 branca de Thorpe, cruzando Exmoor em direção a Minehead. Normalmente, existem poucos lugares tão deprimentes quanto um *resort* litorâneo inglês fora de temporada. Mas naquele momento, quando eles se aproximavam do tribunal, viram que o lugar estava parecendo o cenário de um filme. Todas as árvores em volta tinham sido decoradas com lâmpadas de arco, e cinegrafistas se empoleiravam entre as chaminés em andaimes especialmente construídos. No campo em frente ao tribunal, crianças da escola primária ali localizada observavam por entre as grades e saudavam entusiasticamente todos os que chegavam.

Não era apenas a imprensa nacional que estava maravilhada com o Caso Thorpe. A história do único (ou assim se acreditava) plano de assassinato já elaborado dentro da Câmara dos Comuns soava bem em qualquer língua. Jornalistas e equipes de televisão do Canadá, da Austrália e dos Estados Unidos tinham ido a Minehead e alugado todos os quartos disponíveis por quilômetros em volta da cidade. Como o tribunal apenas acomodava cerca de cem pessoas, a maior parte dos jornalistas presentes tinha de se espremer do lado de fora freneticamente para tentar entender o que estava acontecendo lá dentro. Aqueles que tinham conseguido um lugar eram recebidos com olhares tortos. O escrevente do tribunal, Frank Winder, tinha sido instruído a fazer o relato mais meticuloso que pudesse de tudo o que acontecesse. Para fazê-lo, usou um gravador portátil acoplado ao rosto que parecia uma máscara de oxigênio preta, e no qual, após muita deliberação, ia registrando cada pergunta e cada resposta.

A primeira surpresa aconteceu quando o eminente advogado Gareth Williams, defensor de George Deakin, se levantou e pediu aos três magistrados presentes que suspendessem quaisquer restrições ao que poderia ser noticiado oficialmente, dizendo que seu cliente "receberia bem até mesmo o mais completo escrutínio". Antes disso, quase todo mundo, inclusive Napley, presumira que aquelas restrições estariam de pé durante todo o processo, o que limitaria enormemente o que os jornalistas poderiam escrever. Mas, se um dos advogados pedisse a suspensão de tais restrições, todos os demais deveriam concordar. Era uma notícia particularmente preocupante para Thorpe, que vinha esperando que os detalhes mais escandalosos de seu relacionamento com Scott ficassem fora dos jornais.

A segunda surpresa veio no fim do discurso de abertura feito por Peter Taylor, responsável pela acusação. Um sujeito fisicamente intimidador, sempre comparado a um jogador de defesa de rúgbi, Taylor tinha uma tendência a se manter longe de qualquer teatralidade. No entanto, tinha uma habilidade para fazer discursos que, de maneira quase imperceptível, iam evoluindo em um crescendo até chegar a pontos altos ainda serenos, porém devastadores.

Taylor descreveu como Thorpe tinha tentado persuadir Jack Hayward a ameaçar Peter Bessell com um *writ* (um mandado de segurança) se Bessell voltasse à Inglaterra. "Mas o Sr. Hayward nada teria a ver com isso. Apesar dessa tentativa de manter o Sr. Bessell longe, e apesar das ameaças feitas na semana passada com relação aos possíveis constrangimentos que estariam à espera do Sr. Bessell quando de seu interrogatório pela defesa, o Sr. Bessell está aqui agora." E concluiu: "E eu o chamo neste momento".

Um arrepio de excitação correu por todo o salão. Todos os olhos se voltaram para a porta. Seis dias antes, Peter Bessell tinha regressado à Inglaterra – a primeira vez em que ele punha os pés em seu país em quase cinco anos. Naquela manhã, um policial o tinha apanhado em seu hotel em Taunton e o levado ao tribunal de Minehead a 40 km dali. Chegando lá, Bessell foi levado a um quartinho que não tinha nada além de duas cadeiras duras, um cinzeiro e uma lareira elétrica, e informado de que deveria aguardar. No momento em que ouviu seu nome sendo chamado, quase duas horas depois, o cinzeiro estava cheio.

Para Bessell, voltar ao Reino Unido representava muitos riscos. Não era apenas a possibilidade de ser alvejado com ovos podres, como ele pensara; havia também o risco de ele ser acusado de alguns crimes. Seu advogado, Lionel Phillips, o tinha aconselhado veementemente a conseguir imunidade por parte da acusação antes de concordar em dar seu testemunho. De começo, Bessell se recusou, insistindo que não tinha feito nada de errado. Mas, no fim, a prudência, ou a autopreservação, falou mais alto. Phillips escreveu uma proposta – depois descrita como o mais abrangente pedido de imunidade já dado a uma testemunha – e a apresentou ao departamento responsável por processos públicos. Para seu espanto, não fizeram nenhuma objeção.

Ao saber que Bessell poderia testemunhar contra Thorpe, o *Sunday Telegraph* o abordou com uma oferta. Se o caso fosse a julgamento, o jornal lhe pagaria cinquenta mil libras por uma série de seis artigos sobre seu papel na história. Mas havia uma ressalva: se os acusados fossem inocentados, Bessell ganharia apenas metade desse valor. Lionel Phillips disse a Bessell que ele teria de estar louco para sequer considerar aquela proposta. "A defesa vai deitar e rolar com isso. Vão dizer que é um incentivo para você exagerar seu relato para conseguir a condenação."

Mas cinquenta mil libras eram um bocado de dinheiro, especialmente para alguém com as dificuldades que Bessell atravessava. E ele não queria deixar passar a oportunidade sem ao menos tentar saber mais a respeito. Phillips concordou em sondar o Departamento de Processos Públicos para ver o que eles achavam. Em seguida, escreveu a Bessell dando um resumo da resposta: "Informei o Diretor-Assistente de Processos Públicos, Kenneth Dowling, que um contrato dessa natureza foi apresentado, e ele não pareceu particularmente preocupado, se é que o entendi direito, porque disse que você seria atacado com tantas alegações que mais essa não iria fazer muita diferença".

Era uma decisão extraordinária. Parece que o departamento simplesmente não percebeu o quanto um acordo desse tipo seria danoso tanto para a credibilidade de Bessell como testemunha quanto para o resultado do julgamento. É possível que ninguém tenha parado para pensar bem nas implicações do que estava sendo acordado ali. Não demoraria, entretanto, para que essas implicações ficassem bem claras. Três dias depois, quando todos os possíveis obstáculos ao acordo com o *Sunday Telegraph* já tinham sido resolvidos, Bessell assinou um contrato com o editor do jornal. Conforme ele escreveu tempos depois, "aquele se provaria o documento mais desastroso que eu já assinei na vida".

Acompanhado por outro policial, Bessell caminhou por um corredor estreito e adentrou o salão do tribunal. Sua entrada com toda certeza causou alvoroço, mas não necessariamente pelas razões que Peter Taylor vinha esperando. As pessoas que conheciam Bessell de tempos antes ficaram chocadas com o quanto ele tinha mudado. Muito embora ele tivesse apenas 57 anos, aparentava ser muito mais velho, apesar do bronzeado. Estava vestindo um de seus velhos ternos de mohair, e o brilho que ele emitia naquela ocasião parecia quase fantasmagórico. Ele também tinha pintado seus cabelos brancos de castanho. À luz do dia, não ficava tão óbvio assim, mas, sob as luzes artificiais do tribunal, o cabelo ficava em um tom peculiarmente alaranjado. O efeito do conjunto o fazia parecer que tinha sido mergulhado em uma solução de iodo.

Em silêncio, e com alguma dificuldade, Bessell passou pelas caixas de metal cheias de documentos e pelas cadeiras extras que tinham sido espremidas dentro do salão, e então tomou seu lugar no banco de testemunhas. Em seu tom arrastado e sua voz de beberrão de bar, ele fez seu juramento. Antes que Peter Taylor começasse a questioná-lo, Bessell olhou à sua volta. Viu que os acusados, em vez de se sentarem no banco dos réus atrás da murada, estavam todos espalhados pelo salão.

Primeiro ele viu David Holmes sentado sozinho em um dos bancos descoloridos. Estava olhando fixo à sua frente com a mesma expressão assustada que o próprio Bessell o tinha visto da última vez, quase três anos antes, quando Holmes jantou com ele em Oceanside. Então Bessell viu Thorpe. Ele também estava sozinho, sentado em uma grande almofada azul, detidamente anotando tudo com uma caneta dourada. Em seguida, Bessell viu o escrevente, que esperava ansiosamente pelo depoimento com seu gravador acoplado ao rosto. Por um momento, um pensamento louco passou pela cabeça de Bessell. Ele se imaginou cruzando olhares com Thorpe, apontando com a cabeça para o escrevente em sua ridícula máscara preta e os dois então caindo na gargalhada.

De repente, Thorpe levantou a cabeça e o olhou profundamente por cima dos óculos de aro dourado. Não havia qualquer expressão de divertimento em seus olhos. Havia somente ódio.

Todos os dias, Napley voltava para o sítio de visitas de Thorpe em Cobbaton. Assim como tinha ficado encantado com a atitude de Thorpe quando ele foi preso, tinha agora a mesma impressão com a compostura e o sangue frio que o acusado mantinha. Depois de atingir o fundo do poço um ano antes, ele tinha recuperado toda a sua elegância. "Acredito que ele tinha muito mais resiliência do que qualquer outra pessoa que eu já tivesse conhecido [...] Mesmo que, sob todo aquele estresse inevitável e a tensão da experiência, houvesse vezes em que parecia mais exausto ou abatido, ele sempre se recuperou muito bem para demonstrar de novo sua costumeira vitalidade e exuberância."

Depois que todos jantavam – Thorpe, Marion, Rupert, Napley e Christopher Murray –, iam assistir ao jornal na televisão para ver como o caso tinha sido noticiado naquele dia. Então, Napley ligava para George Carman em Londres e contava detalhes do que tinha acontecido. Mas, ao contrário de reafirmar para ele que seu lugar estava mantido no quadro geral das coisas, aquelas ligações só vinham aumentar ainda mais a frustração de Carman. Cada vez mais, ele foi ficando convencido de que Napley estava fazendo uma confusão enorme naquelas audiências de instrução.

Carman pensava que era absurdo que os outros três réus fossem representados por advogados litigantes (*barristers*), acostumados ao tribunal, enquanto Thorpe era representado por um advogado cuja experiência se limitava a escritórios (*solicitor*). Havia ainda a tal decisão de suspender as restrições de publicação; aquele pedido tinha claramente pego Napley de surpresa. Carman também achava que o Rolls-Royce de Napley – cuja cor dourada rendeu muita especulação na época, na suspeita de que ele fosse na verdade folheado a ouro – passava uma mensagem bastante inapropriada, sugerindo que Thorpe fosse o tipo de figura privilegiada e pretensiosa que podia usar o dinheiro para se ver livre de uma situação apertada como aquela.

O mais crucial, no entanto, era o modo como Napley lidava com as testemunhas centrais. Apesar de ter ficado no banco de testemunhas por oito horas, Peter Bessell tinha saído de lá efetivamente sem um arranhão. É verdade que, como Napley dissera, "quando você olhava para o comportamento de Bessell, a perfídia parecia exalar de cada poro de seu corpo", mas também é verdade que Bessell já tinha ouvido pessoas falarem coisas muito piores sobre ele do que ele escutou ali. Já a alegação de Napley de que o plano de assassinato tivesse sido bolado por Bessell junto aos jornalistas Barrie Penrose e Roger Courtiour, para quaisquer que fossem seus fins escusos, deixou praticamente todo mundo ali de boca aberta.

Napley tinha tido ainda menos sucesso com Norman Scott. Antes do interrogatório, todos vinham presumindo que Scott fosse se lançar imediatamente a um turbilhão de raiva descontrolada quando confrontado com a mínima provocação. Em vez disso, na maior parte do tempo, ele se apresentou bem sóbrio e com raciocínio sagaz – ainda que alguém tivesse envenenado sete de seus onze gatos na noite anterior ao seu primeiro testemunho e em seguida os tenha disposto lado a lado na soleira da porta dos fundos de sua casa. Quando Napley o acusou de andar para todo lado com um exemplar do recém-publicado livro de Penrose e Courtiour, *The Pencourt File*, presumivelmente para fazer com que sua história casasse muito bem com a deles, Scott salientou que o livro que ele vinha carregando consigo era na verdade um volume de poesia anglo-saxã. Quando Napley citou versos de William Congreve – *"Não há no céu ira como a de um amor tornado ódio, nem no inferno fúria como a de uma mulher desprezada"* – Scott disparou de volta uma réplica irretocável: "Não sou uma mulher".

Pelo que a imprensa presente conseguiu avaliar, Scott tinha saído por cima. Mais tarde, Napley admitiu que pode ter cometido algum erro, mas, de maneira geral, não pensava que tinha qualquer motivo para se recriminar; "Minha consciência estava limpa". E qualquer que fosse a razão para Carman pensar que Napley estava arruinando tudo, não havia dúvida de que seus sentimentos eram em grande parte guiados por ciúmes. Da forma como Carman via as coisas, Napley estava roubando sua cena. Imobilizado em Londres, Carman não podia fazer nada a não ser abrir mais uma garrafa de gim, ficar longe de seu carro e esperar por seu telefonema diário.

Justo no ponto mais alto daquela audiência de instrução, os elementos da natureza mais uma vez se fizeram ouvir. Na noite anterior ao anúncio do veredito pelos magistrados, Napley foi acordado de madrugada pela chuva que batia em sua janela. Ao sair de casa pela manhã, descobriu que seu Rolls-Royce tinha sido atingido por um raio.

Em 13 de dezembro de 1978, quatro semanas depois de começados os trabalhos, o líder dos magistrados, Edward Donati, arquiteto aposentado, ordenou que os quatro réus ficassem de pé em fila à sua frente.

"Consideramos que há um caso *prima facie* no que diz respeito a cada um dos quatro", declarou. "Há também um caso *prima facie* no que tange ao senhor, Sr. Thorpe, por incitação de Holmes para assassinar Norman Scott [...] Todos irão a julgamento."

Quando ouviu isso, Marion Thorpe levou a mão à boca, olhou rapidamente para o marido e depois desviou os olhos outra vez. O próprio Thorpe piscava rapidamente e movia seu maxilar de um lado para o outro. Enquanto os jornalistas iam escoando para fora do pequeno salão e rumo às luzes montadas nos arredores, um deles se virou para o colega: "Essa foi apenas a passagem desse espetáculo pelo interior. Espere para ver a *première* no West End de Londres...".

32

ABERTURA E PREPARATIVOS

O julgamento de Jeremy Thorpe, David Holmes, John Le Mesurier e George Deakin – "O Julgamento do Século", como a imprensa começou a chamá-lo – estava marcado para começar no Salão Um do Tribunal Old Bailey, em 30 de abril de 1979. Mas, ainda no começo do ano, aquela data parecia estar bem distante. Mais uma vez o país estava à beira do caos. Em meio à inflação descontrolada e greves subsequentes, uma epidemia de compras motivadas por pânico tomou a Inglaterra. As pessoas começaram a estocar comida enlatada com medo de que não fosse haver produtos frescos nas lojas. Houve até relatos nos jornais de que porcos, deixados sem ração por causa da greve de caminhoneiros, tinham se tornado canibais.

Em Londres, os lixeiros também tinham entrado em greve. A Praça Leicester tinha se transformado em um imenso depósito de lixo. Quando frequentadores dos cinemas passavam perto das pilhas de 2,5 m de sacos de lixo inchados, podiam ouvir um estranho rebuliço vindo do monte. Eram os ratos rasgando os sacos de polietileno.

Ao retornar bastante bronzeado, reluzente até, de uma convenção no Caribe, o primeiro-ministro Jim Callaghan negou que estivesse prestes a declarar mais um estado de emergência. Admitiu que tinha considerado fazê-lo, mas decidira que não havia um bom motivo. Nas bocas de todos, se fazia ouvir uma nova expressão, ou melhor, uma velha expressão retrabalhada para a ocasião: "O Inverno da Desesperança".

Apoiado pelos Liberais, o governo cambaleava entre uma crise aparentemente insolúvel e outra. Então, no fim de março, a oposição Conservadora, liderada por Margaret Thatcher, convocou um debate para a proposição de uma moção de desconfiança na Câmara dos Comuns. O debate aconteceu sob um clima incomumente soturno, já que, como bem cabia à ocasião, também o estafe de servidores do Palácio de Westminster tinha entrado em greve. Depois de perder toda a fé em Callaghan, os Liberais decidiram depositar sua lealdade nos Conservadores. Pouco depois das 10 horas da noite, no dia 28 de março, uma votação foi conduzida, e o presidente da Câmara, George Thomas, tomou o púlpito para anunciar o resultado. "Os favoráveis na ala da direita [oposição] contam 311. Os contrários na ala da esquerda [governo] contam 310."

Naquela noite, muitos parlamentares Conservadores – que não incluíram a Sra. Thatcher – dançaram em fila pelos corredores do palácio. Na manhã seguinte, Callaghan anunciou que haveria novas eleições gerais dali a cinco semanas, em 3 de maio. Considerando suas circunstâncias, todos presumiram, com alto grau de confiança, que Jeremy Thorpe não se candidataria a uma reeleição. Mas, para a descrença generalizada, Thorpe declarou que tinha, sim, todas as intenções de concorrer. Explicou que não o fazer deixaria implícito que ele tinha alguma coisa da qual se envergonhar. David Steel ficou furioso: "Eu precisava de Jeremy como candidato tanto quanto precisava de um buraco de bala na cabeça". No entanto, a associação de apoiadores de Thorpe nem hesitou em adotá-lo mais uma vez como seu candidato. "Sou grato e tenho muito orgulho de ter sido escolhido por vocês para concorrer mais uma vez", anunciou Thorpe. "Esta será minha oitava eleição, e fico exultante de novamente fazer parte dessa luta. A adrenalina realmente começa a correr. Minha esposa também está feliz com isso."

A fim de conseguir tempo para fazer campanha, Thorpe entrou com um pedido para que seu julgamento fosse postergado em duas semanas. O pedido foi aceito – o que de imediato gerou protestos de que ele estaria recebendo tratamento preferencial –, mas apenas por oito dias. Mesmo que houvesse ratos bailando por toda a Rua Strand, o julgamento começaria na terça-feira, 8 de maio, apenas cinco dias depois das eleições.

Enquanto o restante do país estava tomado da febre eleitoral, George Carman estava com a cabeça em outras coisas. Tinha passado meses estudando como litigaria naquele caso, conversando de maneira obsessiva com seu filho, Dominic, sobre estratégias. Agora, até que enfim, ele estaria no comando. Começou sua atuação deixando exatamente isso bastante claro para seu cliente. Carman convidou Thorpe para uma visita à firma de

Napley em Clerkenwell, a Kingsley Napley, onde ele tinha ganhado um escritório no qual poderia trabalhar. Também na reunião estava Graham Boal, um jovem advogado que tinha recentemente começado a trabalhar lá. Thorpe, ele mesmo um advogado bem qualificado, apareceu empunhando um manual de Direito desatualizado e imediatamente começou a ditar como o caso seria conduzido.

"No começo, ele estava um tanto convencido", Boal se recorda. "Estava confiante demais, sabia de tudo, queria discutir tudo sobre a aplicação das leis e usava expressões bestas em latim. Acho que ele pensou que os dois formariam alguma espécie de parceria, mas descobriu bem rápido que não seria assim." Educadamente, Carman informou Thorpe de que ele deveria fazer exatamente como ele o instruísse. Se visse algum problema naquilo, então deveria procurar outro advogado.

Durante todo o processo, Thorpe vinha presumindo que em algum momento ocuparia o banco de testemunhas para dar seu depoimento. Longe de se ver amedrontado pela possibilidade, ele na verdade parecia estar ansioso por isso, aparentemente convencido de que seus poderes de oratória ganhariam o júri. Mas, já de começo, Carman sentiu que um Thorpe excessivamente confiante e loquaz iria causar mais mal que bem. Poucas semanas antes de o julgamento começar, Carman se encontrou por acaso com um colega, também agraciado com o título de QC (Conselheiro da Rainha), chamado John Macdonald, que perguntou como estavam os preparativos. "De maneira nenhuma posso deixar Jeremy ir ao banco de testemunhas", Carman disse a ele. "Ele não conseguiria responder nem às três primeiras perguntas." Com isso, deixava implícito que Thorpe seria destroçado assim que abrisse a boca. Macdonald foi embora convencido de que Carman iria mesmo lutar bravamente pelo lado de Thorpe, mas duvidando bastante de que ele acreditasse na inocência de seu cliente.

A outra grande questão com que Carman teria de lidar era o que fazer da homossexualidade de Thorpe. Ele sabia que a promotoria tinha reunido diversos homens que alegavam ter feito sexo com Thorpe e que estavam preparados para provar isso com evidências. Era improvável que todos estivessem mentindo ao mesmo tempo. Mas, se Carman admitisse que Thorpe era gay, isso claramente esvaziaria a constante insistência de Thorpe de que nunca tinha dormido com Scott.

Carman também teria de pensar na melhor forma de interrogar as testemunhas. Dossiês detalhados vinham sendo elaborados pela equipe de Napley, junto com anotações que diziam qual a melhor forma de lidar com cada pessoa. Sugeriam, por exemplo, que Norman Scott deveria ser tratado com o maior cuidado. "A defesa não vai ter qualquer dificuldade em deixar claro que esse homem é um indivíduo miserável, fraco, sem princípios e sem caráter, que acredita que não só o mundo lhe deve alguma coisa, mas também todas as pessoas que vem a conhecer e com quem estabelece algum laço mínimo de amizade." Dito isso, "sua astúcia não pode ser subestimada".

Testemunhas também foram chamadas para descrever como Scott tinha forjado todo o seu passado de maneira extravagante. Uma mulher chamada Betty Jones se lembrava de como ele certa vez alegara ter sido dançarino de balé, mas teve de deixar a dança quando, dizia, um piano caiu em seu pé. Outra mulher, Janet Harthill, para quem Scott trabalhou durante um curto período, disse que ele contara a ela que sua mulher e filho tinham sido mortos em um acidente de carro. Também havia testemunhos do comportamento de Scott. Um homem chamado Christopher Matkin chegou dizendo que Scott tinha dito a uma amiga em comum, Cat Oliver, que Matkin não queria ter um caso com ela porque ela cheirava mal e tinha pelos ruivos nas axilas. "Confrontei Scott com essa falsa alegação que ele tinha feito contra mim, e ele guardou rancor e disse que eu era uma das pessoas mais maldosas que ele já conhecera."

Mas Scott não era o único que estava tendo seu passado revirado. A mesma coisa acontecia com Peter Bessell. Entre aqueles que testemunhariam sobre as deficiências dele estava uma de suas antigas secretárias, Christine Downes. Ela deu uma declaração dizendo que Bessell era "um homenzinho repulsivo e conspirador, assim como um mentiroso incorrigível [...] A coisa com ele era tão ruim que, se ele dissesse que não estava chovendo, eu acharia que tinha de ir lá fora para ver, porque simplesmente não podia acreditar nele".

No entendimento de Carman, era Bessell a figura-chave, e não Scott. Se Bessell, a principal testemunha da acusação, pudesse ser aniquilado durante a sessão – não apenas amassado aqui e ali, mas destruído em pedacinhos mesmo – podia ser que todo o caso contra Thorpe entrasse em colapso. O grande desafio para Carman era identificar o calcanhar de aquiles de Bessell e descobrir como atacá-lo.

A escolha do juiz para o julgamento pode não ter causado tanto espanto quanto a escolha de Carman como advogado de Thorpe, mas foi também uma nova surpresa. Assim como Carman, o Honorável Sir Joseph Donaldson Cantley também era de Manchester. Mas isso era tudo o que eles tinham em comum. Bem longe de ter uma vida privada movimentada, na verdade acreditava-se que Cantley tinha ficado virgem até os 56 anos, quando se casou com a viúva de outro juiz.

E o casamento não fizera nada para amenizar o distanciamento que Cantley tinha do mundo. Ele certa vez teve de julgar o caso de um rapaz de 23 anos que pedia indenização por danos materiais depois de sair muito ferido de um acidente com uma escavadeira. Ao ser informado de que os ferimentos tinham afetado a vida sexual do rapaz, o juiz perguntou se ele era casado. Ao saber que não, um confuso Cantley disse: "Bom, então não vejo como isso pode afetar sua vida sexual".

Aos 68 anos, ele era tão desconhecido fora dos círculos legais que nenhuma agência de notícias tinha uma foto dele. Hesitante nos maneirismos, sempre rindo de suas próprias piadas e parecendo um esquilo assustado em sua toga de arminho, Cantley não era considerado um peso-pesado intelectual. Também era tido como um esnobe de mão cheia. Até mesmo Carman considerou a escolha estranha. Mas, para Thorpe, ela chegou como uma rara boa notícia. Quanto mais esnobe e desligado do mundo fosse o juiz, menos provável era que ele acreditasse nas alegações contra Thorpe.

Será que a escolha de Cantley foi apenas um acidente fortuito? Talvez sim, mas talvez não. O Juiz-Chanceler, Lorde Elwyn-Jones, era responsável por decidir qual juiz conduziria cada caso. Um bastião do *establishment*, Elwyn-Jones vinha mantendo relações amigáveis com Thorpe ao longo dos anos. Os dois tinham sido comissários do Fundo de Auxílio aos Prisioneiros de Consciência da Anistia Internacional, e, em 1964, Thorpe e Elwyn-Jones tinham ambos coapadrinhado um projeto de lei para regulamentar a figuração de produtos publicitários na programação de televisão. Ambos também tinham ocupado cadeiras juntos na Comissão de Privilégios da Câmara dos Comuns, a entidade que supervisionava os interesses empresariais dos parlamentares naqueles tempos. Parecia que Elwyn-Jones tinha feito um favor a seu velho amigo.

Com a eleição se aproximando, Thorpe agora passava a maior parte de seu tempo em Devon do Norte, tentando desesperadamente salvar sua carreira política. Logo ficou claro que a liderança do Partido Liberal o tinha deixado à deriva. David Steel gravou uma mensagem de apoio um tanto morna, e depois permaneceu bem distante. Para levantar fundos para suas despesas de eleição, a mãe de Thorpe, Ursula, vendeu o andar de cima de sua casa. No começo da campanha, Thorpe parecia tão feroz e animado como de costume, mas as pessoas logo começaram a perceber que a velha chama não estava mais lá. Também tinha desaparecido sua sintonia com seus eleitores. Em dado momento, ele discursou para uma plateia de apenas três pessoas, duas das quais se revelaram jornalistas.

Auberon Waugh, ávido por causar o maior constrangimento possível à campanha de Thorpe, decidiu concorrer por Devon do Norte representando o "Partido dos Amantes de Cachorro". Logo que Waugh estava para distribuir seu manifesto eleitoral convocando a votar nele todos que tinham ficado tocados pela morte de Rinka – "Rinka NÃO foi esquecida. Rinka vive. Au, au, vote Waugh e dê a todos os cachorros o direito à vida, à liberdade e à busca da felicidade" – Carman conseguiu um mandado que o impedia de publicar esse material sob a alegação de que ele poderia influenciar o julgamento.

Carman também vinha sendo ativo em outro front. Em Rochdale, o jornal local não se arriscou a causar a ira de Cyril Smith investigando as alegações de abuso sexual contra ele que vinham circulando na cidade há algum tempo. Mas um panfleto estudantil gratuito, o *Rochdale Alternative Paper*, de fato noticiou esses rumores, o que levou Carman a escrever para todos os editores de jornais do país avisando que, se eles republicassem aquilo, também aquela notícia influenciaria no julgamento. Ninguém discutiu, e a história ficou efetivamente esquecida pelos vinte anos seguintes.

Quatro dias antes das eleições, Thorpe comemorou seu aniversário de 50 anos. Assim como sua campanha, foi um evento discreto. Às 3h30 da manhã na noite da eleição, ele se pôs no palco do Queen's Hall, em Barnstaple, junto dos outros candidatos à espera do resultado. Estava com aparência terrível, com a pele pálida, o rosto impávido e os olhos mal parecendo focar em algum ponto. Quando o resultado foi lido, sua expressão nem se alterou. O resultado foi uma humilhação, tão ruim quanto todos temiam. A vantagem de Thorpe de quase sete mil votos tinha sido virada, e o candidato Conservador ganhou por quase 8.500 votos. No outro extremo da escala, Auberon Waugh tinha conseguido 79 votos – nada mau, considerando que ninguém tinha conseguido ler sua plataforma eleitoral.

Quando Thorpe deixou o salão pouco depois, foi instado a comentar o resultado. Com uma voz atordoada, apenas disse: "A diferença foi muito maior do que eu pensava". Mas, por mais dramático que tudo isso tivesse sido, era apenas um espetáculo à parte do principal. Ninguém tinha qualquer dúvida de qual era o grande show daquela noite. Afinal de contas, em Finchley, no norte de Londres, um outro resultado eleitoral acabara de ser divulgado. No palco com outros três candidatos estava uma mulher de 53 anos vestindo um tailleur azul-marinho e segurando uma bolsa.

Àquela altura, já estava claro que o eleitorado britânico tinha feito algo que seria impensável dez anos antes: eleito uma primeira-ministra mulher. Muito embora o povo não tivesse ideia do que Margaret Thatcher poderia fazer quando chegasse ao poder – para alguém que se tornaria notória pelo dogmatismo, seu manifesto tinha se revelado um tanto vago – isso não parecia preocupar ninguém. O que ela oferecia, acima de tudo, era uma determinação muito firme e sem reservas em deter a derrocada do Reino Unido rumo à ruína e restabelecer sua posição de destaque no mundo. Era uma perspectiva tão improvável que ela teve de embalá-la em termos que evocavam um sonho: "Em algum lugar adiante se encontra mais uma vez a grandeza de nosso país; sei disso em meu coração".

A eleição da Sra. Thatcher anunciou a chegada de uma nova era – uma era que seria mais dura, mais divisora, mas no fim mais próspera e menos caótica que aquela que viera antes. Também serviu para enfatizar o quanto e com quanta rapidez Jeremy Thorpe tinha caído. Cinco anos antes, ele estivera muito próximo do poder. Agora, não mais um parlamentar e abandonado pelo partido que um dia liderara, estava prestes a ir a julgamento por conspiração e incitação ao homicídio. Se declarado culpado, poderia passar os quinze anos seguintes na prisão.

Peter Bessell estava em Manhattan quando soube da derrota de Thorpe. Saiu para uma caminhada tarde da noite para tentar afastar os pensamentos depressivos, mas eles não queriam ir embora. Enquanto caminhava, começou a pensar em vinte anos antes, quando da primeira vitória eleitoral de Thorpe, e também em sua própria primeira eleição como parlamentar cinco anos depois. "Agora, estava tudo acabado e era como se nunca tivesse acontecido", ele refletiu tempos depois. "Tudo o que tinha restado eram dois homens de meia-idade desacreditados, que tinham abusado da confiança e das esperanças que um dia tinham inspirado."

Dois dias depois, Bessell embarcou no voo 100 da Pan Am rumo ao Aeroporto de Heathrow. Quando ele tinha ido à Inglaterra em novembro para as audiências de instrução, tinha sido convencido de que estava fazendo a coisa certa. Dessa vez, com a perspectiva de testemunhar contra seu velho amigo em um tribunal, sentia-se mal de tão apreensivo. "Aquilo que eu estava para fazer, eu temia mais que qualquer outra coisa de que pudesse me lembrar."

PARTE QUATRO

33

FEITO EM PEDACINHOS

Às 9h45 da manhã do dia 8 de maio de 1979, um Rolls-Royce marrom-dourado parou na frente da entrada principal do Old Bailey. Ao volante estava Sir David Napley, e dentro havia quatro passageiros. As pessoas que esperavam do lado de fora sob o sol do começo de verão, algumas das quais desde a noitinha do dia anterior, podem ter imaginado que testemunhavam a chegada de algum dignitário em visita. Jeremy Thorpe, todo encurvado e com o olhar vazio, saiu do carro, acompanhado de sua mulher e de sua mãe, ambas vestidas como se fossem passar o dia nas corridas de cavalos, e por seu tio, Sir Peter Norton-Griffiths. O grupo foi recebido pelo guarda na porta do Tribunal Criminal Central – nome formal do Old Bailey – e então escoltado até uma sala perto do Tribunal Um que é normalmente reservada para consultas entre clientes e seus advogados.

Dez minutos depois, Peter Bessell chegou e foi recebido com bem menos cerimônia. Primeiro, ele se dirigiu ao lobby, onde foi imediatamente cercado por repórteres. Se sua aparência abatida tinha sido recebida com choque em Minehead, agora ele parecia ainda pior. Naqueles cinco meses de intervalo, ele tinha perdido seis quilos. Em seu novo terno de risca de giz, parecia ter encolhido. De acordo com o correspondente do *Daily Mail*, ele tinha "o físico de um limpador de cachimbo". Na Califórnia, Bessell tinha feito uma experiência com uma tinta de cabelo em um tom mais escuro de castanho, mas, assim que ele se punha sob iluminação elétrica, o cabelo tomava a mesma coloração laranja esquisita de antes. Para lhe dar um pouco de privacidade, um dos guardas do Old Bailey o levou até uma sala de espera, mas insistiu em revistá-lo em busca de possíveis armas e ainda virou as três cadeiras e a mesa de cabeça para baixo para ver se não havia escutas.

O Tribunal Um do Old Bailey é o tribunal mais famoso da Inglaterra. Antes de Thorpe, outros ocupantes do banco dos réus foram o Dr. Crippen, seu colega também médico e também assassino Dr. John Bodkin Adams, o necrófilo de Notting Hill chamado John Christie e o americano William Joyce, apelidado de "Lorde Haw-Haw", condenado por transmitir propaganda nazista. Especialistas em julgamentos previam com segurança que o Caso Thorpe iria sobrepujar todos esses em termos de drama.

As requisições de cadeiras para a imprensa foram mais numerosas do que em qualquer outro caso até então, e foram necessárias até mesmo precauções especiais para garantir que as pessoas na seção destinada ao público não vendessem seus assentos a jornalistas. O que quer que estivesse para acontecer ali seria um julgamento bastante notável em vários sentidos. "Equipamentos eletrônicos de ponta seriam usados pela primeira vez", conforme o *Daily Telegraph* contou animadamente a seus leitores. "O júri e os advogados poderão ouvir gravações em fitas usando fones de ouvido sem fio."

Às 10h30, Jeremy Thorpe, David Holmes, John Le Mesurier e George Deakin foram conduzidos pela escadaria branca até o espaço separado com um vidro que era destinado aos réus. O oficial ordenou que todos se levantassem, e então Sir Joseph Cantley entrou no recinto vestindo sua toga vermelha e a peruca típica que, segundo mandava a tradição, tinha um buraco no meio. Ainda que a pena de morte tivesse sido abolida em 1965, Cantley, como todos os juízes do Alto Tribunal inglês, ainda carregava o *black cap* – pequeno pedaço quadrado de tecido preto que era colocado sobre a peruca sempre que se decidia pela pena capital. Logo atrás do juiz, em uma vestimenta levemente arroxeada, vinha um dos vereadores de Londres.

Aos olhos de Jean Rook, jornalista do *Daily Express* popularmente conhecida como "a primeira-dama da Rua Fleet", aquele espetáculo todo era "como uma cena no museu de Madame Tussauds: o salão todo esculpido em madeira, os advogados em roupas engomadas e perucas e aquelas figuras silenciosas como manequins sentadas no banco". Ficou especialmente fascinada por Peter Taylor, que conduzia a acusação tal como fizera em Minehead: "Moreno como um falcão e com aquele belo nariz romano". Já Cantley lembrava a Rook um "farmacêutico que eu conheci no norte do país e que tinha dentes postiços bambos".

Depois de toda a fanfarra inicial, o julgamento começou de maneira bem vagarosa. O primeiro dia foi todo dedicado às alegações de fato e de direito. Por mais que Thorpe estivesse tenso, isso não parece ter afetado seu apetite. Diz-se que naquele dia ele almoçou torta de carne, seguida de rocambole de geleia e creme de leite em um restaurante próximo. Bessell, por sua vez, não conseguiu comer quase nada. Thorpe voltou do almoço usando um longo sobretudo preto com colarinho de veludo. "Espero que o senhor não considere um desrespeito, mas é que meu cliente diz que há uma corrente de vento onde ele está sentado", disse Carman ao juiz.

Na manhã seguinte, Bessell tinha acabado de chegar ao Old Bailey quando, para sua surpresa, ficou sabendo que o juiz queria falar com ele. Ao ser levado ao salão, viu Sir Joseph Cantley de pé em frente à sua mesa com o rosto quase tão vermelho quanto sua toga. Da maneira nada amigável, o juiz começou a repreendê-lo severamente.

"Parece que o senhor andou dando uma certa coletiva de imprensa por aqui ontem."

De começo, Bessell não tinha ideia do que ele estava falando. Aos poucos, percebeu que Cantley estava se referindo a uma entrevista que ele aparentemente tinha dado a um jornalista no dia anterior. Nos poucos minutos que Bessell tinha estado no salão, alguém tinha perguntado a respeito de como ele preferia seu chá. Pensando que a resposta não teria nenhuma influência no caso, ele disse qualquer coisa superficial na hora. De acordo com Cantley, aquele comportamento era completamente inaceitável. "O senhor não deve discutir o caso com ninguém", ele disse. "Se algum repórter se aproximar, pegue o nome dele e venha me dizer. Caso contrário, o senhor terá problemas."

Muito embora o incidente tenha sido insignificante por si só, ele deu o tom para o que viria em seguida. Desde o começo, Cantley encarou Bessell com uma desconfiança bem declarada, nunca perdendo uma oportunidade de disparar foguetes em sua direção. Bessell também pôde dar uma primeira olhada em Thorpe desde a audiência preliminar. Estava claro que todo aquele caso vinha cobrando um alto preço dos dois. "Em Minehead, os olhos de Jeremy passavam desdém, e ele passeava despreocupado em frente às cadeiras do público. Agora, pálido como um cadáver, debaixo de um sobretudo muito escuro, ele ficava quase afundado na dura cadeira de madeira dentro daquele salão enorme; era um homem derrotado olhando para o nada. Em Minehead, eu entendi que a pior coisa que meu testemunho poderia causar a Jeremy seria levá-lo a julgamento. Mas sempre tive consciência de que, no Old Bailey, se acreditassem em mim, minhas palavras poderiam colocá-lo na cadeia."

Mas assim que ele viu Marion sentada algumas fileiras atrás, uma centelha do velho Bessell veio à tona. Ela também tinha mudado muito desde a última vez que ele a vira. Só que, no caso dela, a mudança tinha sido para melhor. "Ela não era mais aquela dona de casa acima do peso e de aparência recatada, com uma mecha branca no cabelo escuro; estava mais magra, surpreendentemente tranquila e bem mais atraente."

Mesmo naquela altura dos acontecimentos, ele ainda tinha suas dúvidas do que iria fazer. "Assim que passei pelas portas de vaivém que levavam ao salão, me perguntei se teria a coragem necessária para voltar àquele tribunal e testemunhar contra Jeremy."

Bessell ainda teria de esperar muito tempo para descobrir se sua coragem se manifestaria. Na tarde do segundo dia, Peter Taylor ficou de pé para fazer seu discurso de abertura. Tal como tinha demonstrado em Minehead, assim que começava a falar não dava sinais de que fosse parar tão cedo. "Vinte anos atrás, em 1959, o Sr. Jeremy Thorpe foi eleito membro do parlamento por Devon do Norte", começava o discurso. "No começo dos anos 1960, ele teve um relacionamento homossexual com Norman Scott. A partir de então, o Sr. Scott passou a ser um perigo constante para a reputação e a carreira desse senhor. O Sr. Thorpe era sempre lembrado desse perigo, pelo fato de que Scott o importunava em busca de ajuda ou então mencionava o relacionamento a outras pessoas.

"Em 1967, o Sr. Thorpe foi eleito líder do Partido Liberal. Mas quanto mais alto ele subia em sua carreira política, maior era a ameaça representada por Scott às suas ambições. Sua ansiedade se tornou uma obsessão e seus pensamentos ficaram desesperados.

"No começo de 1969, em seu escritório na Câmara dos Comuns, ele incitou seu grande amigo David Holmes a matar Norman Scott. Peter Bessell, um colega parlamentar Liberal, estava presente. Holmes e Bessell tentaram por muito tempo dissuadir o Sr. Thorpe dessa ideia, enquanto o entretinham com outras. Medidas bem menos dramáticas foram sugeridas e tentadas – levar Scott para os Estados Unidos, procurar um emprego para ele, dar-lhe algum dinheiro, comprar as cartas comprometedoras que ele tinha. Mas Scott permanecia como uma ameaça séria e constante.

"Pouco antes das duas eleições gerais de 1974, Scott foi morar no curral eleitoral do Sr. Thorpe. Começou a falar abertamente de seu relacionamento com Jeremy Thorpe e até queria publicar um livro a respeito. Um dos acusados aqui, David Holmes, acabou se convencendo de que, tal como o Sr. Thorpe tinha advertido tantas vezes, a única maneira efetiva de parar aquela ameaça tanto ao Sr. Thorpe quanto ao Partido Liberal seria matar Scott.

"O Sr. Holmes tinha contatos no sul do País de Gales. Conhecia o acusado John Le Mesurier, negociante de tapetes. Por meio dele, conheceu o outro acusado, George Deakin, que trabalhava com caça-níqueis, e foi então elaborado um plano para encontrar alguém que pudesse matar Scott por uma recompensa. O Sr. Deakin recrutou Andrew Norton, piloto de aviões, a fim de cometer o assassinato. O Sr. Deakin se encontrou com ele e passou as informações necessárias. O Sr. Holmes também se encontrou com ele e deu ainda mais detalhes.

"A recompensa seria de dez mil libras. Foram feitas tentativas, todas frustradas, de atrair o Sr. Scott para uma armadilha que resultaria em sua morte. Mas, por fim, em outubro de 1975, o Sr. Newton se encontrou com ele em Devon, conquistou sua confiança e o levou de carro até as charnecas. Chegando lá, Newton revelou uma arma escondida. Scott tinha levado seu cachorro. Newton atirou no cachorro, mas não conseguiu atirar em Scott.

"O Sr. Newton foi acusado, preso e condenado em março de 1976. A acusação feita foi a de posse de arma de fogo com intenção de matar, mas, durante seu julgamento, a história verdadeira jamais transpareceu. Ele foi levado à prisão e, quando de sua soltura em 1977, recebeu cinco mil libras, que era metade do contratado. O dinheiro lhe foi entregue por Le Mesurier em um local remoto no sul do País de Gales.

"O dinheiro dessa recompensa foi providenciado por Jeremy Thorpe. Ele tinha persuadido o Sr. Jack Hayward, um rico doador, a fazer uma contribuição substancial para o fundo eleitoral dos Liberais. O Sr. Thorpe então pessoalmente arranjou para que o dinheiro fosse desviado para Holmes a fim de fazer o pagamento de Newton.

"Em resumo, é disso que trata este caso."

Taylor então passou a dar uma versão mais detalhada de todo o caso – detalhada demais, na opinião de Bessell, que, mais uma vez, teve de sentar e esperar até ser chamado. Finalmente, depois de mais dois dias e meio, Bessell ouviu sua convocação. Enquanto ele caminhava vagarosamente em meio ao salão, Auberon Waugh, assistindo ao julgamento das cadeiras reservadas à imprensa, pensou que ele parecia "uma criatura do espaço sideral bravamente se dirigindo à sua execução". Ao chegar ao banco de testemunhas, Bessell teve de se segurar nas beiradas para endireitar o corpo. Até mesmo o esforço de levantar os óculos de leitura que pendiam de seu pescoço em um fino cordão preto parecia demais para ele.

Cantley começou a falar no mesmo tom severo, lembrando-o de que sua imunidade não cobria perjúrio. Como Bessell estava bem ciente das limitações da imunidade, achou aquilo particularmente estranho. "Aquele aviso só poderia servir para que o júri me olhasse com desconfiança logo de começo."

Quando Peter Taylor começou seu interrogatório, o nervosismo levou Bessell a falar tão rápido que o juiz teve de pedir que ele diminuísse o ritmo. Na hora em que a sessão foi suspensa no fim da tarde de sexta-feira, Taylor ainda estava apenas na metade de suas perguntas. Para Bessell, o julgamento real só começaria na semana seguinte. Ele passou o fim de semana no Hotel Bloomsbury, na Praça Russell, se sentindo sozinho e tentando não pensar no que o esperava.

Enquanto isso, George Carman não pensava em nada além de destruir Bessell. Mas, apesar de toda a sua preparação, todas as anotações e todos os ensaios com seu filho Dominic, ele ainda não tinha fechado exatamente qual seria sua estratégia de interrogatório. Era quase como se ele tivesse ficado tão obcecado com o caso que não conseguia pensar direito. Muitas pessoas já suspeitavam de que David Napley tinha cometido um erro terrível.

Na segunda-feira, Taylor retomou suas perguntas. Enquanto Bessell relembrava como ele e Thorpe discutiram jogar o corpo de Scott em uma mina, Thorpe deu um grande sorriso de incredulidade e começou a encarar o teto como se tivesse acabado de descobrir em si um imenso interesse em acabamentos de interiores. Em certo momento, Bessell até revelou que tinha recentemente recebido um diagnóstico de enfisema, uma doença incurável nos pulmões. Aquilo não foi surpresa para Auberon Waugh, que já tinha chegado às suas próprias conclusões sobre o estado de saúde de Bessell. "Era como se estivéssemos ouvindo o fantasma de um homem fazendo uma apresentação que tinha sido cuidadosamente ensaiada quando o corpo ainda estava vivo."

Naquela noite, George Carman foi convidado para jantar com Graham Boal, da firma de advogados Kingsley Napley, e sua esposa. Se sentaram à mesa na cozinha dos Boal e foram beber vinho e discutir estratégias. Como de costume, Carman não se furtou a abusar do álcool. Quanto mais eles conversavam, mais preocupado Boal ficava. "Por volta das 11 horas, me lembro de pensar: 'Meu Deus, esse homem está em farrapos. Não tenho mais ideia do que estamos fazendo'. Havia pedaços de papel pela mesa toda com diferentes sugestões anotadas – será que deveríamos fazer isso, fazer aquilo? Ficamos lá sentados até as 3 horas da manhã discutindo."

Quando Boal por fim conseguiu ir dormir, estava com uma sensação muito ruim de que um desastre se avizinhava. "Eu estava realmente muito preocupado." Na manhã seguinte, chegou ao tribunal temendo o pior. Mas, uma vez lá, testemunhou uma extraordinária transformação. Apenas algumas horas antes, George Carman estava tão bêbado que mal conseguia ficar de pé. Mas, mesmo com tudo isso, no momento em ele pôs sua peruca e a toga, era como se tivesse virado outra pessoa. Fisicamente pequeno, Carman parecia crescer muitos centímetros. Ao mesmo tempo, seus traços normalmente indefiníveis ficavam muito mais nítidos e definidos. Mas não era apenas sua aparência que mudava; mudavam também todos os seus maneirismos. Todo o destempero de Carman, sua falta de autoconfiança, sua raiva caótica, tudo aquilo desaparecia. No tribunal – e apenas lá – ele conseguia se transformar no homem que queria ser.

Enquanto isso, Bessell estava se sentindo não apenas extremamente apreensivo, mas também consideravelmente desconfortável. Como se lembraria depois, o banco das testemunhas no Tribunal Um "pode ter sido projetado por um discípulo do Marquês de Sade. É largo demais para permitir que seu ocupante firme as mãos nas laterais para se sentar, enquanto o anteparo à sua frente é baixo demais para que alguém consiga se apoiar sem cair." Tudo isso contribuiu para que ele já estivesse bem fora do seu normal antes mesmo de o interrogatório começar.

De começo, Carman até poderia ter sido confundido com algum médico afável, que gentilmente começava a questionar a respeito de sintomas embaraçosos de um paciente enfermo. Perguntou o que tinha levado Bessell a retornar para testemunhar mais uma vez. Um senso de justiça, talvez?

Sabendo muito bem o quanto soaria pomposo se concordasse, Bessell disse apenas que aquele tinha sido um dos fatores a influenciar sua decisão.

"Lealdade ao Partido Liberal?"

"Também foi levada em consideração."

"Vingança?"

"Não, senhor. Não tenho razão para isso."

"Dinheiro?"

Ao ver que Carman tinha uma cópia do contrato com o *Sunday Telegraph* bem à sua frente, Bessell percebeu que já tinha sido encurralado. Negou que dinheiro tivesse pesado em sua decisão, sabendo o quão pouco convincente aquilo soava. Pelo menos para o momento, Carman não fez mais nada e somente seguiu em frente, agora abordando a fé religiosa de Bessell. Bessell admitiu que continuava a ser pregador protestante sem formação clerical mesmo naquele momento quando ele e Thorpe supostamente discutiram como Norman Scott deveria ser morto.

"Isso não perturbou sua consciência?", Carman perguntou, ainda com algumas migalhas daquela gentileza de antes no ar.

"Não, senhor."

"O senhor não sentiu que era seu dever contar ao partido que seu líder era um homem disposto a matar alguém?"

"Minha lealdade era primeiro com Thorpe", Bessell respondeu. "Tudo o que pensei era que isso ainda podia ser evitado. Não vi qualquer razão para algo que destruiria sua carreira."

"E o senhor não pensou que o Sr. Thorpe talvez estivesse precisando ver um psiquiatra?"

"Sim, creio que isso seja verdadeiro."

De uma vez só, toda a simpatia de Carman se desfez e ele se postou como se agora segurasse um bisturi pronto para agir.

"Existem um monte de coisas que o senhor fez que são incríveis e detestáveis, não é verdade?", ele disse. Antes que Bessell tivesse qualquer chance de responder, Carman continuou. "Vamos então passar a um outro assunto ainda mais inacreditável. Nessa sua versão do caso, antes que o Sr. Thorpe tivesse em mente despachar o Sr. Scott para sua morte nos Estados Unidos, em 1971, o senhor afirma que ele propôs também ao senhor o assassinato de outra pessoa em 1970."

"Sim, senhor", Bessell disse.

"Um homem chamado Hetherington?"

"Exato, senhor."

Bessell descreveu como tinha encontrado Hetherington – aquele pretenso chantagista de anos antes – bem na véspera das eleições gerais de 1970, como percebeu que ele era uma fraude e depois como ligou para Thorpe para contar o que tinha acontecido. Carman desprezou totalmente essa explicação toda. "Se sua declaração tem qualquer vestígio de verdade, então o líder do Partido Liberal propôs o assassinato não apenas de Norman Scott, mas também de outra pessoa... e dessa vez não seria o pobre Sr. Holmes o assassino, mas o senhor mesmo?"

"Correto, senhor", Bessell admitiu.

"Que providências o senhor tomou a fim de levar ao conhecimento do Partido Liberal, da polícia, dos médicos e da Sra. Thorpe o fato de que o líder do Partido Liberal estava louco?"

"Nenhuma, senhor."

"E ainda assim, quando ele recebeu seu voto de confiança em 1976, o senhor ficou satisfeito?"

"Sim, senhor."

"E isso faz do senhor uma pessoa amoral?"

Naquele ponto, a tensão no salão tinha aumentado nitidamente. O próprio ar parecia ter parado. Bessell pausou para refletir. Desta vez, levou mais tempo para responder.

"Acredito que sim", concordou.

"Considerando que o senhor pregava o Cristianismo, então podemos dizer também hipócrita?"

"Sim."

"Amoral, hipócrita, mentiroso... Isso não perfaz um canalha?"

Bessell negou essa última parte, ainda que sem muita convicção. Àquela altura, o plano de ataque de Carman já tinha ficado horrivelmente claro. Bessell sempre soubera que seria pintado como alguém cuja moral, tal como uma jangada, estava afundando feio de um dos lados sob o peso de seus erros passados. No entanto, Carman queria abertamente ir ainda mais longe do que isso. Iria tentar mostrar Bessell como alguém tão indigno de confiança que ninguém jamais deveria acreditar em uma palavra que ele dissesse. Era uma estratégia de alto risco. Por mais que a estrela de Bessell já tivesse se apagado, ele ainda era um ex-parlamentar, ou seja, uma figura pública com alguma relevância. Mais do que isso, ele nunca tinha sido acusado de crime algum. Mas, fosse por sorte ou notável astúcia, Carman tinha acabado de atingir Bessell em seu ponto mais fraco: seu senso de decência e seu desejo de fazer as coisas certo. Em algum lugar lá no fundo dele, o pastor ainda se manifestava.

Carman então perguntou se ele tinha servido na guerra. Bessell disse que não. Primeiro, ele tinha se registrado como um "objetor de consciência", alguém com princípios incompatíveis com o alistamento. Depois disso, fez palestras sobre música erudita para membros das forças armadas. Como Carman estava bem ciente, provavelmente nenhuma dessas duas respostas cairia muito bem com o júri.

Muito embora Bessell nem tenha tentado esconder aquilo a que Carman se referiu, pejorativamente, como seu "problema de credibilidade", ele ainda insistia que tinha virado a página em sua vida desde que ele e Diane tinham se acomodado em Oceanside.

"O senhor contou alguma mentira deslavada desde 1976?", Carman perguntou.

"Não que eu saiba."

"O senhor contou um bocado aqui neste testemunho, não foi?"

"Não."

Eram 4h15 da tarde quando Carman perguntou a Sir Joseph Cantley se aquele seria um bom momento para encerrar os trabalhos do dia. Ainda que Cantley estivesse usando de toda a sua severidade no tratamento com Bessell, dava sinais de estar se divertindo bastante com todos os outros aspectos do julgamento. Judy Bachrach, do *Washington Star*, notou que "os lábios finos, quase femininos, do juiz eram perpetuamente fechados como em um arco de cupido cheio de delicado divertimento, parecendo sempre à beira de um ataque de risadinhas".

No tom mais alegre que pôde, Cantley disse: "Ah, acho que temos mais tempo para mais uma mentirada dessas, se os senhores quiserem".

Bessell não acreditou no que estava ouvindo. Para todos os efeitos, Cantley estava dizendo ao júri que ele mesmo pensava que tudo o que Bessell tinha dito até então era mentira. Desde o momento em que tinha concordado em testemunhar, Bessell sabia que a história a ser contada era tão bizarra que seria uma luta convencer qualquer um de que ela fosse verdadeira. Também pensou que era bem possível, até provável, que o *establishment* britânico fosse se fechar todo para proteger Jeremy Thorpe. Mas aquilo era pior do que ele tinha imaginado. Enquanto os trabalhos eram encerrados e Bessell foi caminhando, em silêncio, em meio à multidão de jornalistas no salão, começou a suspeitar de que ele não estava enfrentando apenas um adversário naquele tribunal, mas dois.

Nos primeiros dias do julgamento, Thorpe mal levantava a cabeça enquanto entrava no Old Bailey. Um jornalista o descreveu como "um cadáver ambulante" com "o passo claudicante de alguém com 80 anos e artrite". Mas, quando chegou ao tribunal para o segundo dia do interrogatório de Bessell, Thorpe sorria e tirava o chapéu cumprimentando a multidão. Parecia mais descansado e mais tranquilo do que vinha aparentando nas semanas anteriores. Talvez isso tivesse alguma relação com o fato de que sua mãe não estava mais ao seu lado. Depois de acompanhá-lo desde o começo, ela agora ficaria longe até que fosse dado o veredito.

Bessell, no entanto, não se sentia nada descansado. Desde que acabara seu Mandrax, vinha tendo cada vez mais dificuldade para dormir. Tinha passado a maior parte da noite deitado, mas acordado, em seu quarto de hotel, com um pressentimento ruim que só fez aumentar. Ao chegar ao seu banco de testemunhas, se perguntou quando seria desferido o primeiro golpe.

Não teve de esperar muito tempo.

"Sr. Bessell...", começou George Carman. "Será que sua consciência não dói pelo fato de o senhor ter assinado um contrato por meio do qual o senhor e sua família recebem o dobro do dinheiro no caso de condenação de um ex-amigo seu, verdadeiro e leal?"

"Sim", Bessell disse vagarosamente. "Dói sim."

"O senhor está preparado para trair um amigo por dinheiro, não está?"

Fez-se nova pausa.

"Creio que essa afirmação é exagerada."

O contrato em questão, claro, era aquele que Bessell tinha assinado com o *Sunday Telegraph*. Pelo que Carman sabia, aquela era a prova mais clara da ganância e da falta de confiabilidade de Bessell. Considerando que ele receberia o dobro do dinheiro caso Thorpe fosse considerado culpado, parecia certo que ele tinha um interesse em que Thorpe fosse condenado. Em vão, Bessell argumentou apenas que tentava ganhar algum dinheiro. Disse que não tinha conseguido auferir quase nada nos últimos quatro anos, em grande parte devido ao seu envolvimento no Caso Thorpe. Como ele bem devia saber, estava mentindo quando disse isso. A principal razão pela qual Bessell não tinha ganhado dinheiro era o fato de ele não conseguir mais achar ninguém que fizesse negócios com ele.

Mas aquilo foi só o começo. Em seguida, Carman focou nas mentiras que Bessell já tinha contado. Mentiras para Norman Scott, mentiras para Jeremy Thorpe, mentiras para o Padre Sweetman em Dublin, mentiras para seus colegas parlamentares. Mentiras para praticamente todo mundo. Não é apenas que Carman fosse incansável – Bessell tinha se preparado para isso, se fosse o caso. O que ele não tinha previsto era o quanto tudo seria assustador. Ou enervante. A voz de Carman era estranhamente diferente por não ter o sotaque típico de classe social nem a pronúncia arrastada da maioria dos advogados. Ao contrário, era fria e chata como uma chapa de metal. Logo, Bessell, o grande galanteador, começou a se sentir algo que nunca sentira antes em sua vida: emasculado.

"O senhor mentiu, não foi, Sr. Bessell, para o Sr. George Thomas, atual presidente da Câmara?"

"Sim, senhor. Em nome do seu cliente."

"Não perguntei em nome de quem", Carman disse. "O fato é que o senhor mentiu, sim?"

"Sim, senhor."

"E em todo o tempo em que o senhor esteve mentindo para o Sr. Thomas – que, acredito, é também um pregador leigo e membro do Movimento da Irmandade, assim como um colega parlamentar do senhor – o senhor continuava a frequentar os púlpitos das igrejas da Cornualha, domingo após domingo, como pregador?"

"Sim, senhor."

"E o senhor mentiu de sua própria vontade ao mesmo tempo em que pregava a palavra do Senhor?"

"Sim, senhor."

Sempre que Bessell parecia ter conquistado um pouquinho de equilíbrio, Carman atacava em nova fronte. Em certo momento, foi pedido que Bessell lesse em voz alta um recorte do *Western Morning News* datado de 16 de junho de 1970. Com a voz falseando, ele o fez. Foi-lhe então pedido que descrevesse a fotografia que acompanhava o artigo. Ela mostrava ele mesmo junto a Thorpe em um comício político em Newquay – no mesmo dia em que Bessell alegava ter telefonado para Thorpe para falar sobre o encontro com Hetherington.

Bessell alegou que provavelmente tinha misturado as datas em sua cabeça, mas Carman também ignorou essa parte.

"Às vezes leva muito tempo para a gente descobrir suas mentiras. Mas essa aí a gente descobriu."

"Não", Bessell respondeu. "Posso aceitar que exista um erro em dias e datas, mas isso é tudo. E, se me for dado algum tempo, posso providenciar as respostas corretas."

"Sim, Sr. Bessell, é necessário tempo para explicar melhor as mentiras. O erro está em sua mente distorcida e deturpada."

Mais tarde, Bessell percebeu que tinha realmente trocado as datas e ditado um recado para seu advogado passar a Peter Taylor. Mas isso tudo só serviu para provocar mais um disparo de foguete da parte do juiz. "Eu disse que o senhor não deveria conversar com ninguém", Cantley interveio mais severamente do que nunca. "O senhor foi extremamente estúpido."

E as coisas continuaram daquele jeito, com Carman às vezes arranhando e às vezes enfiando mais fundo a faca, mas sempre tirando sangue.

"Sr. Bessell, o senhor já foi viciado em drogas?"

"Não, senhor!", ele respondeu assustado.

"Sr. Bessell, sua imunidade não cobre perjúrio, como o senhor juiz já bem ressaltou. Pergunto novamente: o senhor já foi viciado em drogas?"

"Não!", Bessell respondeu. Então, em meio a uma névoa mental de confusão, um pensamento ocorreu a ele. "Quando o senhor diz 'viciado em drogas', de que tipo de drogas está falando?"

"Ah!", George Carman exclamou triunfante. "Então pegamos o senhor em mais uma mentira, Sr. Bessell!"

"Isso não é verdade", ele insistiu. "Presumi que o senhor estivesse falando de maconha, cocaína ou algo similar. Não era isso?"

"E quanto a uma droga chamada Mandrax?"

"É uma droga vendida sob receita, um comprimido para dormir. Sim...", disse Bessell em tom cansado. "Já fui viciado nele..."

"E ele afetou seu julgamento de valores, não foi?"

"É possível", ele admitiu.

Bessell foi percebendo que cada vez mais parecia um homem sem quaisquer valores morais. Em um golpe de mestre da humilhação, Carman o conduziu, linha por linha, durante a leitura de duas cartas que Bessell tinha escrito para Jack Hayward em 1974, perguntando a ele que partes eram verdade e que partes eram falsas.

Em segundos, Bessell ficou completamente confuso.

"Muito bem", Carman disse. "Estou perfeitamente disposto a aceitar que a resposta é 'parte verdadeira e parte falsa'."

Depois que Bessell terminou sua litania de respostas "parte verdadeiras, parte falsas", Carman balançou a cabeça num gesto teatral de tristeza.

"Ah, Sr. Bessell...", ele disse. "É uma teia de mentiras, isso tudo que o senhor conta."

Quanto mais Carman investia contra Bessell, mais Thorpe se alegrava. "Ainda que parecesse sério em seu banco dos réus, Thorpe se regozijava lá no fundo", conforme Le Mesurier se recordou depois. "Estava convencido de que, se nós não fugíssemos nem entrássemos em pânico, conseguiríamos nos safar. Alegava que traria total descrédito ao caso apresentado pela acusação. Dizia que a coisa toda tinha passado pelo esgoto e nenhum júri da Inglaterra jamais condenaria alguém com evidências daquele tipo."

Enquanto isso, Carman continuava sua execução. Na metade de seu terceiro dia de interrogatório, Bessell estava destruído. Uma espécie de consentimento automático causado por cansaço e confusão tinha tomado conta dele de tal forma que, sempre que Carman o acusava de algum ato enganador ou inescrupuloso, ele nem tentava negar mais. Em vez disso, concordava de maneira quase entusiástica com cada acusação contra ele.

Carman: "Então o senhor merecia ter sido trancafiado na cadeia em janeiro de 1974?".

Bessell: "Sim. O que eu tinha feito contra o Sr. Hayward era, a meu ver, totalmente imperdoável, indesculpável e, portanto, merecedor de punição...".

Houve vezes em que isso foi demais até mesmo para Carman.

"Sr. Bessell, não tenho a intenção de utilizar esse banco de testemunhas como uma cabine de confessionário. Apenas pretendo encontrar a verdade no que o senhor diz e em que medida seu depoimento pode ser confiável."

Bessell: "Me desculpe, senhor. Estava apenas expressando a emoção do momento".

Mas não demorou até que a autoflagelação continuasse.

Carman: "Seria razoável afirmar que o senhor demonstrou ser um homem capaz de rematadas imposturas tanto em seus negócios quanto nas atividades da vida pessoal?".

Bessell: "Devo responder que o senhor já demonstrou além de quaisquer dúvidas que eu sou culpado dessas tantas imposturas e de um comportamento um tanto abominável".

Para quem assistia, aquela era uma cena um tanto peculiar. Era como se um coveiro tivesse começado a cavar uma sepultura para só então descobrir que a pessoa para quem ela serviria tinha subitamente pulado do caixão e começado a cavar duas vezes mais rápido.

Como não poderia ser diferente, Carman terminou perguntando a Bessell a respeito de suas duas tentativas de suicídio, em 1971 e 1973. Mesmo então, não deixou barato, insinuando que, até à beira da morte, Bessell tentara um último ato reprovável: cometer fraude de seguro. Bessell àquele ponto já tinha passado mais de dez horas no banco das testemunhas e estava claramente exausto.

Quando Carman fez sua última pergunta – "Acredito, Sr. Bessell, que o senhor esteja correto quando diz que tem um problema de credibilidade. Devo sugerir também que o senhor é uma pessoa na qual jamais se pode acreditar?" – ele não respondeu mais nada.

Os segundos se passaram. Toda a elegância, todo o vigor, todo o amor que Bessell um dia tivera pelas luzes da ribalta tinham desaparecido. Agora, ele apenas se encurvava no banco das testemunhas com nada mais que a mureta ao lado para ampará-lo. O silêncio foi se alongando e todos seguraram o fôlego.

Por fim, Bessell emergiu de seu torpor. "Se eu pensasse que ninguém jamais poderia acreditar em mim, não estaria aqui no Old Bailey. Estaria em Oceanside, na Califórnia."

Avisado de que poderia se retirar, Bessell caminhou vagarosamente pelo salão. Em um táxi no caminho de volta para seu hotel, vagueou os olhos pela janela quase sem notar o que via lá fora. Então, quando o táxi parou em um semáforo, sua atenção se virou para um jornal exposto. A manchete dizia apenas "Bessell: viciado".

Três dias depois que Peter Bessell deu seu depoimento, sua filha Paula – "Pooh" – o levou ao Aeroporto de Heathrow para pegar seu voo de volta aos Estados Unidos. Durante sua estadia em Londres, Bessell tinha se aproximado mais de sua filha do que em qualquer momento quando ela era criança. Nenhum dos dois era muito de demonstrar fisicamente seus sentimentos, mas eles se deram um longo abraço de despedida. Bessell então se foi em direção ao portão de embarque. Jamais retornaria à Inglaterra.

34

O MAIOR ESPETÁCULO DA TERRA

"Chamo Norman Scott!"
Por mais dramático que tivesse sido o interrogatório de Peter Bessell, aquele era o momento pelo qual todos vinham esperando. Durante meses, o nome de Scott não saíra dos jornais. Ele era o parasita vingativo, o maníaco com a boca espumando que tinha derrubado o mais popular político do país. Ou pelo menos era daquela maneira que ele vinha sendo retratado. Em meio a murmúrios de expectativa, as pessoas se empilharam para vê-lo pela primeira vez. Com seus cabelos pretos razoavelmente longos e bem vestido em um terno escuro, Scott não mostrava nenhum sinal aparente de loucura. Agora com 39 anos, talvez não fosse mais tão angelical quanto um dia fora, mas ainda tinha o mesmo ar de menino machucado e sedutor que tinha cativado Thorpe.

Depois de fazer seu juramento, Scott correu os olhos pelo salão. Para seu horror, viu sua mãe olhando bem de volta para ele. "Não tinha a menor ideia do que ela estava fazendo lá. Devia ter uns dez anos que eu não a via. Com toda certeza, ela não tinha aparecido para dar seu apoio. Acho que provavelmente foi só uma desculpa para mudar de ares. Aquilo me perturbou muito. Fiquei terrivelmente envergonhado de pensar que teria de explicar tudo o que acontecera na frente dela."

Primeiro, Peter Taylor repassou os pontos principais da história: como Scott tinha conhecido Thorpe, a já notória noite na casa da Sra. Thorpe, o cartão do seguro perdido e daí por diante. Sempre que lhe era feita uma pergunta, Scott respondia tão baixo que o juiz o tempo todo reclamou que não conseguia ouvi-lo. Na hora do almoço, ele tentou falar com sua mãe no corredor do lado de fora, para perguntar o que ela estava fazendo ali. Mas, antes que Scott pudesse dizer qualquer coisa, ouviu Marion Thorpe gritando de longe: "Parem aquela mulher que está conversando com a testemunha!".

Apenas na manhã de 22 de maio, décimo-primeiro dia de julgamento, Carman começou seu interrogatório. Assim como tinha feito com Bessell, iniciou com as boas maneiras de um médico gentil. Perguntou a Scott se ele estava tomando algum medicamento naquela época, mas em uma voz tão calma que sugeria que qualquer coisa dita a ele ali seria tratada com o máximo de discrição.

Scott não se enganou por aquilo – "Lembro de pensar que ele tinha olhos de peixe morto". Disse que não, não estava tomando medicação nenhuma. No passado, tinha sofrido de diversas dificuldades emocionais, mas esperava que aquilo tudo tivesse ficado para trás.

Assentindo com um ar de compreensão, Carman então perguntou a Scott a respeito do incidente em outubro de 1961, quando a polícia foi chamada à vila de Church Enstone, onde Scott – então Josiffe – parecia estar tendo um colapso nervoso.

"Eu estava muito medicado naquela época e alguns detalhes podem já ter sumido de minha mente", Scott disse.

"O senhor não se lembra de dizer à polícia que conhecia Jeremy Thorpe?"

"Eu ainda tinha um maço de cartas de amor de Jeremy Thorpe, que ele tinha escrito para Van de Vater", Scott respondeu.

O bom doutor desapareceu tão rapidamente quanto antes.

"Esqueça isso que está dizendo sobre cartas de amor entre Thorpe e Van de Vater", Carman disse de supetão. "Responda à pergunta."

Cantley foi igualmente brusco. "O senhor não está dando uma resposta adequada", disse a Scott. "Isso que disse foi apenas fofoca da sua parte. Ouça a pergunta e responda, e se comporte!"

Com Scott devidamente advertido, Carman logo voltou ao seu ritmo normal. Referindo-se ao fato de que Scott tinha fantasiado toda a história de um relacionamento com Thorpe antes mesmo de ir vê-lo pela primeira vez em Londres, ele continuou: "O senhor se encontrou com o Sr. Thorpe e conversou com ele por cinco minutos ou menos. Ele nunca tinha escrito nenhuma carta ao senhor antes que o senhor fosse à Câmara dos Comuns. E nem o senhor tinha escrito nenhuma carta ao Sr. Thorpe antes disso.

Por que então diz que o Sr. Thorpe era um amigo seu, se tudo o que tinha feito até então era conversar com ele por menos de cinco minutos?".

"Porque, quando fiz terapia no hospital, eu estava delirante e tinha algumas cartas", Scott explicou. Eram as cartas endereçadas a "Caro Norman" que Thorpe tinha enviado para Norman Van de Vater. "Eu já estava usando essas cartas para dizer que eu tinha um relacionamento com ele...".

"O senhor estava dizendo que tinha um relacionamento sexual com o Sr. Thorpe antes mesmo de ir à Câmara dos Comuns?"

"Sim."

"É bastante óbvio que isso não era verdade."

"Não, não era mesmo."

"Para sermos honestos aqui, o senhor disse que estava dizendo isso porque estava sofrendo de delírios?"

"Sim."

Carman então conduziu Scott por outras histórias que ele já tinha contado, incluindo aquela sobre seus pais terem morrido em um acidente de avião e aquela sobre ele ser filho de um duque.

"E isso foi outro delírio?"

"Não", Scott respondeu, aparentemente sem se abalar. "Era mentira."

"O senhor não acha que é uma coisa muito errada?"

"Sim, acho. Mas também já fiz tantas coisas erradas na minha vida."

Scott percebeu seu erro tarde demais. "Mas não conto uma mentira desde que aquele homem desgraçado tentou me matar, porque de repente me dei conta de que não havia sentido em toda aquela mentira", ele emendou apressado.

Mas o estrago já estava feito. Carman tinha levado Scott até uma armadilha – exatamente a mesma armadilha em que Bessell tinha caído. Tinha revelado os dois homens como mentirosos. Mentirosos que tinham sido iluminados e decidiram falar a verdade. Mas, se tinham mentido antes, quem poderia dizer que não estavam mentindo agora?

Carman então começou a apontar diversas discrepâncias nos vários relatos de Scott sobre o que de fato tinha acontecido naquela noite em que ele se hospedara na casa da mãe de Thorpe. Em um depoimento à polícia em dezembro de 1962, Scott tinha dito que "tenho quase certeza de que o pênis dele não entrou no meu ânus. Não tenho certeza se ele ejaculou, mas pareceu satisfeito". Porém, em relatos posteriores, ele insistira que a penetração tinha acontecido – na verdade, ele tinha sentido tanta dor que tinha mordido o travesseiro para não gritar. Parecia uma coisa estranha sobre a qual se ter alguma dúvida. Como ele explicaria aquilo?

Scott disse que não mencionou a penetração em 1962 porque a homossexualidade ainda era ilegal e ele não queria ser processado por sodomia. Além disso, "estava tentando parecer uma pessoa mais digna do que era".

Até aquele ponto, o diálogo entre Scott e Carman tinha sido bem-comportado. Mas tudo mudou quando a sessão foi retomada depois do almoço. Carman começou fazendo referência a outro incidente, quando policiais ligaram para o escritório de Thorpe para questionar Scott a respeito do roubo do casaco de pele de ovelha de Jane R. De acordo com Scott, naquele momento Thorpe estava tentando beijá-lo e enfiar a mão dentro de sua calça.

"O Sr. Thorpe tinha arranjado para que a polícia ligasse com hora marcada?", perguntou um claramente incrédulo Carman.

"Sim."

E então, para a surpresa de todos, exceto talvez a de Carman, Scott gritou: "Jeremy Thorpe vive o tempo todo no fio da navalha!".

A frase podia ter um ar insuspeitadamente ensaiado, mas isso não impediu os presentes de ficarem eletrizados. Carman esperou até que a voz de Scott parasse de reverberar nas paredes antes de dizer calmamente: "E quanto ao senhor?".

"Não faço isso de jeito nenhum!", Scott gritou ainda mais alto. "Mas com toda certeza já vivi em muito perigo na minha vida, por muitos anos, por causa do seu cliente!"

Naquele momento, o rosto de Scott estava corado e brilhando com o suor. De sua cadeira alta, Sir Joseph Cantley olhou bem para ele com estupefata fascinação. Ainda que Carman não tenha alterado em nada sua expressão, seu comportamento em seguida sugeria que ele tinha começado a se divertir com aquilo. Quanto mais ele pudesse perturbar uma testemunha, mais tinha certeza de que estava vencendo na argumentação.

"O senhor está ciente de que o Sr. Thorpe vem consistentemente negando qualquer relacionamento de natureza sexual com o senhor?", ele perguntou.

"Sim, senhor."

"E o senhor está alegando que a atividade sexual naquela primeira noite, na casa da Sra. Thorpe, aconteceu sem o seu consentimento?"

"Não havia nada que eu pudesse fazer porque estava na casa deles, cansado e muito confuso!" Se antes Scott estava gritando, agora estava aos berros. "Estava abalado e chorando. Não sabia o que estava acontecendo até que era tarde demais. E eu te asseguro que aquilo tudo aconteceu!"

"Não se exalte", Carman disse.

"Não estou me exaltando, mas isso tudo aqui é muita estupidez. Você acha que eu gosto de falar essas coisas horrorosas ou contar a respeito? É tudo terrível!"

Foi nesse momento que o juiz interveio novamente. "Se pelo menos o senhor tivesse se expressado assim quando começou seu interrogatório, poderíamos ter ouvido tudo o que tinha a dizer", Cantley disse. "Isso mostra que o senhor consegue falar para fora."

"Sim...", Scott disse quase sem fôlego. "Consigo sim."

Cantley: "Vou me lembrar disso".

Talvez essa intervenção tenha tido uma intenção de ajudar, mas não foi o que pensou Auberon Waugh. "A não ser que eu estivesse muito enganado, o juiz, ao ver Scott naquele estado tão emotivo, estava deliberadamente o atiçando, como quando alguém se aproxima de um doido com uma faca na rua e dá um cutucão com um guarda-chuva, sem saber exatamente o que vai acontecer, mas com a certeza de que vai ser interessante."

Se essa era a intenção de Cantley, teve resultado imediato. Virando-se para ele, Scott disse: "Senhor, assumo neste momento uma postura de desobediência judicial. Não vou responder a mais nenhuma pergunta".

Cantley (em tom ameaçador): "O senhor está para descobrir que esta não é uma posição muito confortável".

Scott: "Já contei essa história vezes demais ao longo dos anos. Não quero dizer mais nada".

Cantley: "O senhor prefere ir para casa agora?".

Scott: "Não importa para onde eu vá. Não vou ficar aqui sendo destruído dessa maneira quando ele sabe muito bem que seu cliente está mentindo. Chega para mim!".

O silêncio que se seguiu só foi quebrado depois de um tempo por Carman. "Sinto muito, Sr. Scott, mas é meu dever profissional fazer uma quantidade considerável de outras perguntas. O senhor vai respondê-las?"

315

Scott estava irredutível. "Não tenho nada a dizer."

Mais uma vez, fez-se o silêncio. Ninguém sabia exatamente o que fazer.

"O senhor vai responder a mais perguntas?", Cantley perguntou.

"Não, senhor", disse Scott. "Não se eu for tratado como um criminoso desprezível. Não sou nenhum mentiroso."

"Agora, ouça aqui", Cantley disse, moderando seu tom de voz e quase parecendo gentil. "Existem dois lados desse caso. O senhor fez alegações contra o Sr. Thorpe e é dever da defesa dele estabelecer a versão do Sr. Thorpe, o que necessariamente envolve esse tipo de questionamento. É por isso que o senhor está sendo interrogado, e o júri no fim vai decidir qual é a resposta correta..."

Por alguns instantes, parecia que Scott ia se manter firme. Então, de repente, ele cedeu. "Sim, senhor. Sinto muito. Sinto muito."

Quando Carman retomou seu interrogatório, perguntou por que Scott tinha ficado tão nervoso com o fato de David Holmes ter pagado 2.500 libras pelas cartas que Scott e Bessell trocaram.

"Eu tinha medo de ser internado por causa dessa história toda", disse Scott. "Por causa das minhas mentiras do passado... eu achava que as pessoas iam achar minha história inventada demais e que eu seria internado num hospício."

E quanto àquela vez em que ele fora à Câmara dos Comuns com Gwen Parry-Jones? Não estava determinado a destruir Thorpe? Absolutamente não, Scott insistiu. Estava apenas tentando resolver os problemas com seu cartão da seguridade. Então, com grande afetação, declarou talvez sua fala mais memorável: "A seguridade social é a minha força vital!".

Enquanto o tribunal ainda estava digerindo aquilo, Carman perguntou a Scott se ele alguma vez tinha alegado ter tido casos com atores conhecidos.

"Já aleguei ter amizades com atores conhecidos", Scott admitiu.

"E por que fez isso?"

"Porque fiz... Só isso..."

Meio que falando consigo mesmo, Scott ainda emendou: "Nunca pensei que esse julgamento aconteceria, pode ter certeza disso. Pensei que o *establishment* iria acobertar tudo".

"O senhor tem alguma obsessão a respeito de tudo isso?"

"Claro que tinha. O senhor também teria se estivessem tentando matá-lo", disse Scott, não sem razão.

"Então vamos de uma vez por todas colocar esse mistério às claras", disse Carman. "O senhor sabia, ou tinha boas razões para acreditar, que o Sr. Thorpe em 1961 tinha tendências homossexuais?"

"Sim, senhor."

"Ele era a pessoa mais famosa e distinta que o senhor já tinha conhecido na vida?"

"Sim, senhor. Creio que sim."

"O senhor se sentiu lisonjeado pelo fato de, durante um curto tempo, ele ter apresentado ao senhor um novo círculo social. Posso sugerir aqui que o senhor tenha ficado perturbado e chateado porque ele não quis manter relações sexuais com o senhor."

"É claro que isso é ridículo, porque ele quis e manteve."

Na aparência, não havia nada de especialmente dramático a respeito desse diálogo. No entanto, por detrás dele, havia meses de planejamento. Carman sabia que, se tentasse fingir que Thorpe nunca tinha sido homossexual, Taylor conseguiria diversas testemunhas que jurariam que ele era. Taylor também tinha dito a Carman que estava de posse de um cartão-postal de natureza explícita que Thorpe tinha escrito para um homem chamado Bruno em San Francisco. Admitir que Thorpe tinha tido "tendências homossexuais" – e deixar de lado a questão de ele ter alguma vez colocado isso em prática – significava que não havia necessidade de Taylor convocar nenhuma de suas testemunhas. De maneira hábil, sem quase ninguém perceber, Carman tinha evitado uma mina terrestre.

O juiz nem mesmo pareceu interessado nas preferências sexuais de Thorpe. O que o interessava muito mais naquele momento eram as condições financeiras de Scott.

"Como o senhor se sustenta atualmente?", ele perguntou.

"Sou autônomo", Scott disse. "Dou aulas de adestramento."

Disse ainda que possuía três cavalos e que gostava de caçar.

"Parece uma situação confortável", Cantley disse em tom de aprovação. "Como o senhor conseguiu o dinheiro para começar seu negócio?"

Scott disse que tinha usado o dinheiro dado a ele por redes de televisão em pagamento por entrevistas. Também nesse diálogo entre os dois, não havia nada digno de nota – mas, mais uma vez, ele era mais revelador do que parecia. As duas principais testemunhas da acusação tinham sido reveladas como mentirosas convictas. Eram dois mentirosos convictos, aliás, que tinham ganhado dinheiro vendendo sua versão da história.

Naquela noite, Jean Rook, do *Daily Express*, se sentou para escreveu sua matéria sobre os acontecimentos do dia. Acostumada a descrever acontecimentos de forma pouco contida, ela sentiu, particularmente naquela hora, que não precisaria se conter. Escreveu: "Tão dramático quanto *Hamlet*, tão extasiante quanto as corridas de cavalos, tão emocionante quanto Wimbledon. É o maior espetáculo da Terra".

Norman Scott estava lavando as mãos no lavatório do Old Bailey na manhã seguinte quando notou um homem de pé em frente ao anteparo da pia ao lado. Assim como Scott, ele tinha seus trinta e tantos anos, cabelos pretos e estava usando um terno. Mas a semelhança terminava aí. Scott e Andrew Newton tinham se visto pela última vez no julgamento de Newton, quando o depoimento de Scott o levou à prisão. E a vez antes daquela tinha sido em Exmoor, quando Newton tentara matá-lo.

Agora, Newton era todo sorrisos e se comportava como se tudo aquilo tivesse sido apenas um infeliz grão de areia em uma amizade que até teria tudo para ser agradável. Scott não se deixou enganar – "Apenas o ignorei". Ele só tinha ido até o tribunal porque lhe fora pedido que entregasse uma cópia do contrato que ele tinha assinado com um jornal. Depois que Cantley o examinou, Scott foi dispensado e seria a vez de Newton no banco de testemunhas. Em Minehead, Newton tinha chegado vestindo uma balaclava. Agora, parecia menos afoito em fazer o papel de bobo da corte – mesmo que, como Bessell, ele também tivesse ganhado imunidade da acusação.

Interrogado pelo advogado de George Deakin, que era Gareth Williams, Newton se lembrou de ter conversado com Deakin em meio à bagunça do Baile dos Showmen em Blackpool. "Eu disse: 'Estou entendendo que você quer sumir com alguém. Se ainda não encontrou ninguém para o trabalho, então conte comigo', ou qualquer coisa nesse sentido." Newton concordou que estava extremamente bêbado naquela ocasião e que isso pode ter afetado seu juízo das coisas. "O senhor provavelmente também concordaria que o mundo é bem diferente depois de quase dez litros", emendou em tom pesaroso.

Para começo de conversa, tinham dito a Newton que Scott morava em Dunstable, em Bedfordshire. Ele foi lá e passou dois dias tentando encontrá-lo em vão, para só depois descobrir que Scott na verdade morava em Barnstaple, em Devon. Não era um começo dos mais auspiciosos, conforme ele admitiu. Em um encontro posterior com David Holmes, Newton disse que fora instruído a matar Scott e poderia depois se desfazer do corpo da maneira como achasse melhor. Como já demonstrara antes, Newton não precisava que pedissem duas vezes para que sua imaginação voasse. Depois de dedicar um tempo considerável pensando no assunto, decidiu que mataria Scott com um cinzel – que ele esconderia em meio a um buquê de flores.

Primeiro, ele tinha planejado atrair Scott ao Hotel Royal Garden, em Kensington, com a promessa de um trabalho de modelo para sua agência fictícia, a Modas Pensiero. Então, quando Scott estivesse no quarto dele, ele puxaria o cinzel e com ele o surraria até a morte – ou "até que ele se entortasse na cabeça dele", como Newton explicou.

"Não seria bem mais fácil matar alguém com uma arma do que com um cinzel?", Williams perguntou.

"Isso pode depender", Newton respondeu com um ar de expertise nada convincente.

Isso intrigou Sir Joseph Cantley também, ainda que não pela mesma razão. "Mas o senhor estava indo encontrar um homem", ele disse. "Por que estaria carregando um monte de flores?"

Newton explicou que aquilo era uma forma de passar o cinzel em meio a quaisquer guardas que aparecessem, mas Cantley ainda parecia confuso. A ideia de um homem dar flores para outro era claramente uma coisa que ele jamais tinha visto antes. No entanto, Newton teve de abortar esse plano quando Scott não apareceu. Foi um grande alívio, ele admitiu. Já estava tendo suas dúvidas a respeito do esquema todo. Ainda assim, foi adiante com o plano, mas só depois de fazer uma alteração crucial. Em vez de matar Scott, ele iria apenas assustá-lo. Pelo menos aquela era a versão de Newton para a história. Concordou que era conhecido pelos amigos como "cérebro de galinha", e que não havia maldade nenhuma nisso. Na verdade, a intenção era só a de descrever fielmente suas capacidades mentais.

Durante todo o interrogatório, Newton manteve sua história que dizia que ele só tentaria dar um susto em Scott. Disse que tinha sido aquela a intenção dele desde que foram de carro até Exmoor em 24 de outubro de 1975, mas então o cachorro tinha ido junto e estragou tudo. Se pelo menos Rinka fosse pequena, ele não teria se importado tanto. "Mas o cachorro era de um tamanho monstruoso... então, atirei nele."

Ao virar a arma para Scott, Newton fingiu que ela tinha emperrado – tudo parte de seu novo plano, segundo ele alegou.

"O senhor sabe o que é um bufão?", Gareth Williams perguntou em dado momento.

"Sim, acho que sei", Newton respondeu.

"Um bufão é alguém a quem lhe falta um senso moral."

"Possivelmente", ele concordou.

"E por que o senhor foi vestindo aquele capuz absurdo para Minehead?"

"Não queria facilitar em nada o trabalho da imprensa."

"O senhor concorda que foi uma atitude de um bufão?"

"Não", Newton disse, antes de acrescentar em tom empertigado com um toque de indignação que "alguém deve poder usar aquilo que quiser usar". Então, apontou com a cabeça para a peruca de advogado de Williams. "Afinal de contas, digo, você usa o que tem na cabeça."

Assim que Newton foi dispensado, as testemunhas começaram a chegar e sair com cada vez mais frequência. Ainda que nem elas e nenhum espectador soubessem, o último ato do julgamento já estava acontecendo, e o clímax se aproximava.

Em 4 de junho, décimo oitavo dia do julgamento, Jack Hayward fez seu depoimento – "uma testemunha boa e respeitável", como o Juiz Cantley o descreveu, demonstrando claro alívio. Foram lidas diversas cartas trocadas entre Hayward e Thorpe. Em uma delas, datada de 20 de abril de 1978, a frustração de Hayward estava bastante aparente: "Sou o último a fugir de uma briga ou a abandonar um amigo, mas gosto de saber contra quem estou lutando, qual é o motivo da briga e quem são meus amigos. Estou rapidamente ficando com a impressão de que meus amigos não me disseram a verdade, e também está ficando bem aparente que estão armando para eu ser o bode expiatório.

"Tudo o que fiz (e, meu Deus, como me arrependo!) foi ajudar o Partido Liberal e diversos Liberais, apesar de não ser e nunca ter sido membro do partido e de discordar intensamente de algumas de suas ideias. Tenho a sensação de que um punhado de pessoas inocentes, incluindo eu mesmo, já foram ou estão sendo implicadas nessas maquinações Liberais, e acho que é hora de isso parar e de os principais envolvidos se revelarem."

Interrogado por George Carman, Hayward teve a garantia de que ninguém ali alegaria que ele estivesse envolvido em qualquer coisa desonesta.

"Tantos nomes já correram aqui neste julgamento que quero deixar perfeitamente claro, em nome do Sr. Thorpe, que não se faz qualquer sugestão de que o senhor seja culpado de qualquer tipo de impropriedade financeira ou comercial."

"Muito obrigado", disse Hayward. "E agradeça ao Sr. Thorpe", emendou.

Depois de Hayward, foi a vez de Nadir Dinshaw. Todos no tribunal então ouviram que não apenas o Sr. Dinshaw era um bem-sucedido homem de negócios nascido em Karachi, mas que também era o padrinho de Rupert Thorpe. Dinshaw se recordou de sair para caminhar com Thorpe no Parque St. James um ano antes. Durante a caminhada, ele disse a Thorpe que contaria a verdade a respeito do dinheiro que tinha repassado a David Holmes – o dinheiro que posteriormente seria usado para pagar Andrew Newton. Thorpe implorou para que ele não dissesse nada além do necessário. Se ele falasse demais, "será o fim do show para mim e você terá de refazer a vida".

No entendimento de Dinshaw, havia uma ameaça óbvia nisso: fique calado ou será deportado. Disse que a conversa o fez se sentir "muito, muito triste, tanto por mim quanto por ele". Em seguida, acrescentou que "o Sr. Thorpe tem muitas virtudes, mas a habilidade de controlar seus sentimentos não é uma delas".

Já havia algum tempo que circulavam rumores de que George Carman estava para fazer um anúncio importante, algo que afetaria todo o curso do julgamento. No entanto, ninguém tinha ideia do que poderia ser. Às 4h15 da tarde de 7 de junho, assim que a sessão do dia estava para ser encerrada, Carman se levantou. Sua linguagem corporal não indicava que ele tivesse qualquer coisa de muito significativa a dizer, mas, como já tinha comprovado, ele gostava de pegar a plateia de surpresa.

"Meritíssimo", ele disse, "em defesa de Jeremy Thorpe, não tenho nenhuma testemunha a chamar".

De começo, fez-se um silêncio intenso enquanto todos tentavam entender as implicações daquilo. Em seguida, ouviu-se a confusão frenética de jornalistas correndo do tribunal para telefonar para suas redações. Carman, um homem que já tinha perdido tanto dinheiro jogando vinte-e-um que precisara vender sua própria casa, tinha acabado de fazer a maior aposta de sua vida.

35

O JULGAMENTO DE CANTLEY

"Thorpe em silêncio" era a manchete do dia seguinte do *Daily Telegraph*. "Surpresa: sem testemunhas no Old Bailey." Não foi apenas surpresa que causou o anúncio de Carman; houve também uma sensação generalizada de desapontamento, até de irritação. As pessoas se sentiram enganadas. Durante semanas, vinham aguardando o momento em que Thorpe lutaria por sua vida. Agora, isso lhes seria negado.

O que significava esse acontecimento? Foi inevitável que alguns enxergassem a relutância de Thorpe em chamar alguém em sua defesa como uma admissão tácita de culpa. Afinal, por que mais um homem inocente deixaria de aproveitar a oportunidade para contar seu lado da história? Peter Bessell tinha sua própria teoria. "A vida inteira, ele [Thorpe] tinha dependido de outras pessoas para tirá-lo de toda crise pessoal em que se metia. O que poderia ser mais lógico do que ele agora depender de George Carman para fazer a mesma coisa que tantos outros já tinham feito antes?"

O próprio Carman não se importava nem um pouco com o que todos estavam pensando. Seu trabalho era inocentar seu cliente. Ele sabia que, se Thorpe se sentasse no banco de testemunhas, estaria se arriscando a ser destruído em interrogatório, assim como fora Bessell. Thorpe era mais arrogante que Bessell, e portanto havia mais probabilidade de ir longe demais abusando de sua retórica. Carman também sabia que nem John Le Mesurier nem David Holmes testemunhariam. Foi justamente ao saber que Holmes tinha optado por ficar calado que Carman tomou sua decisão. Ainda que Holmes estivesse disposto a fazer um monte de coisas por Thorpe, não estava preparado para mentir sob juramento. "Se eu tivesse testemunhado sob juramento, seria necessário falar a verdade sobre todas as ocasiões nas quais Jeremy quis matar Scott", o próprio Holmes admitiu posteriormente. "Ao me salvar, eu condenaria Jeremy sob a acusação de incitação, e isso eu não estava preparado para fazer. Não iria desapontá-lo no último momento. Não estou tentando aqui soar nobre. Era apenas impensável fazer isso depois de dez anos tentando salvá-lo."

Como Holmes não estava tentando se salvar, não haveria necessidade de Thorpe negar quaisquer acusações que ele viesse a fazer. Mas nem era só isso; havia outra coisa moldando os pensamentos de Carman. Ele tinha concluído que não precisaria realmente que Thorpe depusesse. As alegações contra ele se baseavam quase que exclusivamente nos testemunhos de três pessoas: Bessell, Scott e Newton. E Carman já tinha demonstrado que todos os três eram mentirosos. Também tinha demonstrado que Scott tinha fantasiado um relacionamento com Thorpe antes mesmo que eles se encontrassem em Londres. Se o júri não tinha como acreditar nas coisas que aqueles três homens dissessem, teria de considerar Thorpe inocente.

Certa ou errada, essa era a aposta de Carman. É claro que o júri ainda poderia pensar o oposto. Poderiam achar que Bessell, Scott e Newton não tinham como fabricar aquela história toda, por mais que já tivessem mentido no passado. Tal como Carman sempre suspeitara, tudo dependeria de seu discurso de considerações finais. Passou o fim de semana em sua casa em Altrincham, em Cheshire, acendendo um cigarro no outro, fazendo anotações em pedaços de papel e repassando cada palavra que diria.

Em 11 de junho, vigésimo segundo dia do julgamento, Peter Taylor começou seu próprio discurso final. Disse ao júri que a história de Jeremy Thorpe "é uma tragédia de proporções verdadeiramente shakespearianas ou gregas – a vagarosa, porém inevitável, destruição de um homem sob a égide de um único defeito".

Quando Taylor finalmente se sentou, dois longos dias depois, um dos policiais sentados na plateia ouviu Thorpe resmungar "Maldito!". Então vieram John Mathew falando por David Holmes, Gareth Williams por George Deakin, Denis Cowley por John Le Mesurier e, por fim, na tarde de 14 de junho, George Carman.

Ao elaborar a melhor forma de organizar seu discurso, Carman teve de presumir algumas coisas. Sabia que os jurados – se é que eram mesmo um recorte representativo da sociedade britânica – provavelmente teriam um viés mais próximo do convencional. Mesmo que não concordassem com Thorpe politicamente, teriam sido educados com vistas a respeitarem pessoas de autoridade. Como consequência disso, não tinham como evitar o choque de ver como aquele homem tinha caído em desgraça de maneira tão catastrófica. De fato, Carman tinha deixado Thorpe à mercê do julgamento deles.

"Em sua vida particular, esse homem teve muito mais do que caberia a qualquer um em termos de tristeza e sofrimento", ele começou dizendo. "A natureza o fez de tal forma que ele vinha desenvolvendo tendências homossexuais justamente na época em que teve o infortúnio de conhecer Norman Scott..." Apenas para o caso de que alguém ainda estivesse duvidando do quanto Thorpe tinha caído em desgraça, Carman fez questão de enfatizar que ele agora estava acabado na carreira política. "Os senhores hão de reconhecer que, conforme os testemunhos aqui ouvidos, uma vida política ou um futuro na política já estão irrevogavelmente e irreversivelmente negados a ele."

Mas a abordagem de Carman era mais sutil – e ardilosa – do que parecia. No fundo, ele estava fazendo um jogo duplo. Por um lado, estava apelando para a simpatia dos jurados ao apontar as falhas de Thorpe como ser humano. Por outro, lembrava-os o tempo todo do quanto seu cliente era um homem distinto, ou pelo menos tinha sido. "O Sr. Jeremy Thorpe não pretende aqui ter qualquer vantagem ou desvantagem. Ele está agora em suas mãos e está satisfeito que seja assim. Mas, inevitavelmente, devido à proeminência que ele alcançou em sua vida pública neste país, este caso de agora tem como foco toda a vida de Jeremy Thorpe – suas fragilidades e suas fraquezas foram expostas sem remorsos aos olhos do público."

Na manhã seguinte – presume-se que depois de reclamações do próprio Thorpe – Carman se apressou em voltar atrás em suas considerações a respeito do futuro de Thorpe. "Considerando a idade dele, se suas consciências e seu juramento lhes permitirem declará-lo inocente, talvez ainda haja algum lugar na vida pública e no serviço público deste país para um homem com seus talentos."

Começou então a desfilar uma teoria completamente nova a respeito de tudo o que acontecera. Não seria possível que Holmes e Le Mesurier tivessem tramado a coisa toda entre eles sem dizer nada a Thorpe? E essa, claro, era a mesma história que o próprio Thorpe um ano antes tinha sugerido que Holmes contasse. Agora, sentado a poucos metros de Thorpe, Holmes ouvia perplexo ao que Carman estava dizendo. Se era para ele levar a culpa por tudo o que tinha acontecido, então não seria o caso de Thorpe tê-lo ao menos consultado antes? Para Holmes, aquele foi o momento em que finalmente enxergou seu velho amigo como a pessoa que ele realmente era. "Eu não podia acreditar naquilo. Então percebi que todo o pesadelo não tinha valido a pena."

Depois de tentar despistar a todos com aquela história, Carman continuou na mesma carga de antes, sempre com o cuidado de alternar pedidos de simpatia com generosas doses de respeito. Implorava ao júri que sentisse pena de Thorpe ao mesmo tempo em que, logo na fala seguinte, insinuava que ele tinha seu lugar de direito em pleno Monte Olimpo. "Será que já não aprendemos que nossos ídolos às vezes têm pés de barro?" Quanto às tendências homossexuais de Thorpe, elas deveriam ser encaradas dentro do mesmo espírito de compreensão. "Existem pessoas que têm propensões que, pessoalmente, às vezes não compreendemos. A elas, devemos estender nossa tolerância, simpatia e compaixão..."

Carman ainda disse que o júri não deveria tirar qualquer conclusão a respeito de Thorpe não ter se sentado no banco de testemunhas. "É um direito previsto por lei que um acusado se mantenha em silêncio. Qualquer um que seja suspeito ou acusado de um crime tem a prerrogativa de dizer, seja no começo ou em qualquer estágio posterior de seu julgamento, 'Não me faça perguntas, porque não as responderei'."

Também não deveriam se apressar em considerar Thorpe totalmente inocente, se suspeitassem que as mãos dele não estivessem inteiramente limpas. "Os senhores não devem supor que um veredito de não condenação seja algum tipo de certificado de total inocência conferido pelo júri. Quando se trata da lei, ele apenas significa que a acusação não conseguiu provar sua argumentação." Mais uma vez, a mensagem talvez fosse algo velada, mas era suficientemente clara: se o júri viesse a condenar um homem da envergadura de Thorpe, deveria estar absolutamente convencido de sua culpa.

No momento em que passou a abordar a questão de Norman Scott, Carman deixou completamente de lado qualquer dose de compaixão que poderia ter usado. Não apenas Scott era um mentiroso, mas também um histérico, e acrescentou que "seja ele infeliz, louco ou mau, ou alguma combinação das três coisas, não nos cabe importar". E então, claro, havia por fim a mais vil e desprezível criatura de todas: Peter Bessell.

"O Sr. Bessell deve entrar para os registros ao fim deste caso como o Judas Iscariotes da política britânica no século XX, visto que eles têm três coisas em comum: uma, ele traiu um amigo; duas, o traiu por dinheiro; e três, teve a intenção de trair um homem que, reitero, é inocente das acusações levantadas contra ele. Se, com o seu veredito, os senhores optarem pela inocência, então que este seja o epitáfio do Sr. Bessell."

Carman tinha dedicado mais tempo a elaborar o final de seu discurso do que a qualquer outra parte. Sabia que deveria fechar com algo memorável, idealmente com algum floreado poético. Deveria ser algo que, ao mesmo tempo, tocasse os corações dos jurados e lhes desse um nó nas entranhas.

"Os senhores têm o direito, como cidadãos, a votar nas eleições", ele começou. "Mas têm um direito muito mais importante, e uma responsabilidade ainda maior, quando elegem alguém culpado ou inocente. O Sr. Thorpe passou vinte anos na política britânica e obteve milhares e milhares de votos em seu favor. E agora...", e ele então utilizou uma frase que seu filho Dominic cunhara dois dias antes, "os mais preciosos doze votos entre todos cabem aos senhores".

Em seguida, Carman foi lentamente apontando os jurados um a um. "O seu voto, e o seu, o seu, o seu... De acordo com sua consciência, digo aos senhores, em defesa de Jeremy Thorpe, que essa acusação não se sustentou. Que os promotores recolham seus pertences e, em silêncio, se retirem." Dito isso, ele se sentou. Momentos depois, Thorpe passou a ele um bilhete. Estava escrito: "Grande jogada, [aluno do] Balliol".

"Esta é uma acusação muito séria e um caso um tanto bizarro e surpreendente", declarou Sir Joseph Cantley ao iniciar aquele que logo se tornaria o resumo de caso mais notório da história do direito na Inglaterra. "É a atitude correta que todos tomemos um tempo para considerar se é de fato provável que essas pessoas aqui presentes possam ter feito mesmo essas coisas que essas outras pessoas disseram ter feito [...] Os quatro acusados são homens que, até o presente momento, tinham suas reputações imaculadas. O Sr. Thorpe é um membro do Conselho Privado de Sua Majestade, ex-líder do Partido Liberal e uma figura de renome nacional com um currículo muito distinto na vida pública."

Na verdade, Cantley estava errado em dois aspectos. Um dos acusados, George Deakin, tinha ficha criminal por receptação de mercadoria roubada. Outro, o próprio Thorpe, tinha sido criticado em um relatório do Departamento de Comércio por seu papel no colapso do London and County Securities Group, banco inglês fechado sob alegações de fraude. O juiz então se voltou para o testemunho de Bessell. Ele se perguntava: será que o júri poderia acreditar nele, considerando que Bessell vendera sua história para um jornal? "Tudo o que podemos fazer é lidar com isso com cautela", Cantley disse. "Precisamos encarar esse testemunho com desconfiança se chegarmos a essa conclusão de que não podemos confiar, e precisamos considerar perigoso tirar conclusões com base nele a não ser que encontremos boas razões em alguma outra fonte para acreditar que ele seja verdadeiro." Em outras palavras, não, o júri não deveria acreditar.

Quanto ao caráter de Bessell, cada jurado deveria tirar sua própria conclusão. Mas, caso algum deles estivesse tendo alguma dificuldade, Cantley deu um empurrãozinho na direção que ele claramente considerava a mais correta. "Os senhores todos podem concluir que o Sr. Bessell é certamente muito inteligente e muito articulado. Deve ter impressionado bastante os eleitores da Cornualha. E ele nos disse que era um pregador religioso ao mesmo tempo em que era, em suas próprias palavras, promíscuo sexualmente. Ou seja, é um embusteiro."

Assim como embusteiro, Bessell era também um homem que tinha "uma senhora ficha corrida", como Cantley descreveu. Muitos podem ter achado que ele fora longe demais, mas Cantley lembrou ao júri que era concebível que Bessell pudesse estar falando a verdade. "Quando digo que os senhores devem considerar o testemunho de Bessell com suspeição, isso não significa que não devam acreditar nele só porque não há corroboração."

A desconcertante tripla negativa do juiz anunciou o fim do que Auberon Waugh considerou "uma destruição deliberada e continuada de uma testemunha, expressa tão francamente quanto possível para qualquer um ouvir. Se era justificada ou não, ou se aquilo configurava um abuso do poder judicial, essa era uma questão que Joseph Cantley teria de resolver depois com seu Criador".

Acontece que Cantley, pelo jeito, só estava se aquecendo; havia muito mais a ser dito na sequência. "Dirijo-me agora ao testemunho apresentado pelo Sr. Norman Scott", ele continuou. "Os senhores vão se lembrar bem dele. Uma personalidade histérica e deturpada, um rematado aproveitador e um sujeito um tanto habilidoso na arte de provocar e explorar simpatias [...] Ele é um vigarista. Uma fraude. Um aproveitador. Um lamuriento. Um parasita."

Mais uma vez, Cantley pisou no freio apenas muito levemente. "Mas é claro que ele também poderia estar falando a verdade [...] Os senhores não devem pensar que, só porque não escondo minha opinião acerca do Sr. Scott, esteja sugerindo que não acreditem nele. Isso não cabe a mim. Não estou expressando opinião nenhuma."

Cantley também não expressou opinião alguma sobre Andrew Newton – a não ser dizer que ele era um bufão, um violador de seu juramento e, quase certamente, uma fraude. "Que imbecil, aquele homem! Fosse para assustar ou para matar, ele não soube fazer nada direito." Prosseguiu dizendo que tinha dúvidas de que Newton alguma vez tivesse pagado imposto de renda, como se esse fosse um indício definitivo de sua depravação moral. Quanto a George Deakin, "ele provavelmente é o tipo de homem que tem apreço por manter um bar em plena sala de estar". O que as preferências de Deakin em decoração de interiores tinham a ver com sua culpa ou inocência, ninguém sabe.

Depois de disparar mais algumas salvas contra Norman Scott – "uma figura fraca e neurótica, viciada em autopromoção" – Cantley chegou ao que considerou como sendo o âmago do caso. As evidências contra Thorpe eram "quase todas circunstanciais". A alegação de Scott de que tivera um *affair* com ele era "o tipo de história em que as pessoas estão mais dispostas a acreditar nos dias de hoje, mesmo que não seja verdadeira". Qualquer exame mais profundo de suas motivações deveria levar em conta toda a profundidade de sua perversidade. "Os senhores tiveram a oportunidade de observar Scott no banco de testemunhas e puderam constatar seu comportamento vingativo. Scott disse: 'Tenho pena dele', mas não tem – ele o odeia."

Por fim, Cantley disse aos jurados que eles deveriam começar suas deliberações considerando a acusação de conspiração com o objetivo de assassinato. "Os senhores devem se perguntar se estão certos de que houve mesmo uma conspiração para matar Norman Scott [...] Se a resposta para isso for 'Não temos certeza', então isso encerra o assunto, porque, se não houve conspiração, nenhum dos acusados pode ser culpado dela. Se a resposta for 'Sim, temos certeza', então os senhores devem proceder de maneira responsável a fim de examinar as evidências contra cada um dos réus. Se encontrarem alguma dúvida a respeito de algum dos acusados, ele merece ser inocentado."

Ao fazer isso, eles deveriam considerar a acusação de incitação ao homicídio, mas somente contra Thorpe. "Novamente, os senhores devem se perguntar se estão certos de que, ainda em 1969, Thorpe, em caráter sério e genuíno, tentou persuadir Holmes a matar o Sr. Scott. Se estiverem completamente certos disso, os senhores condenarão, mas, se houver alguma dúvida fundamentada, devem inocentar."

Cantley então sorriu e acenou brevemente. Enrolado em suas vestes vermelhas com acabamentos em pele de arminho, pareceu naquele momento, mais do que nunca, um ancião de algum clã habitante das florestas. "Podem se retirar agora", concluiu. "Tomem o tempo que precisarem. Não há pressa. Esperaremos pelos senhores."

A primeira coisa que o júri fez ao ser conduzido à sala de deliberações nos fundos do tribunal foi eleger um presidente do júri, ou no caso, uma presidente. A Sra. Celia Kettle-Williams, professora de economia doméstica em uma escola pública em South East London, foi uma escolha unânime – em grande parte, segundo os outros jurados lhe disseram, porque ela tinha sido a única jurada a soar confiante o bastante ao fazer o juramento. A Sra. Kettle-Williams começou seu trabalho fazendo uma consulta informal aos colegas para ter uma ideia de como eram os pontos de vista de cada um. O resultado foi de seis em favor da condenação e seis pela absolvição.

No fim do dia, com o júri ainda reunido, os quatro réus foram levados a uma van da polícia e conduzidos até a prisão de Brixton, onde passariam a noite. Para impedir que qualquer pessoa os fotografasse dentro do carro, eles foram deitados no piso e algemados juntos. Quando chegaram a Brixton, tiveram de tirar suas roupas, passaram por uma avaliação médica e foram mandados para o chuveiro. Holmes, Le Mesurier e Deakin tiveram de dividir suas celas com outros prisioneiros. Thorpe, no entanto, reclamou de dor no estômago e, de maneira condizente com o acordo de tratamento preferencial seguido durante todo o julgamento, foi levado para o ambiente mais confortável do hospital da prisão. Os jurados passaram a noite no Hotel Westmoreland, em St. John's Wood, onde lhes foram passadas instruções rígidas para não assistirem a televisão. Como fazia uma noite muito quente, perguntaram se poderiam sair para caminhar depois do jantar, e assim foram levados, com escolta, ao Parque Regent.

Na manhã seguinte, os quatro réus foram mais uma vez algemados juntos e levados de volta ao Old Bailey, onde foram trancados em uma sala isolada. Quando viu George Carman, Thorpe disse em tom alegre: "Olá, George. Parece que você teve uma noite difícil." Assim como na ocasião em que Thorpe foi acusado, David Napley ficou espantado de ver como ele estava relaxado também naquele momento. "Considerando só as aparências, a pessoa mais calma e confiante de todas as que estavam reunidas ali era o próprio Jeremy Thorpe. Era uma coisa notável." Por sugestão de Le Mesurier, os homens passaram o tempo jogando *liar dice*, um jogo que envolve cada jogador tentando enganar os outros. Enquanto Thorpe aceitou a ideia com entusiasmo, Carman ficou de um lado para o outro no corredor do lado de fora, fumando sem parar.

Enquanto isso, Peter Bessell se sentou ao lado do telefone em um hotel de Nova York e esperou. Uma semana antes, tinha recebido uma ligação do editor do *Sunday Telegraph*, John Thompson. Claramente envergonhado, Thompson disse a Bessell que o jornal tinha cancelado o contrato com ele. Depois do que ouviram no tribunal, pensaram que não podiam mais considerá-lo digno de aparecer em suas páginas.

Bessell nem discutiu. À medida que as horas se arrastavam, ele se descobriu torcendo para que o júri não conseguisse chegar a um veredito. Se o júri se mostrasse indeciso, ele suspeitava de que as chances de haver um novo julgamento seriam remotas. Por mais que isso fosse insatisfatório do ponto de vista legal, pelo menos ele ficaria com a consciência mais limpa. "Como eu poderia receber bem uma decisão do júri que levasse Jeremy à miséria e à degradação de uma cela de cadeia? Mas eu também não poderia me alegrar com uma absolvição."

No fim do segundo dia, ainda não havia decisão. Mais uma vez, os réus foram levados de volta à prisão de Brixton – onde, mais uma vez, Thorpe reclamou de dor no estômago e foi levado ao hospital da prisão. Ao meio-dia do dia seguinte, seu estômago já tinha se recuperado o bastante para que ele e os outros réus aproveitassem seu almoço de salmão defumado, bife malpassado e um Chablis que fora enviado pelo crítico gastronômico Clement Freud, amigo e colega parlamentar Liberal de Thorpe. Eles também discutiram a possibilidade de um júri indeciso. Thorpe disse que achava improvável que Bessell fosse comparecer em caso de novo julgamento. Também tinha ouvido falar sobre o cancelamento do contrato com o *Sunday Telegraph*.

E então, às 2h34 da tarde de sexta-feira, 22 de junho, 51 horas e 49 minutos depois de começarem suas deliberações, os jurados comunicaram que tinham retornado ao tribunal. Levados até o salão lotado, os quatro acusados ficaram de pé, ombreados na seção dos réus. Nenhum deles olhou para o lado. Aliás, ficaram todos olhando fixo à frente enquanto a porta nos fundos se abria.

Em silêncio, Sir Joseph Cantley tomou seu lugar. Então, o escrevente pediu à presidente do júri, Sra. Kettle-Williams, que confirmasse que eles tinham chegado a um veredito.

"Sim, chegamos", disse ela.

Primeiramente, foi perguntado o veredito para a acusação de conspiração com o objetivo de assassinato. Todos os nomes foram lidos em voz alta, um de cada vez.

"David Holmes."

"Inocente", disse a Sra. Kettle-Williams em seu tom claro e confiante.

Quando isso foi anunciado, Holmes vacilou por um instante e pareceu prestes a desmaiar. Um dos guardas presentes segurou sua mão para que ele não caísse.

"George Deakin."

"Inocente", disse outra vez a Sra. Kettle-Williams.

Curvando-se para frente, Deakin irrompeu em lágrimas.

"John Le Mesurier."

"Inocente."

Le Mesurier apertou os lábios e assentiu para si mesmo.

E, finalmente, Jeremy Thorpe.

"Inocente."

Fez-se um súbito som de inspiração coletiva no salão, como se todos os presentes tomassem ar ao mesmo tempo. E então veio a acusação à parte, de incitação a assassinato. Como o júri declarava o réu?

"Inocente."

De começo, Thorpe não reagiu, nem mesmo quando Le Mesurier o pegou pelo braço para lhe dar os parabéns. Por muitos momentos que se seguiram, ele permaneceu olhando fixo adiante, com as mãos ainda juntas para trás. Não mais que de repente, seu rosto se contorceu em um sorriso. Ao se virar, disse a Marion: "Conseguimos, querida!". E então viu-se uma centelha do velho Thorpe, aquele inveterado aparecido de modos dramáticos. Pegando as três almofadas que vinham protegendo suas costas durante todo o julgamento, as jogou por cima da partição de vidro da seção dos réus. Em meio a toda a comemoração, Carman não mostrou qualquer emoção, se ocupando apenas de organizar sua papelada. Posteriormente, ele descreveria aquele momento como "além de quaisquer palavras".

Claramente irritado com toda a confusão, Cantley ordenou a todos que ficassem em seus lugares – "Não saiam do lugar, fiquem quietos ou vão se arrepender!". Mas ninguém deu ouvidos, e menos ainda os repórteres.

Para Gareth Williams, advogado de David Holmes, "foi a cena mais incrível que já vi. Quando veio o veredito, Holmes estava cambaleando como um boxeador bêbado. Estava totalmente aéreo, apenas de pé e apoiado por guardas. Mas Thorpe tinha uma expressão de total equanimidade, algo como 'eu te disse' em seus olhos. Em cinco segundos, ele estava perfeitamente composto e agradecendo os policiais nos arredores e beijando a oficial do tribunal. Estava dizendo para a imprensa 'Vejo vocês lá fora'. Pobre Holmes. Fui com ele até lá embaixo e o coloquei no meu carro. Dei uma carona até mais adiante e o deixei em um táxi."

Do lado de fora do tribunal, a multidão esperava a muitos metros de distância, contida por uma linha de policiais de braços dados. Quando Thorpe apareceu na porta com as duas mãos para cima, as pessoas avançaram. Brigas começaram em alguns pontos e um policial teve seu capacete arrancado. Thorpe e Marion foram enfiados no Rolls-Royce de Napley. Foram levados até a residência da Praça Orme, onde Thorpe fez um pronunciamento para a televisão: "Sempre sustentei que era inocente das acusações levantadas contra mim. O veredito do júri, depois de sua longa e cuidadosa investigação, considero-o totalmente justo, correto e completamente merecido".

Quando perguntaram a Ursula Thorpe o que ela pensava do veredito, sua resposta foi bem mais reveladora do que ela pretendia: "Ele é tão sortudo com suas mulheres". Naquela noite, depois de beber muitas garrafas de champanhe, Thorpe, Marion e Ursula apareceram na sacada e ficaram lá, os três, como marionetes, acenando de maneira artificial para a multidão abaixo.

Norman Scott não estava presente no tribunal para ouvir o veredito; tinha voltado para casa, em Devon, para ficar junto de seus animais. Não ficou muito surpreso de ver Thorpe inocentado, segundo contou aos repórteres. Sempre suspeitara de que Thorpe se safaria, apesar das toneladas de evidências contra ele. "Esperei e orei para que ele fosse para a cadeia porque ele causou prejuízos espantosos. Mas, de algum modo, eu já sabia que isso aconteceria; senti que o *establishment* cuidaria de um dos seus." Quando perguntaram o que ele faria em seguida, Scott disse que talvez fosse sair em férias – para o Tibete.

Ao escrever no dia seguinte para o *Evening Standard*, Max Hastings disse: "Inevitavelmente, rumores, especulações e controvérsias ainda cercarão o 'Caso Scott' por muitas gerações". Em seu editorial, o jornal expressou sua confiança em que Thorpe conseguiria se reerguer e se tornar proeminente mais uma vez de algum modo. "Considerando a irremovível lealdade e o apoio de sua família, há todas as razões para esperar que o Sr. Thorpe alcance a mesma redenção que o Sr. Profumo".

Entretanto, outros não estavam tão seguros disso. "O Sr. Thorpe exerceu o direito de qualquer cidadão", declarou o *Daily Telegraph*, "mas sua imagem pública teria se beneficiado mais se ele tivesse explicado todo o seu comportamento publicamente e sob juramento". O *Daily Mirror* foi ainda mais franco: "Ele foi inocentado de todas as acusações criminais, mas as evidências incontestes levam ao fim de sua vida pública".

Por mais ambivalentes que tenham sido as reações das pessoas, ao menos um homem não tinha dúvidas de que a justiça tinha triunfado. No domingo, 1º de julho de 1979, o Reverendo John Hornby, vigário na paróquia de Bratton Fleming, no velho curral eleitoral de Thorpe, celebrou uma cerimônia em ação de graças para Jeremy e Marion Thorpe. Esperando muito mais gente do que caberia na igrejinha vitoriana, Hornby arranjou para que houvesse alto-falantes que transmitissem a cerimônia às pessoas que tivessem de se acomodar no salão paroquial ao lado. Mas o salão ficou vazio e, com a exceção de Thorpe, Marion e Rupert, a congregação aquele dia foi composta quase que exclusivamente de jornalistas.

Sem se abalar, Hornby disse a eles: "Temos agora a oportunidade de agradecer a Deus pelo ministério de seu servo Jeremy em Devon do Norte. Nos longos e escuros dias em Minehead e no Old Bailey, Deus conferiu a Marion e Jeremy uma resiliência fantástica que causou admiração no mundo inteiro! A escuridão agora está no passado e a verdadeira luz se faz presente! Este é o dia que o Senhor nos trouxe! Hoje é o dia de nossa salvação! Graças a Deus, pois para Ele nada é impossível!".

Peter Bessell ainda estava em Nova York quando um jornalista telefonou para contar a ele que Thorpe tinha sido absolvido. Por coincidência, estava hospedado no mesmo hotel onde estivera quando soube que Thorpe tinha sido preso. Mas agora não havia a tempestade elétrica de antes, nem nenhum relâmpago dançando simbolicamente no horizonte. Agora, enquanto Bessell punha de volta o telefone no gancho, havia apenas silêncio, solidão e tristeza.

36
CUMPRIMENTOS CONSTRANGEDORES

Peter Bessell morreu de enfisema em 27 de novembro de 1985, aos 64 anos de idade. Ele e Diane continuaram vivendo em Oceanside (haviam se casado em 1978), onde ele tomou um interesse legítimo pela política local. Até o fim, Bessell permaneceu convencido de que Jeremy Thorpe tinha sido protegido pelo *establishment*: "Inegavelmente, houve uma operação de acobertamento bem deliberada, ou várias, por quase dezoito anos, do relacionamento de Jeremy com Scott. Certos ministros da Coroa, alguns ramos dos serviços de segurança e mais de uma polícia municipal tinham conhecimento dessa operação e não fizeram nada para impedi-la".

Ele tinha certeza de que a investigação policial, a audiência preliminar e mesmo o próprio julgamento tinham sido afetados como resultado direto disso. Tinha ficado perplexo com a maneira como o escritório do Diretor de Processos Públicos tinha aprovado seu contrato com o *Sunday Telegraph* – apenas para que o acordo fosse citado, repetidamente, durante o julgamento como uma das principais razões pelas quais ele, Bessell, não seria confiável. E então teve a maneira como Joseph Cantley – "aquele velho eunuco bêbado", como Bessell o chamou em uma carta a Auberon Waugh – deixou claro para o júri que considerava Bessell um mentiroso compulsivo.

Mas Bessell não foi o único a suspeitar de que havia alguma impropriedade no julgamento. O detetive-chefe superintendente Michael Challes, que o tinha persuadido a testemunhar, disse a Diane que o resumo feito por Sir Joseph Cantley tinha sido o pior que ele já ouvira. Challes também escreveu a Bessell dizendo francamente que "o juiz falhou em seu dever público". Três semanas depois que o julgamento terminou, Lorde Hartwell disse à Câmara dos Lordes que "o aspecto extraordinário, ou bizarro, do julgamento era a alegria com que o juiz se colocou como aliado da defesa naquela situação. Juntos, juiz e defesa destruíram as testemunhas da acusação, incluindo Bessell".

Gareth Williams, que mais tarde se tornaria Barão Williams de Mostyn e morreria em 2003, estava igualmente convencido de que houve um viés em favor de Thorpe. "Não acho que as testemunhas foram tratadas com objetividade. Não acho que o caso apresentado pela acusação tenha sido justamente apreciado pelo juiz. Acho que houve excessiva subserviência à posição social e política do Sr. Thorpe."

Também houve aqueles, incluindo Auberon Waugh, que pensaram que Peter Taylor – depois nomeado Juiz Supremo dos Lordes – não tinha atuado no caso com tanto vigor quanto deveria. Até mesmo George Carman ficou intrigado pelo comedimento que Taylor demonstrara durante o julgamento, o que ele atribuiu a um excessivo cavalheirismo. Outros pensaram que Taylor já estava de olho em ambições maiores e não quis levantar muita poeira.

A noção de que pode mesmo ter havido um esforço coordenado para proteger Thorpe ganhou vulto pelo que depois, segundo alegado, aconteceu com Dennis Meighan, o primeiro sujeito que fora sondado para matar Scott. Depois do julgamento, Meighan foi à polícia e confessou seu envolvimento no caso, dando inclusive um depoimento sobre um encontro com "um representante de Jeremy Thorpe". Poucos dias depois, foi chamado a uma delegacia no oeste de Londres para assinar seu testemunho. Mas o depoimento que lhe foi mostrado, segundo Meighan alegou, mal se parecia com aquele que ele tinha apresentado. Em particular, não havia qualquer menção a Thorpe ou ao Partido Liberal.

Antes da audiência preliminar em Minehead, Bessell tinha escrito um relato para si mesmo, a fim de organizar os pensamentos – um *aide-memoire*, como ele próprio chamou – com toda a história de seu envolvimento no caso desde o momento em que conheceu Jeremy Thorpe, em 1955. Depois do julgamento, ele expandiu o texto em um livro, chamado *Cover-Up* (ou "acobertamento", em tradução livre), no qual explicava suas razões para crer que Thorpe tinha sido protegido por seus amigos influentes.

Como já tinha feito antes tantas vezes, Bessell tentou examinar a fundo o comportamento de Thorpe, mas no fim apenas desistiu e recorreu à máxima de Mark Twain: "Cada um de nós é uma lua e tem um lado escuro que nunca mostra a ninguém".

Nenhuma editora com fins comerciais queria se aproximar daquele livro, o que não é de surpreender, dadas algumas das alegações feitas nele, e então Bessell pagou do próprio bolso para que dois mil exemplares fossem impressos. Como sempre convencido de que uma virada em sua sorte estava mais uma vez esperando na esquina, se assegurou de que as palavras "Primeira edição limitada" aparecessem com destaque na folha de rosto, sob o título. Mas nunca houve uma segunda edição, e, quando Bessell morreu, sua garagem em Oceanside ainda estava cheia de cópias não vendidas. Além disso, ele também nunca conseguiu uma editora para seu livro infantil sobre o pequeno alienígena e o gentil homem que tenta ensiná-lo a respeito de como é nosso mundo.

Seu obituário no *Los Angeles Times* falou de forma elogiosa sobre seu envolvimento com a política local e, em particular, sobre a campanha que ele organizou para repor a areia erodida das praias de Oceanside. "Bessell, um homem elegante de cabelos grisalhos, que se mudou para uma casinha à beira da praia com sua esposa no meio dos anos 1970, era talvez mais conhecido internacionalmente por seu envolvimento no Caso Jeremy Thorpe, um sinistro escândalo político que abalou a Inglaterra no fim daquela década [...] Em Oceanside, suas atividades foram bem mais mundanas. Mas seu impacto na comunidade do lado norte de San Diego foi significativo, segundo dizem amigos e colegas políticos."

"Peter foi o homem mais fascinante que já conheci", disse a ex-vereadora Melba Bishop, de Oceanside, amiga próxima de Bessell. "Ele já tinha estado nos altos escalões da espiral política. Conversou com reis, rainhas e presidentes, e negociou a guerra e a paz. E então, vejam vocês, ele acabou envolvido na política local de Oceanside. Francamente, acho que ele trouxe um bocado de classe para esta cidadezinha."

Em janeiro de 1981, David Holmes foi preso por "assédio com propósitos imorais" na Rua Old Brompton no sul de Kensington. Dois policiais disseram aos juízes de West London que o viram se aproximar de diversos homens antes de sair de lá acompanhado de um deles que usava calça jeans muito justa. Quando o prenderam, Holmes implorou para que o deixassem ir. "Olha, eu prometo ir direto para casa. Qualquer coisa, menos isso", foram suas palavras segundo os policiais. "Nunca mais volto aqui, por favor." Eles não se comoveram com o pedido. Holmes foi multado em 25 libras.

A história foi noticiada em tabloides: "O vexame sexual do amigo de Thorpe". Àquela altura, não era apenas a reputação de Holmes que sofrera um abalo. Abandonado por Thorpe – eles nunca mais se falaram depois do julgamento –, também foi completamente desprezado pelos colegas no mundo dos negócios. Holmes então tentou sair do setor bancário para as consultorias, mas não conseguiu encontrar trabalho no setor financeiro e acabou se tornando gerente de uma discoteca com pista de patinação em Camden Town, no norte de Londres.

Cinco meses depois de sua prisão, Holmes fez um relato sobre tudo o que tinha acontecido no Caso Thorpe para o suplemento de escândalos do *News of the World*, um acordo que ele negociou com o então vice-editor do jornal, Stuart Kuttner. "Estava bem claro que David tinha caído na escala social, mas ele não parecia amargurado por isso, e eu, em momento nenhum, senti que ele estivesse sendo motivado por vingança. Acho que ele só queria passar as coisas a limpo." Holmes também não foi motivado pelo dinheiro. Mesmo sob suas circunstâncias dificultosas, se recusou a aceitar pagamento do jornal e recomendou que doassem o dinheiro para a caridade.

Em todos os aspectos relevantes, sua versão da história batia com os eventos descritos por Bessell em *Cover-Up*. Entre outras coisas, Holmes se recordava de quando ouvira o nome de Norman Scott pela primeira vez, no inverno entre 1968 e 1969. "Durante as duas ou três semanas seguintes, Jeremy, Peter Bessell e eu conversamos diversas vezes sobre o problema daquele rapaz louco. Já na terceira reunião, Jeremy estava exaltado. Disse que queria Scott fora do caminho – um emprego na Mongólia que fosse, qualquer coisa em qualquer lugar. E ainda disse 'se tudo der errado, matem-no'."

David Holmes morreu de câncer em 1990, aos 59 anos. Depois de sua morte, seu advogado, David Freeman, disse: "Ele era um ótimo camarada. Uma das melhores pessoas que já defendi. Thorpe era o *deus ex machina*, não tenho dúvida disso [...] Ele [Holmes] foi tragado pelo tremendo charme superficial de Thorpe. Quem vai me livrar desse pestilento Scott? Então, Holmes se apresentou – e arruinou tudo".

Como David Napley tinha previsto, o julgamento de Thorpe fez a carreira de George Carman. Da noite para o dia, ele se tornou o mais famoso advogado do país. Todos queriam cair em suas graças – ou quase todo mundo. Quando o julgamento terminou, Carman presumiu que Thorpe fosse lhe escrever uma carta de agradecimento. Depois de tudo aquilo, era o mínimo que ele podia fazer. Mas um mês se passou e não chegou carta nenhuma. Sem entender e magoado pela situação, Carman disse a Napley que não tinha recebido mais notícias.

Mais seis semanas se passaram. Carman então já estava se sentindo mais com raiva do que magoado. Mais uma vez, reclamou com Napley, dizendo que não tinha ouvido nada da parte de Thorpe. E carta nenhuma chegou. Por fim, quase quatro meses depois do fim do julgamento, a esperada carta acabou aparecendo. Ainda que estivesse repleta de elogios efusivos, Carman sentiu que algo ali não soava muito sincero. O texto lhe pareceu algo rabiscado em poucos minutos. Assim como tantas coisas que Thorpe fizera em sua vida, também aquilo era apenas espuma e barulho. Antes do julgamento, Thorpe também tinha prometido a Carman que, se ele fosse bem-sucedido, ganharia de presente uma antiga espada que o último czar da Rússia, Nicolau II, tinha dado ao avô de Thorpe. Mas mais tarde essa promessa foi convenientemente esquecida e a espada permaneceu na Praça Orme.

O sucesso de Carman no julgamento de Thorpe fez dele a primeira escolha para um rol de outros clientes célebres. Ele representou com sucesso o comediante Ken Dodd, acusado de evasão fiscal, e ainda venceu processos por difamação em favor de Robert Maxwell, Richard Branson, Elton John e Tom Cruise. Mas a fama e a prosperidade em nada ajudaram a exorcizar seus demônios. Quando não estava em algum tribunal, continuou um homem volátil e autodestrutivo como sempre. Todos os seus três casamentos terminaram mal, com as três ex-esposas alegando o mesmo: que ele tinha abusado delas tanto emocional quanto fisicamente. Uma delas, Celia Sparrow, contou que Carman certa vez pegou duas grandes facas da gaveta da cozinha e disse a ela: "Qual você quer em você primeiro?".

Vencer seus casos era a única coisa que elevava a autoestima de Carman e que abafava, mesmo que temporariamente, a sensação de vazio que ele sempre levara dentro de si. Mas, no fim, isso também perdeu importância. Em 1999, ele foi diagnosticado com câncer de próstata inoperável; morreu dois anos depois. Em seu leito de morte, Carman pediu ao filho Dominic para pegar um envelope que estava na prateleira de cima da estante de seu quarto. Nele, mantinha seus bens mais preciosos, e não eram muitos: as medalhas de guerra do pai, o programa de um debate na Oxford Union do qual participou, e ainda outras miudezas – além daquela carta que Jeremy Thorpe finalmente escreveu para ele vinte anos antes.

Muito embora tenha sido inocentado, Thorpe logo descobriu que quase todo mundo o achava culpado – e o tratava como tal. No verão de 1981, foi celebrada uma missa em Knightsbridge em memória do músico Ivor Newton. No fim da celebração, Thorpe e Marion vinham caminhando pelo corredor para a saída quando muitos dos membros da congregação, de maneira bem deliberada, se viraram de costas para eles. O escritor Hugo Vickers se recordou de uma recepção na qual estavam a Rainha-Mãe e os Thorpe. Quando Thorpe foi apresentado à Rainha-Mãe, ela o tratou com um breve aceno gélido e rapidamente se voltou para a pessoa seguinte. "Me lembro de pensar que ele tinha um olhar de alguém que quase esperava ser esnobado", Vickers disse.

A esperança que Thorpe ainda mantinha de desempenhar algum papel na vida pública também se desfez. Em 1982, ele foi nomeado diretor do ramo britânico da Anistia Internacional, mesma organização em que antes servira junto do Juiz-Chanceler Lorde Elwyn-Jones. Mas, depois do clamor público em protesto, a oferta foi retirada.

Talvez tivesse sido melhor para Thorpe que ele tivesse sido condenado. Dessa forma, teria cumprido sua sentença e poderia tentar começar de novo. Da forma como ele ficou, viu-se forçado a levar uma vida pela metade, enclausurado na mansão decadente de Marion na Praça Orme, ignorado por seus antigos colegas e raramente aparecendo em público. Do ponto de vista de Bernard (agora Lorde) Donoughue, o modo como Thorpe foi tratado foi bastante condizente com o desejo que o *establishment* britânico tinha de se proteger. "Convinha ao *establishment* que ele fosse considerado inocente. Por um lado, eles o estavam protegendo porque, ao mesmo tempo, estavam protegendo diversas outras coisas – coisas que eles não queriam que fossem reveladas. Mas depois ele foi de fato trancafiado em um armário para que não pudesse dizer mais nada."

No meio dos anos 1980, Thorpe foi diagnosticado com o mal de Parkinson, algo que ele encarou com grande firmeza, mas que afetava cada vez mais sua saúde. Um dos sintomas desse mal é a hipomimia, uma forma de paralisia facial que confere ao paciente uma expressão facial peculiarmente vazia. Para Thorpe, isso significava que a máscara mandarim ficou posta para sempre. Mas, por mais que estivesse doente, ainda tinha uma última ambição: ser nomeado um Par Vitalício. Sentia que aquilo seria um sinal para o mundo de que ele não era mais um pária e que ainda tinha algum papel a desempenhar. Para sua eterna irritação, foi recusado por todos os líderes Liberais.

O que Thorpe não sabia – nunca soube em sua vida, na verdade – era que David Steel tinha feito um acordo com os presidentes do partido, que, em dado momento, quiseram processar Thorpe para reaver o dinheiro que ele tinha desviado para pagar Andrew Newton. "Eu disse a eles que, olha, já tivemos má publicidade demais com isso. Então esqueçam. Não tinha jeito nenhum de recuperarmos aquele dinheiro. Mas a condição para não o processarmos era a de que ele nunca mais teria papel algum na vida pública do partido, o que também significava que jamais receberia aquela indicação a Par Vitalício."

Desesperado, Thorpe se voltou para Peter Mandelson, um ministro sem pasta do primeiro mandato de Tony Blair como primeiro-ministro. "Em 1998, Jeremy me pediu para ir à Praça Orme", contou Mandelson. "Explicou que ninguém no Partido Liberal o apoiava mais e disse: 'Sou o ex-líder de um grande partido e gostaria que o primeiro-ministro me indicasse como um de seus pares'. Fez questão de me lembrar mais de uma vez que não tinha sido condenado e achava que as pessoas tinham de ser mais nobres com ele. Fui com o pedido até Tony e ele me disse que achava que não poderia fazer nada mesmo, a não ser que os Liberais assim quisessem."

Com todos os caminhos até um título de "Lorde" fechados para ele, Thorpe tentou encontrar uma forma diferente de encontrar a luz. Em 1999, escreveu um livro chamado *In My Own Time* (algo como "no meu próprio ritmo", em tradução livre), um relato extremamente seletivo de episódios de sua vida dentro e fora da política. O livro foi publicado pela

Politico's Publishing, editora então recém-criada pelo apresentador Iain Dale. "Recebi um telefonema lá pelo fim de 1998 de um homem chamado Jeremy alguma-coisa. Ele não conseguia falar muito bem e, de começo, pensei que era algum doido. Por fim, ele me disse que era Jeremy Thorpe. Mesmo assim não acreditei de todo."

Tal como Mandelson, Dale também foi requisitado na Praça Orme. "A casa era muito portentosa, mas um tanto malcuidada e imunda. Me lembro de dar uma olhada em um dos quartos e havia camadas de poeira em cima de toda a mobília. Era também tudo muito antiquado, com empregados servindo a comida." Àquele ponto, os efeitos do mal de Parkinson já eram explícitos. "Quando Jeremy falava, às vezes era bem difícil de entender, e ele passava cada vez mais tempo na cadeira de rodas, mas estava sempre vestido de modo impecável e era bastante óbvio que seu cérebro estava em pleno funcionamento."

Dale tentou persuadir Thorpe a escrever sobre o julgamento, mas ele não aceitou. "Apenas disse 'Não vou tocar nesse assunto'." Quando o livro foi publicado, houve uma festa de lançamento no Clube Nacional Liberal. Para contentamento de Thorpe, muitos Liberais mais velhos compareceram, e ele claramente teve esperanças de que aquilo poderia significar o começo de sua reabilitação. Mas aquela se provou uma de suas últimas aparições públicas. Com o passar do tempo, sua doença lhe tirou os movimentos, a fala, a capacidade de se alimentar e por fim sua visão.

Entre os amigos que continuaram a visitá-lo estava Steve Atack, ex-membro dos Jovens Liberais que o conhecera nos anos 1960. "Já mais para o fim, ele se comunicava apenas com o dedão. O dedo para cima era sim, para baixo era não, e dedo para o lado significava 'não sei'. De certa forma, acho que ele considerou o isolamento dos Liberais Democratas mais doloroso do que o isolamento causado pela queda em sua qualidade de vida, mas ele nunca reclamou. Apesar de tudo, Jeremy não queria morrer. Lutou contra a morte até o último suspiro."

Durante todo o tempo doente, sua cuidadora foi Marion, ainda que ela por fim tenha também ficado confinada a uma cadeira de rodas depois de sofrer um derrame. Um elevador especial foi instalado na casa da Praça Orme para permitir que os dois se movimentassem entre os andares. Quando Marion morreu, em 2014, aos 87 anos, a casa foi posta à venda e Thorpe teve de se mudar para um apart-hotel ali perto em Porchester Gardens.

Às 4 horas da manhã de 4 de dezembro de 2014, Steve Atack foi acordado pelo toque do telefone. "A cuidadora me ligou dizendo para chegar lá o quanto antes." Atack correu, mas, poucos minutos antes de ele chegar, Thorpe morreu. Tinha 85 anos.

A morte trouxe a Thorpe o respeito que se esquivara dele nos últimos trinta anos de sua vida. Seu funeral aconteceu em 17 de dezembro de 2014 na Igreja St. Margaret, em Westminster, em frente às Casas do Parlamento, a mesma igreja do funeral de Caroline, em 1970. Os cinco sucessores de Thorpe na liderança do Partido Liberal – ou Liberal Democrata, como veio a ser chamado – compareceram à cerimônia, assim como a maioria dos figurões do partido. O caixão foi envolto com a bandeira inglesa e adornado com o costumeiro chapéu *trilby* marrom de Thorpe.

Durante o serviço, um coral cantou uma composição original do compositor John Ireland. O hino tinha como letra algumas frases retiradas do Novo e do Velho testamento. Entre elas, havia uma do Evangelho de João: "Ninguém tem amor maior do que aquele que dá sua vida por seus amigos".

Cinquenta e dois anos antes, logo após uma brutal demissão em massa do gabinete do então primeiro-ministro Harold Macmillan, o jovem Thorpe fez um comentário que seria considerado brilhante: "Ninguém tem amor maior do que aquele que entrega seus amigos por sua vida". Enquanto os presentes iam saindo da igreja rumo àquela tarde de dezembro de céu encoberto, a cada um deles coube pensar em qual das duas citações melhor se aplicava a Jeremy Thorpe.

No momento da elaboração deste livro (2016), Norman Scott tem 75 anos. Vive em uma vila em Dartmoor, Devon, com setenta galinhas, três cavalos, um gato, um papagaio, um canário – e cinco cachorros.

ADENDO

Carta de Peter Bessell para Norman Scott, em 13 de julho de 1976.

Caixa postal 2145
Oceanside, Califórnia
92504

Caro Norman,

Fiquei muito feliz de receber sua carta. Tentei telefonar há cerca de dez dias, mas me disseram que seu número não estava mais funcionando. Queria agradecer por você ter me ligado. Foi bom ouvir sua voz outra vez – e estava a mesma voz de sempre.

Todos passamos juntos por essa experiência tão tumultuada, e posso imaginar como ela ainda tem sido ainda pior para você, que está bem no meio de tudo [...] Desde aquele momento em que Newton – vulgo Kean (*sic*) – o levou para as charnecas, nada mais poderia impedir que os fatos viessem à tona. Mesmo que a verdade final ainda esteja para ser revelada, na plenitude do tempo ela aparecerá. Uma das tragédias dessa grande saga é a de que nenhum de nós pode se eximir de culpa. De 1965 em diante, sempre foi minha maior preocupação proteger Jeremy, tal como ele me pediu para fazer, de qualquer sorte de escândalo público. Ao mesmo tempo, como você deve ter percebido, eu estava genuinamente preocupado com você e quis encontrar formas de ajudá-lo. Fiquei um tanto comovido por algumas das gentilezas que você falou a meu respeito nos jornais [...]

Semanas depois do julgamento de Newton, li seu comentário de quando esteve no banco das testemunhas e lhe perguntaram se você tinha me chantageado. Você disse: "No fim, o Sr. Bessell contará toda a verdade". Admito, Norman, que sua fé em mim, expressa em tal resposta, trouxe lágrimas aos meus olhos.

Parabéns por ter se tornado pai outra vez. Procure aproveitar ao máximo essa experiência. Crianças e animais dependem tanto da bondade humana, e ao dar seu amor a essa filha, você verá que o terá em retorno. Meus filhos me apoiaram em todos os meus problemas com inabalável lealdade, e isso vem sendo uma grande força na minha vida. Um dia, Norman, você também será idoso!

Estou certo de que você leu nos jornais a respeito de Diane, então sabe que fui imensamente abençoado pelo amor e pelo carinho de uma moça linda, gentil e maravilhosa. Os jornais fizeram a história parecer um tanto sórdida em alguns momentos, mas é claro que não há nada disso [...] Ela me pede agora que envie a você seus calorosos cumprimentos e melhores votos.

Não consigo compreender o que houve com a cabeça de Jeremy ao fim de tudo isso. O maior choque para mim veio com a declaração dele ao *Sunday Times*, em 14 de março. A categórica negação de que tivesse conhecimento de coisas de que não apenas sabia muito bem, como também instigou, já foi ruim o bastante, mas então veio aquele ataque contra você que deve ter abalado muita, muita gente. Homens fortes, seguros e poderosos não atacam seus camaradas daquela maneira. Foi um gesto de medo e de fraqueza que, mais que qualquer outro, me persuadiu da necessidade de que, em suas palavras, "no fim", eu terei de dizer a verdade [...]

O mais importante de tudo isso é que todos devemos estar dispostos a encarar a verdade absoluta, mesmo que as consequências não sejam inteiramente agradáveis para alguns de nós. Se estivermos preparados para isso, deveremos, por fim, ser julgados justamente, e o que mais poderíamos desejar?

Há um lado maravilhoso da personalidade de Jeremy que sempre admirarei e levarei com carinho. Isso não justifica as ações dele com respeito a você – nem, inclusive, com respeito a mim –, mas ele precisa de compreensão e simpatia tanto quanto qualquer um de nós. Quanto mais alto alguém sobe, de mais alto cairá. É importante resguardar-se da amargura. Considero isso difícil de fazer às vezes, e sei que você deve passar por essa mesma peleja, mas ela apenas nos fere ou nos destrói se permitirmos que ela se apodere de nós.

    Por favor, me escreva novamente em breve. Estarei no aguardo de suas palavras.

Que Deus te abençoe,
Calorosos cumprimentos,
Peter

AGRADECIMENTOS

Eu nunca poderia ter escrito este livro sem a ajuda de três pessoas em especial. Norman Scott foi incrivelmente generoso com seu tempo e gentilmente me permitiu ler seu livro de memórias particular sobre o Caso Thorpe. Paul Bessell conversou longamente comigo a respeito de seu pai, Peter, e aprofundou decisivamente minha compreensão desse homem tão contraditório e tão fascinante. E por fim, mas jamais menos importante, fico imensamente grato a Dominic Carman, que me permitiu não apenas examinar, mas também carregar comigo uma caixa gigantesca cheia de anotações sobre o julgamento de Thorpe feitas por seu pai, George Carman.

Além desses, agradeço também aos seguintes por sua ajuda: Roy Ackerman, Steve Atack, Lorde Avebury, Paula Bessell, Graham Boal, Leslie Bonham-Carter, John Campbell, Stephen Claxton, Michael Crick, Paul Dacre, Iain Dale, Lorde Donoughue, Keith Dovkants, Sir Harold Evans, Cathy Fehler, Michael Gove, Miriam Gross, Stephanie Hook, James Hugher-Onslow, Marigold Johnson, Paul Johnson, Diane Kelly, Joyce Kennedy, Stuart Kuttner, Goggi Lund, Tatiana Lund, John Macdonald, Kevin Macdonald, Yasmin McDonald, Lorde Mandelson, Tom Mangold, David May, Dennis Meighan, Jan Moir, Charles Moore, Richard Moore, Christopher Murray, Matthew Norman, Geoffrey Owen, Stewart Purvis, Dominic Sandbrook, Lorde Steel, Marie Taylor, George Thwaites, Hugo Vickers, Sarah Vine e Alexander Waugh.

À minha agente, Natasha Fairweather, da United Agents, que deu um respaldo ferrenho a este livro desde seus primeiros momentos e que me agraciou com seu apoio e sua amizade.

À minha editora, Venetia Butterfield, da editora Penguin, junto a todos que trabalharam no livro.

E gostaria também de agradecer a Donna Poppy por sua revisão exemplar.

Li muitos livros sobre Jeremy Thorpe e sobre aquela época. Em particular: *Private Member*, de Leo Abse; *Cover-Up: The Jeremy Thorpe Affair*, de Peter Bessell; *Jeremy Thorpe*, de Michael Bloch; *No Ordinary Man: A Life of George Carman, QC*, de Dominic Carman; *Jeremy Thorpe: A Secret Life*, de Lewis Chester, Magnus Linklater e David May; *The Thorpe Committal: The Full Story of the Minehead Proceedings*, de Peter Chippindale e David Leigh; *Downing Street Diary* (2 vols.) e *The Heat of the Kitchen: An Autobiography*, de Bernard Donoughue; *Rinkagate: The Rise and Fall of Jeremy Thorpe*, de Simon Freeman e Barrie Penrose; *Quest for Justice: Towards Homosexual Emancipation*, de Antony Grey; *Not Without Prejudice: The Memoirs of Sir David Napley*; *The Pencourt File*, de Barrie Penrose e Roger Courtiour; *State of Emergency: The Way We Were: Britain 1970-1974* e *Seasons in the Sun: The Battle for Britain 1974-1979*, de Dominic Sandbrook; *Big Cyril: The Autobiography*, de Cyril Smith; *Against Goliath*, de David Steel; *In My Own Time: Reminiscences of a Liberal Leader*, de Jeremy Thorpe; e *The Last Word: An Eye-witness Account of The Thorpe Trial*, de Auberon Waugh.

É costumeiro que escritores cheguem ao grande clímax no fim desta seção agradecendo esposa/marido/parceiro por aguentar os chiliques vulcânicos e as agonias de autocomiseração durante aquelas longas décadas que levamos para escrever o livro. Ao passo que não tenho qualquer intenção de quebrar essa tradição, suspeito de que mantive humor muito melhor enquanto trabalhei neste *Um escândalo bem britânico* do que o humor que tenho normalmente. Aqueles sonzinhos peculiares que vinham do meu escritório eram, muito mais provavelmente, grunhidos de divertimento ou então, talvez tão frequentes quanto, engasgos de descrença do que resmungos de desespero. Dito isso, minha esposa, Susanna, foi uma valorosa tábua de salvação e crítica afiadíssima durante todo o processo, e este livro teria sido infinitamente mais pobre sem a ajuda dela.

Este livro foi composto com tipografia Electra Std e
impresso em papel Off-White 70 g/m² na Formato Artes Gráficas.